校企合作汽车专业系列丛书

互联网+创新型“十四五”精品教材

新能源汽车动力电池管理及维护技术

（微课版）

主　编　马亚亚　李茂勇　卢纪博
副主编　张钦淏　王垠皓　姜照伟
　　　　董世杰　朱鲁龙　王伟银

哈爾濱工程大學出版社
Harbin Engineering University Press

内容简介

本书为汽车专业课程体系中的一门核心课程，在内容选取上注重突出类型特征，以载道、需求为导向，重构教学内容体系，并以工作过程中的情景为基础组织内容，重点突出对学生职业能力和职业素养的培养。本书共六章，主要包括新能源汽车动力电池基础知识、新能源汽车动力电池安全保护、新能源汽车动力电池管理系统、新能源汽车动力电池的充电系统、新能源汽车动力电池热管理系统、新能源汽车动力电池常见故障诊断。

本书本书既可作为应用型本科、职业院校汽车专业的通用教材，也可作为从事新能源汽车动力蓄电池相关工作的工程技术人员的参考用书。

图书在版编目（CIP）数据

新能源汽车动力电池管理及维护技术 ：微课版 / 马亚亚，李茂勇，卢纪博主编. —哈尔滨 ：哈尔滨工程大学出版社，2024.1

ISBN 978-7-5661-4232-0

I. ①新… II. ①马… ②李… ③卢… III. ①新能源－汽车－蓄电池－管理②新能源－汽车－蓄电池－车辆检修 IV. ①U469.703

中国国家版本馆 CIP 数据核字（2024）第 029562 号

新能源汽车动力电池管理及维护技术（微课版）
XINNENGYUAN QICHE DONGLI DIANCHI GUANLI JI WEIHU JISHU（WEIKE BAN）

责任编辑 吴振雷
封面设计 赵俊红

出版发行 哈尔滨工程大学出版社
社　　址 哈尔滨市南岗区南通大街 145 号
邮政编码 150001
发行电话 0451-82519328
传　　真 0451-82519699
经　　销 新华书店
印　　刷 唐山唐文印刷有限公司
开　　本 889 mm×1 194 mm 1/16
印　　张 11.5
字　　数 331 千字
版　　次 2024 年 1 月第 1 版
印　　次 2024 年 1 月第 1 次印刷
书　　号 ISBN 978-7-5661-4232-0
定　　价 49.80 元

http://www.hrbeupress.com
E-mail:heupress@hrbeu.edu.cn

前　　言

随着我国汽车产量的逐年增长，汽车带来的环境污染、能源短缺等问题日益凸显，加快发展新能源汽车已成为全世界的共同呼声。近年来，新能源汽车产业得到了国家政策及资金的大力支持，新能源汽车市场也因此迅猛发展，导致新能源汽车的需求缺口巨大，培养新能源汽车技术人员任重道远。

面对全球范围内日益严峻的能源形势和环保压力，我国在“中国制造 2025”和“十四五”等一系列规划中，将新能源汽车列为战略新兴产业，并对新能源汽车的研发、生产、购买、充电设施等上下游相关产业，给予了强有力的政策扶持。

二十大报告指出，积极稳妥推进碳达峰碳中和。立足我国能源资源禀赋，坚持先立后破，有计划分步骤实施碳达峰行动。深入推进能源革命，加强煤炭清洁高效利用，加快规划建设新型能源体系，积极参与应对气候变化全球治理。为此，发展新能源汽车技术已成必然趋势。

本书采用基于工作过程的方法进行组织编写，在进行企业充分调研的基础上，对内容进行了整合，按照新能源汽车维修岗位应掌握的技能和知识，对动力电池及其管理与检修进行全方位讲解。

本书为汽车专业课程体系中的一门核心课程，在内容选取上注重突出类型特征，以载道、需求为导向，重构教学内容体系，并以工作过程中的情景为基础组织内容，重点突出对学生职业能力和职业素养的培养。本书共六章，主要包括新能源汽车动力电池基础知识、新能源汽车动力电池安全保护、新能源汽车动力电池管理系统、新能源汽车动力电池的充电系统、新能源汽车动力电池热管理系统、新能源汽车动力电池常见故障诊断。

本书由重庆电讯职业学院的马亚亚，淄博市技师学院的李茂勇，淄博市技师学院的卢纪博担任主编；由淄博市技师学院的张钦淏、王垠皓、姜照伟，山东省潍坊商业学校的董世杰、朱鲁龙，哈尔滨华德学院的王伟银担任副主编。本书的相关资料和售后服务可扫描封底微信二维码或登录 www.bjzzwh.com 下载获得。

在编写过程中，编者引用了大量原厂手册及文献资料，在此向原作者们表示衷心的感谢！由于新能源汽车领域的技术日新月异，同时编者的知识和能力也存在不足，书中难免存在疏漏之处，请读者及时反馈，以便以后修订。

编　者

CONTENTS
目录

第一章
新能源汽车动力电池基础知识

本章导读

动力电池是新能源汽车的动力来源，是存储电能的装置，是纯电动汽车不可缺少的组成部分，目前也是制约新能源汽车发展的关键因素。学习本章内容将对新能源汽车电源系统有全面的认识，熟悉动力电池的工作原理，归纳分析市场上主要动力电池的类型特点，为新能源汽车的维护奠定基础。

学习目标

1. 掌握新能源汽车动力电池的分类和结构特点。
2. 掌握动力电池的基本术语和性能指标。
3. 了解新能源汽车对动力电池的基本要求。
4. 能够描述常见车型动力电池组的结构组成，并能正确使用仪器进行动力电池性能检测与维护。
5. 能够完成新能源汽车动力电池的拆装操作。

素质目标

1. 践行社会主义核心价值观，培养学生自信自强、守正创新的高尚情操。
2. 养成良好的职业道德和职业素养，担当民族复兴大任的时代新人。

第一节 动力电池基础知识

一、动力电池的认知

动力电池的定义

（一）动力电池的定义

动力电池、电机和电控系统是新能源汽车的三大关键组成部分。其中，动力电池是纯电动汽车的“心脏”。对于动力电池，目前仍无统一的定义。动力电池的名称来源于动力机械应用领域，目前习惯于将用于电动汽车的电池称为“动力电池”，因为电池厂家生产的同一类型的电池不仅用于电动汽车，还用于电动自行车、备用电源、储能电站等。在《电动汽车术语》（GB/T 19596—2017）中，动力电池的定义为：为电动汽车动力系统提供能量的蓄电池。

（二）动力电池的作用

动力电池的作用是接收和储存由车载充电机、发电机、制动能量回收装置或外置充电装置提供的高压直流电，并且为电动汽车提供高压直流电。

动力电池是纯电动汽车的核心部件，也是新能源汽车上价格最高的部件之一，动力电池的性能好坏直接决定了这辆车的实际价值。

应用在电动汽车上的储能技术主要是电化学储能技术，即铅酸、镍氢、锂离子等电池储能技术。作为电动汽车的动力源，动力电池技术是电动汽车的核心技术之一，更是电气技术与汽车行业的关键结合点，同时也一直制约着电动汽车的发展。

近年来，随着电动汽车动力电池技术的研发受到各国能源、交通、电力等部门的重视，电池的多种性能得到了提高。

动力电池一旦失效，车辆就会处于瘫痪状态。动力电池属于高压安全部件，内部结构复杂，工作时需要很苛刻的条件，任何异常因素都将导致动力被切断，因此对动力电池的诊断与测试就需要丰富的动力电池的基础技术知识，对动力电池组的更换更需要专业规范的操作。纯电动汽车动力电池组如图 1 – 1 所示。

二、电池的基本术语和性能指标

（一）电压

电压分为端电压、开路电压、电动势、工作电压和终止电压等。

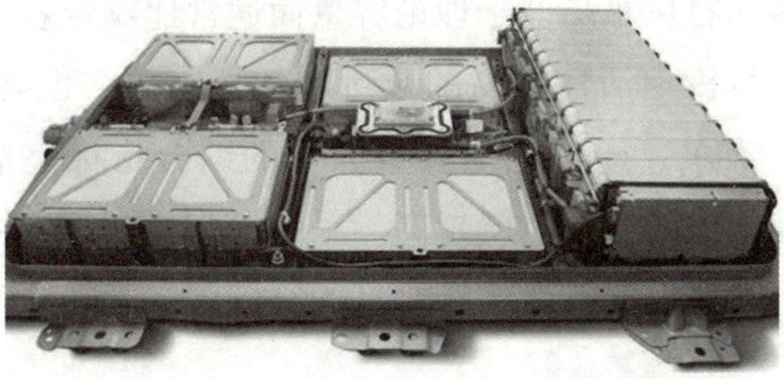

图 1－1　纯电动汽车动力电池组

1. 端电压

端电压是指动力电池正极和负极之间的电位差。

2. 开路电压

电池外部不接任何负载或电源，测量电池正负极之间的电位差，即为电池的开路电压。

3. 电动势

电池的电动势等于组成电池的两个电极的平衡电位之差。

4. 工作电压

工作电压是指电池接通负载后在放电过程中显示的电压。在电池放电初始的工作电压称为初始电压。电池在某负载下实际的放电电压，通常是指一个电压范围。例如，铅酸电池的工作电压为 1.8～2 V；镍氢电池的工作电压为 1.1～1.5 V；锂离子电池的工作电压为 2.75～3.6 V。

5. 终止电压

终止电压是指放电终止时的电压值，根据放电电流大小、放电时间、负载和使用要求的不同而不同。以铅酸电池为例，电动势为 2.1 V；额定电压为 2 V；开路电压接近 2.1 V；工作电压为 1.8～2 V；放电终止电压为 1.5～1.8 V。放电终止电压根据放电率的不同，其终止电压也不同。

（二）电池容量

电池容量是指电池在一定放电条件下所能放出的电量，用符号 C 表示，常用单位为安时（A·h）。容量可以分为理论容量、额定容量和实际容量。

1. 理论容量

假设电极活性物质全部参加电池的电化学反应所能提供的电量，是根据法拉第定律计算，电池所能获得的电量称为电池的理论容量。理论容量是电池容量的最大极限值，电池实际放出的容量只是理论容量的一部分。

2. 额定容量

额定容量是指在行业标准规定的条件下电池应该放出的电量。额定容量是制造企业标称的容量，作为验收电池质量的重要技术指标。

3. 实际容量

实际容量是指电池在一定的放电条件下实际放出的电量。它等于放电电流与放电时间的乘积，对于实用中的化学电源，其实际容量总是低于理论容量而通常比额定容量大 10% ~20%。

电池容量的大小，与正、负极上活性物质的数量和活性有关，也与电池的结构和制造工艺、电池的放电条件（电流、温度）有关。影响电池容量因素的综合指标是活性物质的利用率。换言之，活性物质利用得越充分，电池给出的容量也就越高。采用薄型电极和多孔电极，以及减小电池内阻，均可提高活性物质的利用率，从而提高电池实际输出的容量。

（三）电池能量

电池的能量是指在一定放电制度下，电池所能输出的电能，通常用瓦时（W·h）表示。电池的能量反映了电池做功能力的大小，也是电池放电过程中能量转换的量度。对于电动汽车来说，电池的能量大小直接影响电动汽车的行驶距离。

1. 理论能量

假设电池在放电过程中始终处于平衡状态，其放电电压保持电动势的数值，而且活性物质的利用率为 100%，即放电容量等于理论容量，则在此条件下电池所输出的能量为理论能量，也就是可逆电池在恒温、恒压下所做的最大功。

2. 实际能量

实际能量是电池放电时实际输出的能量。它在数值上等于电池实际容量与电池平均工作电压的乘积。

（四）能量密度与功率密度

1. 能量密度

能量密度又称比能量，比能量分为质量比能量和体积比能量。质量比能量是指单位质量电池所能输出的能量，单位常用（W·h/kg），又称质量能量密度；体积比能量是指单位体积电池所能输出的能量，又称体积能量密度，单位常用（W·h/L）。常用比能量来比较不同的电池系列，比能量也分为理论比能量和实际比能量。

理论比能量指质量 1 kg 电池反应物质完全放电时理论上所能输出的能量。根据正、负极活性物质的理论质量比容量和电池的电动势，电池的理论比能量可以直接计算出来。如果电解液参加电池的反应，还需要加上电解质的理论用量。理论比能量只考虑了按照电池反应式进行的完全可逆的电池反应条件下的比能量，因此是一种理想化的模型。对于实际应用的电池，实际比容量更有意义。因为电池反应不可能达到完全可逆的充放电和能量状态，而且电池中很多必要辅助材料占据了电池的质量和体积。

实际比能量是指质量 1 kg 的电池在放电过程中实际输出的能量，表示为电池实际输出能量与整个电池质量（或体积）之比，由于各种因素的影响，电池的实际比能量远小于理论比能量。

电池的比能量是综合性指标，它反映了电池的质量水平。电池的比能量影响电动汽车的整车质量和续驶里程，是评价电动汽车的动力电池是否满足预定的续驶里程的重要指标。

2. 功率密度

功率密度又称比功率，是单位质量或单位体积电池输出的功率，比功率是评价电池及电池包是否满足电动汽车加速、爬坡能力和最高车速等性能的重要指标。

将能量除以时间，便得到功率，单位为 W 或 kW。同样道理，功率密度是指单位质量或单位体积电池输出的功率，单位为（W/kg）或（W/L）。不同电池的比能量和比功率比较见表 1－1。

表 1－1 不同电池的比能量和比功率比较

电池种类	比能量/（W·h/kg）	比功率/（W/kg）
铅酸电池	30～40	300～500
镍氢电池	40～50	500～800
锂离子电池	60～70	500～1 500
锂聚合物电池	50	600～1 100
飞轮储能器	1～5	50～300
超级电容器	2～8	400～4 500

能量密度高的动力电池耐力好，可以长时间工作，保证汽车续航里程长；功率密度高的动力电池速度快，可以提供很高的瞬间电流，保证汽车加速性能好。

（五）放电电流和放电深度

放电电流大小或放电条件，通常用放电率表示，是电池容量或能量的技术参数。

1. 放电率

放电率是指放电时的速率，常用“时率”和“倍率”表示。时率是指以放电时间（h）表示的放电速率，即以一定的放电电流释放完额定容量所需的时间。倍率是指电池在规定时间内放出额定容量所输出的电流值，数值上等于额定容量的倍数。例如，2“倍率”放电，表示放电电流数值为额定容量的2 倍,若电池容量为 3（A·h），那么放电电流应为 $2\times3=6$（A），也就是 2“倍率”放电。

2. 放电深度

放电深度是表示放电程度的一种量度，为放电容量与总放电容量的百分比（depth of discharge，DOD）。放电深度的高低与二次电池的充电寿命有很密切的关系：二次电池的放电深度越深，其充电寿命就越短，因此在使用时应尽量避免深度放电。

（六）荷电状态

荷电状态（state of charge，SOC）也叫剩余电量，代表的是电池放电后剩余容量与其完全充电状态的容量的比值。

其取值范围为 0～1，当 SOC＝0 时表示电池放电完全；当 SOC＝1 时表示电池完全充满电。电池管理系统（battery management system，BMS）就是主要通过管理 SOC 并进行估算来保证电池高效的工作，所以它是电池管理的核心。

目前 SOC 估算主要有开路电压法、安时计量法、人工神经网络法、卡尔曼滤波法等。

（七）电池的内阻

电池的内阻是指电池在工作时，电流流过电池内部所受到的阻力，电池在短时间内的稳态模型可以看作一个电压源，其内部阻抗等效为电压源的内阻，内阻大小决定了电池的使用效率。电池包括欧姆内阻和极化内阻，极化内阻又包括电化学极化内阻和浓差极化内阻。例如，铅酸电池的内阻包括正负极板的电阻、电解液的电阻、隔板的电阻和连接体的电阻等。

（八）寿命

电池的寿命分为储存寿命和使用寿命。

（1）储存寿命有“干储存寿命”和“湿储存寿命”两个概念。对于在使用时才加入电解液的电池储存寿命，习惯上称为干储存寿命，其寿命可以很长；而对于出厂前已加入电解液的电池储存寿命，习惯上称为湿储存寿命，湿储存时自放电严重，寿命较短。

（2）使用寿命是指电池实际使用的时间长短。对一次电池而言，电池的寿命是表征给出额定容量的工作时间（与放电倍率大小有关）。对二次电池而言，电池的寿命分充放电循环寿命和湿搁置使用寿命两种。

充放电循环寿命是衡量二次电池性能的一个重要参数。在一定的充放电制度下，电池容量降至某一规定值之前，电池能耐受的充放电次数，称为二次电池的充放电循环寿命。充放电循环寿命越长，电池的性能越好。在目前常用的二次电池中，镍镉电池的充放电循环寿命为 500 ~ 800 次；铅酸电池为 200 ~ 500 次；锂离子电池为 600 ~ 1 000 次；锌银电池为 100 次左右。

二次电池的充放电循环寿命与放电深度、温度、充放电制式等条件有关。减少放电深度（即“浅放电”），则二次电池的充放电循环寿命可以大大延长。

（九）储存性能和自放电

对于所有化学电源，即使在与外电路没有接触的条件下开路放置，容量也会自然衰减，这种现象称为自放电，又称荷电保持能力。

电池自放电的大小，用自放电率来衡量，一般用单位时间内容量减少的百分比表示。

自放电率 =（储存前电池容量 – 储存后电池容量）/储存前电池容量 ×100%

电池的自放电主要是由电极材料、制造工艺、储存条件等多方面因素决定的。从热力学的角度来看，电池的放电过程是体系自由能减少的过程，因此自放电的发生是必然的，只是速率有所差别。影响自放电率的因素主要是电池储存的温度和湿度条件等。温度升高会使电池内正负极材料的反应活性提高。同时电解液的离子传导速度加快，镉等辅助材料的强度降低，使自放电反应速率大大提高，如果温度太高，就会严重破坏电池内的化学平衡，发生不可逆反应，最终会严重损害电池的整体性能。湿度的影响与温度条件相似，环境湿度太高也会加快自放电反应。一般来说，低温和低湿的环境条件下，电池的自放电率低，有利于电池的储存。但是温度太低也可能造成电极材料的不可逆变化，使电池的整体性能大大降低。

电池的储存性能是指电池在一定条件下储存一定时间后主要性能参数的变化，包括容量的下降、外观情况和有无变形或渗液情况。国家标准均有电池的容量下降和外观变化及漏液比例的限制。

三、电动汽车对动力电池的要求

（一）比能量高

为了提高电动汽车的续驶里程，要求电动汽车上的动力电池尽可能储存多的能量，但电动汽车又不能太重，其安装电池的空间也有限，这就要求电池具有高的比能量。

（二）比功率大

为了能使电动汽车在加速行驶、爬坡能力和负载行驶等方面能与燃油汽车竞争，就要求电池具有大的比功率。

（三）充放电效率高

电池中能量的循环必须经过充电—放电—充电的循环，高的充放电效率对保证整车效率具有至关重要的作用。

（四）相对稳定性好

电池应当在快速充放电和充放电过程变工况的条件下保持性能的相对稳定，使其在动力系统使用条件下能达到足够的充放电循环次数。

（五）使用成本低

除了降低电池的初始购买成本外，还要提高电池的使用寿命以延长其更换周期。

（六）安全性好

电池应不会引起自燃或燃烧，在发生碰撞等事故时，不会对乘员造成伤害。

第二节 动力电池的类型

一、铅酸蓄电池

（一）铅酸蓄电池的结构与原理

自铅酸蓄电池发明距今已有150多年，它具有技术成熟、高低温性能优异、性能稳定可靠、安全性高、资源再利用性好等优点，在新能源汽车上被广泛用作辅助动力蓄电池。同样，铅酸蓄电池也有一些缺点：能量密度低、循环寿命偏短、正负极材料有铅污染、易对环境和人体健康造成危害。

1. 铅酸蓄电池的基本结构

铅酸蓄电池主要由极板、隔板、壳体、电解液、极桩等组成，一个12 V的铅酸蓄电池由6个串联的单格电池构成。铅酸蓄电池的结构如图1－2所示。

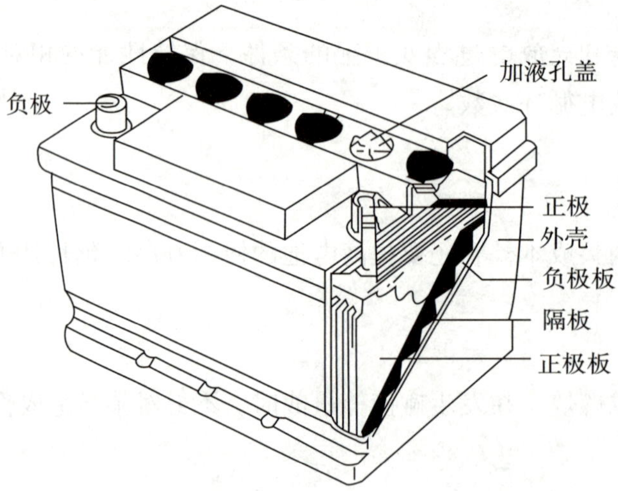

图1－2　铅酸蓄电池的结构

（1）极板

极板是铅酸蓄电池的核心部件，分为正极板和负极板。铅酸蓄电池的充放电过程是通过极板上的活性物质与电解液进行电化学反应来实现的。

极板由栅架及铅膏涂料组成，如图1－3所示。栅架的作用是固定活性物质，通常由铅锑合金浇铸而成。

正极板上的活性物质为深棕色的二氧化铅（PbO_2），负极板的活性物质为海绵状、青灰色的纯铅（Pb）。

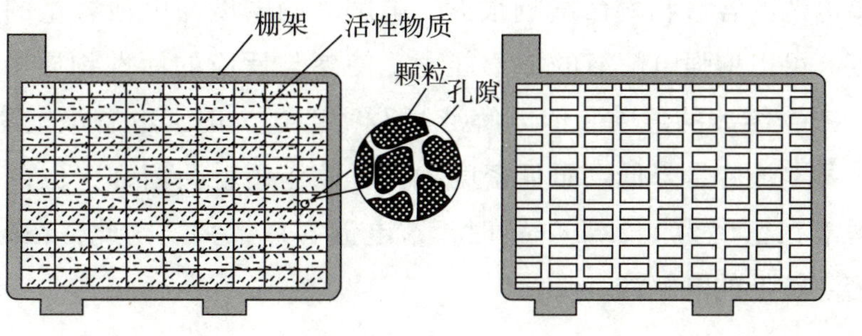

（a）极板　　（b）极板栅架

图 1－3　极板

为了增大铅酸蓄电池的容量，每个单格铅酸蓄电池都有多个极板组。极板组中的每个正极板都处于两片负极板之间，从而使正极板两侧充放电均匀。负极板比正极板多一块，如图 1－4 所示。

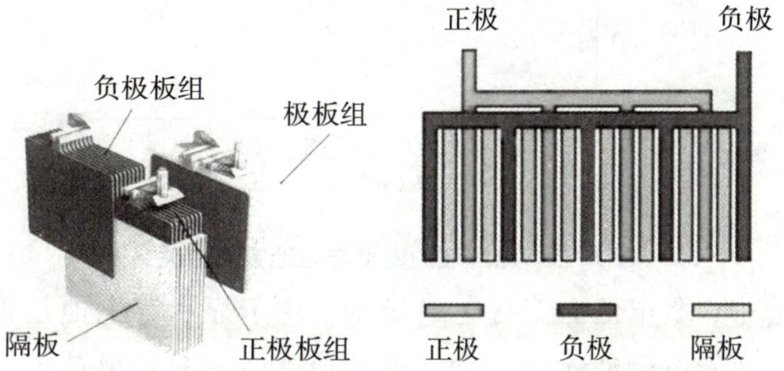

（a）极板外形　　（b）极板侧面

图 1－4　极板组

（2）隔板

隔板是为减少电池的内阻和体积而设置的，正负极板之间应尽量靠近。为避免正负极板之间彼此接触而造成短路，正负极板之间装有绝缘隔板，隔板上有许多微孔，能够让电解液通过。隔板一般采用木板、微孔橡胶、微孔塑料、玻璃纤维和纸板等。木质隔板价格低，但耐酸性能差，已逐渐被淘汰；微孔橡胶隔板性能好，寿命长，但生产工艺复杂、成本高，故尚未大量使用；微孔塑料隔板孔径小、孔率高、薄而软、生产效率高、成本低，目前被广泛采用。

隔板一面平整，一面有沟槽。正极板在充放电过程中的化学反应比较剧烈，沟槽面应对着正极板，且与底部垂直。其目的是使充放电时电解液能及时通过沟槽供给正极板，也能使气泡沿槽上升。当正极板上的活性物质 PbO_2 脱落时，脱落的 PbO_2 能迅速通过沟槽沉入容器底部。

（3）电解液

铅酸蓄电池的电解液是浓度为 27%～37% 的稀硫酸水溶液，是由蒸馏水和 15 ℃时相对密度为 1.83～1.84 g/cm^3 的化学纯硫酸按一定比例配制而成的。电解液的密度由厂家要求和当地最低气温共同决定，一般为 1.24～1.30 g/cm^3。电解液在蓄电池的充放电化学反应中起到离子间导电的作用，其纯度是影响蓄电池电气性能和使用寿命的重要因素。因此，蓄电池电解液必须符合《铅酸蓄电池用电解液》（JB/T 10052—2010）中的规定。工业硫酸和普通水中含铜、铁等杂质较多，会加速蓄电池自放电，不能用于蓄电池。

电解液密度对蓄电池的容量和寿命影响很大。电解液的密度与电池容量的关系如图 1－5 所示。适当提高电解液密度，可以增强电解液的渗透能力，使参与反应的活性物质增多，电阻减小，从而提高蓄电池的容量，减少结冰的危险。但电解液相对密度过大时，电解液的黏度增加，内阻增大，流动性变差，从而使蓄电池容量降低。而且密度大，腐蚀作用就会增强，也会降低极板和隔板的寿命。试验表明，电解液在密度为 1.23 g/cm^3 时，蓄电池容量最大。因此，在冬季不结冰的前提下，应尽可能采用相对密度较低的电解液。

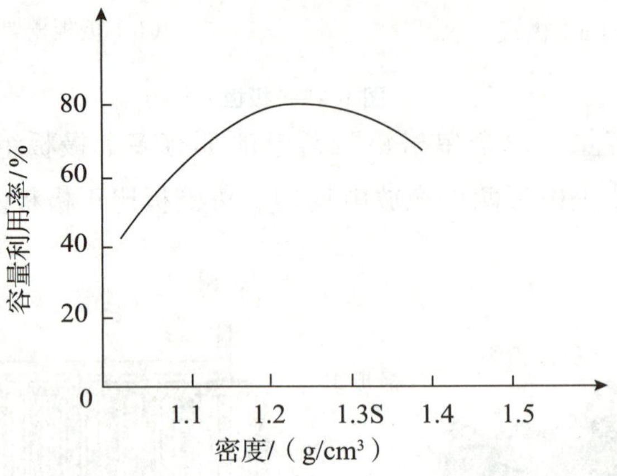

图 1－5　电解液的密度与电池容量的关系

在免维护铅酸蓄电池中，蓄电池上盖有电眼显示，用于显示蓄电池是否正常。电眼的颜色不同表示的意思也不同。绿色表示电解液液位正常，蓄电池充电充足。黑色表示电解液液位正常，电量不足，蓄电池需要充电。浅黄色表示蓄电池电解液液位过低，蓄电池必须更换。

（4）壳体

壳体是指铅酸蓄电池的外壳，由电池槽和电池盖组成，其功能是盛装电解液和极板组。目前，铅酸蓄电池的外壳大多采用耐酸塑料，电池槽和电池盖之间采用热压工艺黏合为整体结构。其优点为体积小、质量轻、强度高、耐腐蚀。电池槽由隔板分成六个互不相通的单格，底部有凸起的筋条，用于放置极板组。

每个单格都有一个加液孔，用于加注电解液或检测电解液密度。加液孔用螺塞或盖板密封，防止电解液外溢。在加液孔盖上设有通气孔，以便排出化学反应所放出的氢气和氧气。该通气孔在使用中应保持畅通，以防止外壳膨胀或发生事故。免维护的铅酸蓄电池产生的气体则通过中央通气孔排出，如图 1－6 所示。

（5）接线柱

接线柱分为正接线柱和负接线柱。为了便于区分，正接线柱通常较粗，且用“＋”或“P”表示，表面常涂红色油漆；负接线柱通常较细，且用“－”或“N”表示，表面涂成蓝色或不涂颜色。

2. 铅酸蓄电池的工作原理

电池两端加上负荷时，电池内部化学能转换为电能，导电离子从一个电极到另一个电极，于是在电池外部的电路电子流动形成电流。在电池满电的情况下，正极为二氧化铅，负极为铅，电解液是稀硫酸。完全放电后，两个极板上均变成硫酸铅。铅酸蓄电池充放电过程中的化学反应是可逆的。

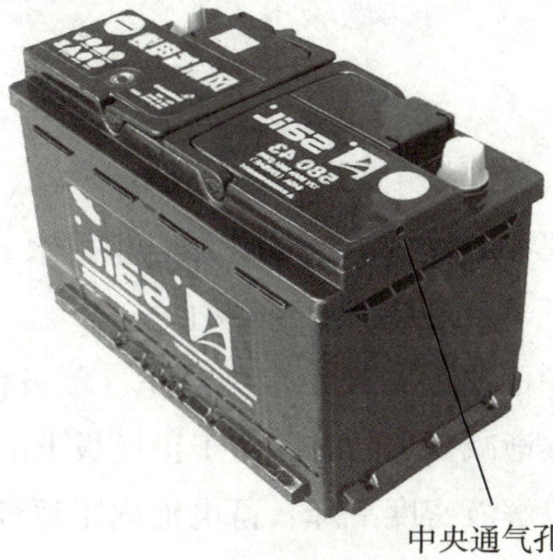

图 1－6　免维护铅酸蓄电池中央通气孔

正电极在放电时，外界电路接收电子，形成还原反应；负电极释放电子到外界电路，形成氧化反应；电解液的作用是给正负极之间流动的离子创造一个液体环境，或者说充当离子流动的介质。电极上的化学反应方程式为

$$Pb + PbO_2 + 2H_2SO_4 \rightleftharpoons 2PbSO_4 + 2H_2O$$

（1）电动势的建立

正极板上的二氧化铅电离为正四价铅离子和负二价氧离子，铅离子附着在正极板上，氧离子进入电解液中，正极板具有 2.0 V 的正电位。负极板上的纯铅电离为正二价铅离子和两个电子，铅离子进入电解液中，电子留在负极板上，负极板具有 －0.1 V 的电位。两极板之间的电动势为 2.1 V，如图 1－7 所示。

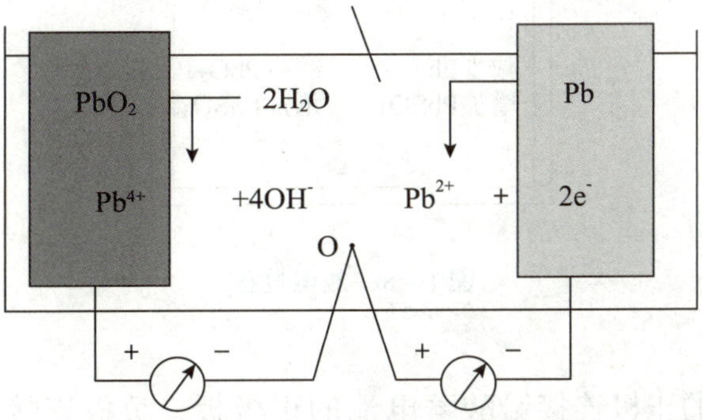

图 1－7　电动势的建立

（2）放电过程

放电时化学能转化为电能。当电池接入负载后，在电位差的作用下，电流从正极流出，经过负载流回负极。正极板上的正四价铅离子与电子结合生成正二价铅离子，进入电解液与硫酸根离子结合生成硫酸铅，附着在正极板上。正极板上的化学反应方程式为

$$Pb^{4+} + 2e^- \longrightarrow Pb^{2+}$$

$$Pb^{2+} + SO_4^{2-} \longrightarrow PbSO_4$$

负极板上，正二价铅离子也同硫酸根离子结合生成硫酸铅，附着在负极板上。负极板上的化学反应方程式为

$$Pb - 2e^- \longrightarrow Pb^{2+}$$

$$Pb^{2+} + SO_4^{2-} \longrightarrow PbSO_4$$

电解液中，H_2SO_4 失去SO_4^{2-}，留下 H^+，H^+与 OH^-结合生成水。电解液中的化学反应方程式为

$$H^+ + OH^- \longrightarrow H_2O$$

随着放电过程的进行，电解液中的硫酸根离子不断与正、负极板上的铅离子生成硫酸铅而附着在极板上，电解液中的硫酸根离子逐渐减少。同时，由于正极板上的负二价氧离子与氢离子生成水，电解液中的水不断增多，结果使得电解液密度下降，蓄电池内阻逐渐增大，如图 1－8 所示。放电时的总反应为

$$Pb + PbO_2 + 2H_2SO_4 \longrightarrow 2PbSO_4 + 2H_2O$$

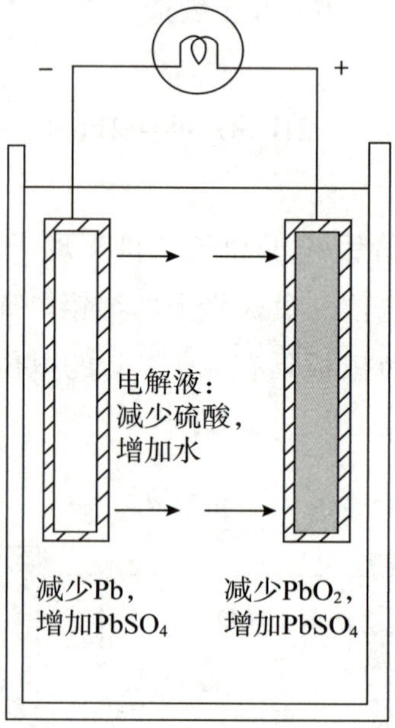

图 1－8　放电过程

（3）充电过程

充电时，外接直流电源的正极连接铅酸蓄电池的正极板，负极连接铅酸蓄电池的负极板。正极板上的正二价铅离子失去两个电子成为正四价铅离子，与水反应生成二氧化铅。正极板上的化学反应方程式为

$$PbSO_4 + 2H_2O - 2e^- \longrightarrow PbO_2 + 4H^+ + SO_4^{2-}$$

负极板上的正二价铅离子得到两个电子生成 Pb，附着在负极板上。负极板上的化学反应方程式为

$$PbSO_4 + 2e^- \longrightarrow Pb + SO_4^{2-}$$

随着电流的通过，硫酸铅在负极上变成蓬松的金属铅；在正极上变成黑褐色的二氧化铅，从正、

负极板上电离出来的硫酸根离子与水中的氢离子结合生成硫酸，结果使得电解液的密度不断升高，如图 1－9 所示。充电时的总反应为

$$2PbSO_4+2H_2O \longrightarrow Pb+PbO_2+2H_2SO_4$$

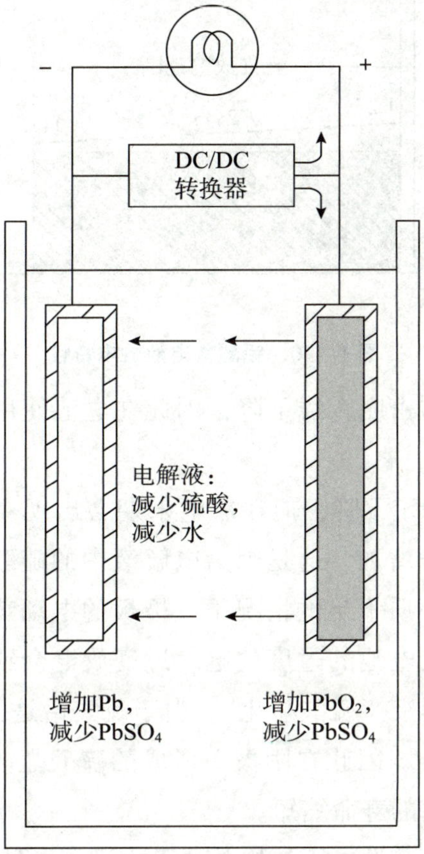

图 1－9　充电过程

在充电过程中，当单格电池的端电压达到 2.4 V 时，$PbSO_4$ 已基本转化为 PbO_2 和 Pb。如果继续充电，水将被电解成氢气和氧气，氧气从正极板溢出，氢气从负极板溢出。随着充电时间延长，产生的氢气和氧气增多，就会呈现“沸腾”现象。铅酸蓄电池若长时间过充电，极板内部会产生大量气体，形成局部压力，从而加速活性物质的脱落，使极板过早损坏。因此，应避免长时间过量充电。

（二）铅酸蓄电池的工作特性

1. 放电特性

放电特性是指充足电的蓄电池以一定放电时率的电流连续放电的过程中，端电压和电解液密度随放电时间的变化规律。图 1－10 所示电流以 20 C 的放电时率连续放电时端电压 U、电动势 E 和电解液密度 ρ 随放电时间的变化规律。

在放电过程中，由于蓄电池内阻有压降 I_fR_0，所以蓄电池的端电压总是小于其电动势 E，而静止电动势 E_0 与电解液的密度变化相似，单格蓄电池的放电终止电压为 1.75 V，整个蓄电池的放电终止电压为 10.5 V。

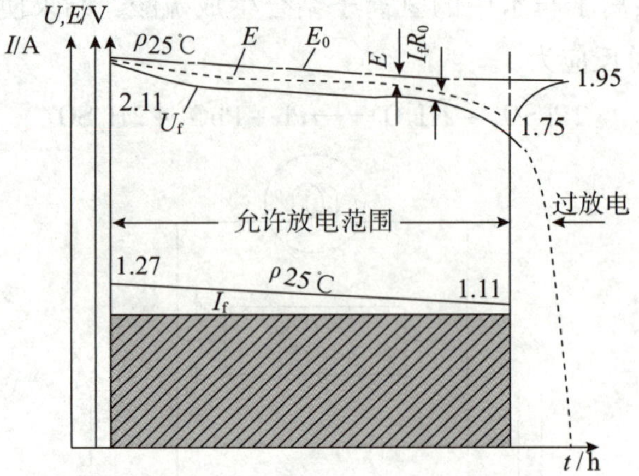

图 1－10 铅酸蓄电池放电特性

随着电池不断放电，电解液的密度直线下降，因此在电池使用的过程中可以根据电解液的密度来判断蓄电池的放电程度。

在放电过程中，电池端电压稳定下降，但在放电末期会出现一个转折电压，此时电池端电压急剧下降，表现为放电曲线斜率显著增加。这是因为电解液中的硫酸浓度已经很低，电解液扩散到极板的速度低于放电的速度，在电解质不足的情况下，极板的电动势急剧降低，造成电池端电压的下降，此时应停止放电，否则会造成电池的过度放电。过度放电会致使电池内部大量的硫酸铅被吸附到蓄电池的阴极表面，造成电池阴极“硫酸盐化”。由于硫酸铅是一种绝缘体，它的形成会对蓄电池的充放电性能产生很大的负面影响，因此在阴极上形成的硫酸盐越多，蓄电池的内阻越大，电池的充放电性能就越差，从而使蓄电池的寿命缩短。

电池以不同的放电倍率放电，其端电压与放电时间的关系如图 1－11 所示。从图中可以看出，放电倍率越大，电池端电压下降越快，电池所能放出的容量越小。

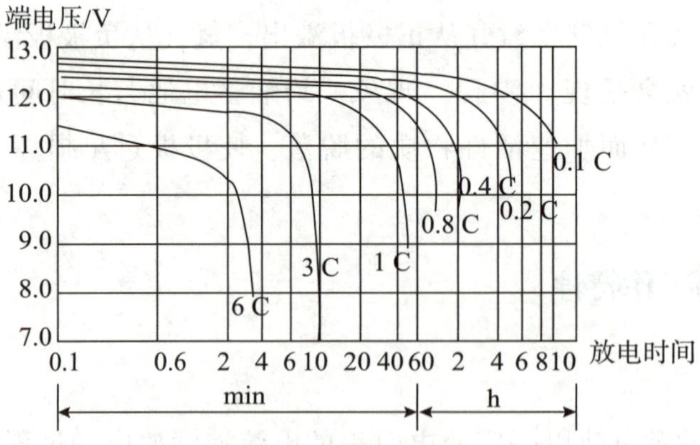

图 1－11 铅酸蓄电池端电压与放电时间的关系

2. 充电特性

恒流限压法是铅酸蓄电池最常用的充电方法，12 V 铅酸蓄电池充电控制曲线如图 1－12 所示。充电过程分为三个阶段：第一阶段为 60 A 恒流充电；第二阶段为 15 V 恒压充电；第三阶段为 3 A 恒流定时充电，定时时间小于 5 h。

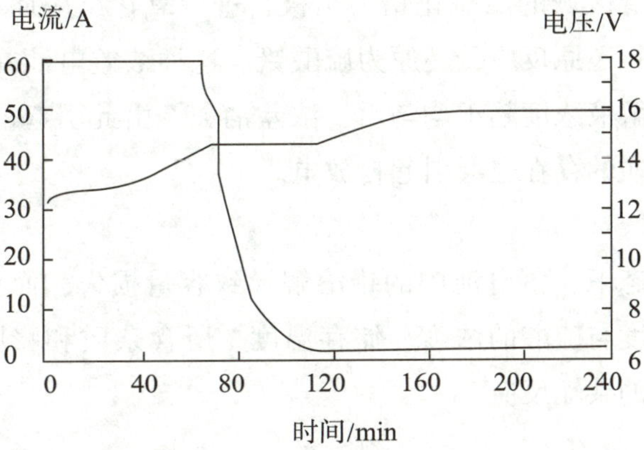

图 1－12　12 V 铅酸蓄电池充电控制曲线

充电过程中电池的电压变化曲线如图 1－13 所示。在充电初期（*oa* 段），电池的端电压上升很快,这是因为电池两极的硫酸铅分别转化为二氧化铅和铅，同时生成硫酸，极板表面和活性物质微孔内的硫酸浓度剧增，硫酸来不及向极板外扩散，因此电池的端电压迅速升高。在充电中期（*ab* 段），由于电解液的相互扩散，极板表面和活性物质微孔内的电解液浓度不再急剧上升，因此端电压缓慢上升。随着充电的不断进行，活性物质逐步转化为二氧化铅和铅，孔隙逐渐扩大，孔率增加。当单体端电压达到 2.3 V 左右时（至曲线 *b* 点），大部分活性物质已转化为二氧化铅和铅，极板上所余硫酸铅不多，如果继续充电，则会大量电解水，开始析出气体。由于部分气体吸附在极板表面来不及释放，增加了内阻，导致正极电位升高，因此电池端电压又迅速上升，如曲线 *bc* 段。当充电到 *cd* 段时，由于活性物质已全部还原为充满电时的状态，水的分解也渐趋饱和，电解液剧烈沸腾，电压则稳定在 2.7 V 左右，所以充电至 *d* 点就应结束。若继续充电，端电压也不再升高，只是不断消耗电能进行水的电解。如果在 *d* 点停止充电，端电压会迅速降低至 2.3 V。

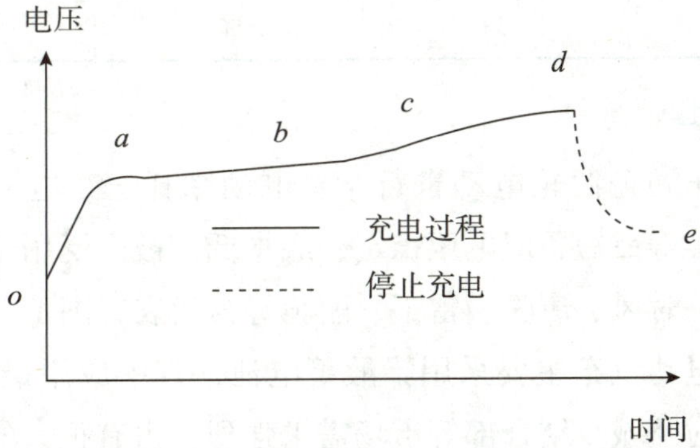

图 1－13　电池电压随时间的变化

3. 自放电性能

自放电分为正极自放电和负极自放电。

（1）正极自放电

正极自放电是由于在放置期间正极活性物质发生分解，形成硫酸铅并伴随着氧气析出，发生逆反应。在电极上端、下端、电极的孔隙以及电极的表面，硫酸浓度不同，因而电极内外和上下形成了浓差电池。处于硫酸浓度低区域的二氧化铅为负极，进行氧化反应而析出氧气；处于硫酸浓度高区域的二氧化铅为正极，进行还原反应，还原为硫酸铅。这种浓差电池在正极和负极上都可能形成，因此都有氧气析出。但在电解液浓度趋于均匀后，浓差消失，由此引起的自放电也就停止了。另外，在电解液中一些其他盐类杂质的存在也会引起自放电。

（2）负极自放电

负极自放电是在开路状态下，蓄电池中的铅溶解导致容量损失，而铅溶解的共轭反应是溶液中氢的还原过程。该过程的速度与硫酸的浓度、储存温度、所含杂质和膨胀剂的类型有关，溶解于硫酸中的氧也可以发生铅自溶的共轭反应。

（三）铅酸蓄电池的应用

铅酸蓄电池的优点是技术可靠、生产工艺成熟、成本低、大电流输出、具有良好的高温和低温性能、较高的能量效率（75%～80%）以及多种多样的型号和尺寸，缺点是比能量和能量密度比较低（35 W·h/kg、70 W·h/L）、自放电率较高（25 ℃环境每天降低1%）、循环寿命相对较低（小于1 000次）、硫酸腐蚀电极不便于长期储存，但是铅酸蓄电池仍是电动汽车不可缺少的储能元件。

1. 辅助动力蓄电池

新能源汽车上辅助动力蓄电池仍然采用铅酸蓄电池，例如，在吉利帝豪 EV450 纯电动汽车上使用的低压蓄电池型号为 6－QW－45。该型号电池中有 6 个单格电池，总电压为 12 V，是一种启动型免维护蓄电池，额定容量为 45 A·h。在温度为 10 ℃时，12 V 铅酸蓄电池的静态电压与容量的关系见表 1－2 所示。随着温度的下降，蓄电池的电压会稍微下降。

表 1－2　12 V 铅酸蓄电池电压与容量的关系

电压/V	12. 6	12. 4	12. 2	12. 0	11. 8
容量/%	100	75	50	25	0

2. 低速电动车动力蓄电池

从广义上讲，低速电动车涵盖两轮电动自行车、电动摩托车、电动三轮车、低速电动汽车等。铅酸蓄电池虽然能量密度低、寿命短，但电压稳定、成本低，被广泛用于低速电动车上。

低速电动汽车以比德文、时风、唐骏、雷丁、丽驰等为代表，图 1－14 所示比德文 M8 低速电动汽车。出于成本考虑，低速电动汽车主要采用铅酸蓄电池，其中应用最多的是密封式阀控铅酸蓄电池，其价格优势使得其在农村及城乡结合部等市场需求强烈，占有很大的市场份额。

目前铅酸蓄电池技术已经得到了很大提升，比能量由原来的 20 W·h/kg 提升到了现在的 40 W·h/kg,最高的超级电池的比能量达到了 70～80 W·h/kg。使用寿命方面，原来铅酸蓄电池循环次数只有 350 次左右，目前在 70% 的 DOD 放电的情况下，已经能够超过 4 000 次，超过了镍氢电池。另外，铅酸蓄电池还具有可回收再利用的优势。目前，美国铅酸蓄电池的回收利用率已达到 98. 5%，我国也达到了 90% 左右。

图 1－14　比德文 M8 低速电动汽车

3. 新型铅酸蓄电池

AGM/EFB 蓄电池统称为启停蓄电池，最早由德国 MOLL 和美国江森等著名品牌厂家研发生产，目前国内的风帆、骆驼等蓄电池厂家也有生产。AGM 蓄电池在欧系品牌车辆上装配居多，EFB 蓄电池在日系品牌车辆上装配居多。

为解决普通铅酸蓄电池电解液水分流失、充电过程产生酸雾等问题，人们研发出 VRLA 阀控式蓄电池。在普通铅酸蓄电池的基础上，VRLA 蓄电池负极采用过量的活性物质，使得负极不能析出氢气，同时正极产生的氧气通过一定的途径进入负极，与负极的铅产生化学反应。充电过程中产生的绝大部分气体通过化学反应继续留在蓄电池内部，从而保持电解液浓度的相对稳定。常见的 VRLA 阀控式蓄电池有 EFB 增强富液式和 AGM 贫液式两种。

（1）EFB 蓄电池

EFB 蓄电池即增强富液式蓄电池（enhanced flooded battery，EFB）。这类蓄电池可以从蓄电池盖上的 EFB 字样识别出来，如图 1－15 所示。它通过调整活性物质以及电解液配方，提高电池深循环性能。除了极板、隔膜及其他结构部件外，蓄电池内部剩余的空间全部用电解液填满，也就是说电解液处于过量状态。EFB 蓄电池特点如下。

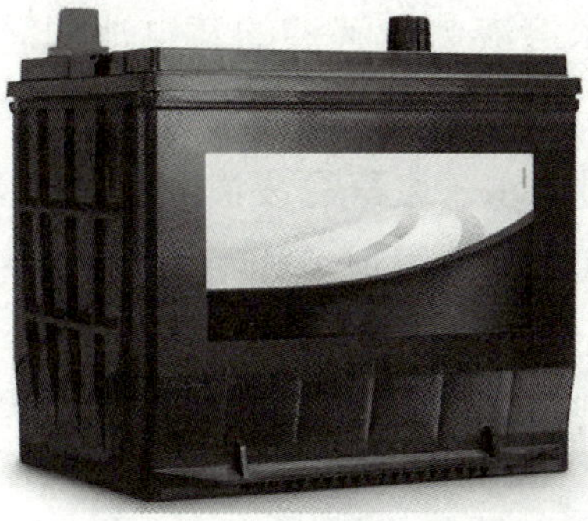

图 1－15　EFB 蓄电池

① 负极格栅更厚。这使电池具有更高的耐腐蚀性，特别是在高电流负荷时。

② 负极添加了碳。这改善了电流损耗，使得电池更容易充电。

③ 略微提高了含铅量。

EFB 蓄电池与 AGM 蓄电池相比，具有成本低廉、适用温度范围广等特点，整体性能可满足启停系统需求，但不适用于带有能量回收的系统。国内带启停功能的日系汽车多采用 EFB 蓄电池。

（2）AGM 蓄电池

AGM 蓄电池即玻璃纤维蓄电池（absorbent glass mat，AGM）。这类蓄电池可以从蓄电池盖上的 AGM 字样和全黑色蓄电池外壳识别出来，如图 1－16 所示。玻璃纤维结构具有很强的吸水性，因此所有硫酸都被玻璃纤维吸附，具有防泄漏作用。与 EFB 蓄电池相比，AGM 蓄电池极板不是浸泡在电解液中，而是将大部分电解液吸附在多孔的玻璃纤维隔板上，通过紧装配技术与电极接触；同时，电解液并未填满整个蓄电池内槽，而是为正极析出的氧气留出了进入负极的通道，并利用阴极吸附原理实现氧的复合和循环使用，从而减少电池失水，做到真正的免维护。另外，由于采用 AGM 隔板技术，不仅使电解液固定在隔板中，有效防止电解液分层，提高深循环寿命，同时 AGM 隔板具有更低的电阻，有利于提高冷启动性能；采用紧装配技术，可有效防止活性物质软化脱落，进一步提高循环性能。与 EFB 蓄电池相比，AGM 蓄电池整体性能更优，充放电循环次数是普通铅酸蓄电池的 3～4 倍，而且可以支持汽车更高的用电荷载要求和能量回收功能，因此 AGM 蓄电池多用于带有能量回收系统和启停功能的高端汽车上。

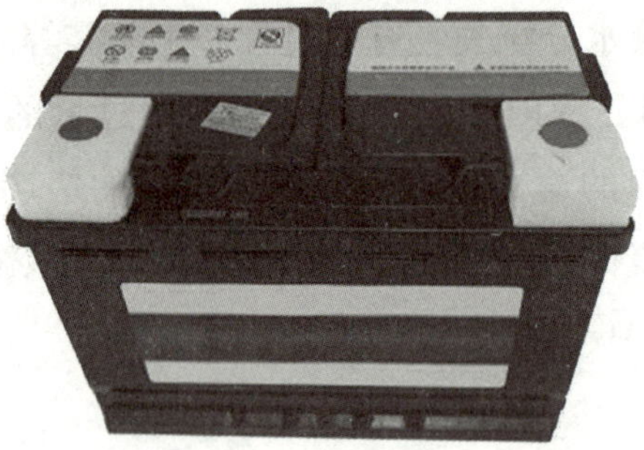

图 1－16　AGM 蓄电池

二、镍氢蓄电池

碱性电池是以氢氧化钾等碱性水溶液为电解液的蓄电池的总称。根据极板活性物质的不同，碱性电池分为镍镉电池、镍氢电池等。1993 年，国际抗癌联盟将镉定为一级致癌物，而且镉及其化合物是不可降解的环境污染物，可通过废水、废气、废渣大量流入环境，污染环境及危害健康。所以，镍镉电池目前已逐渐被镍氢电池取代。镍氢电池组如图 1－17 所示。

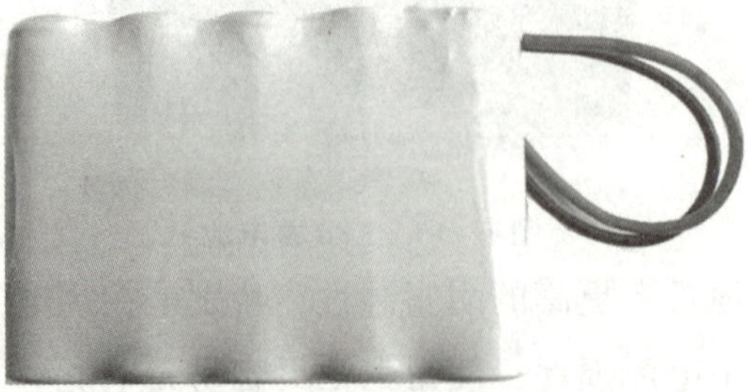

图 1－17　镍氢电池组

新能源汽车中以镍氢电池为动力蓄电池的汽车主要为混合动力汽车。丰田普锐斯的镍氢动力蓄电池组如图 1－18 所示。

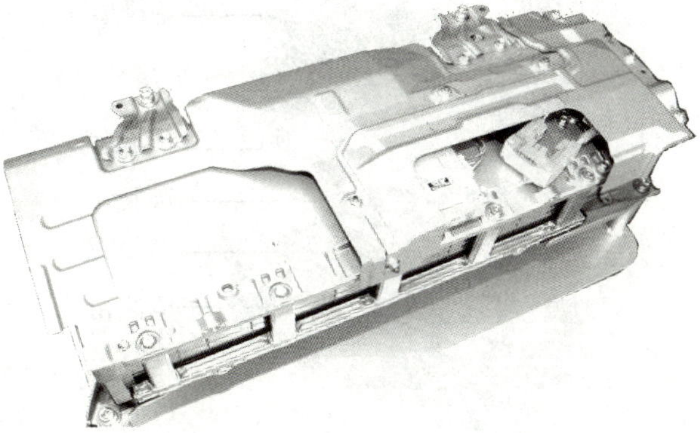

图 1－18　镍氢动力蓄电池组

（一）镍氢电池结构与原理

1. 镍氢电池的基本结构

按照外形，镍氢电池可以分为方形、圆柱形，如图 1－19、图 1－20 所示。镍氢电池的单体电池电压为 1.2 V。

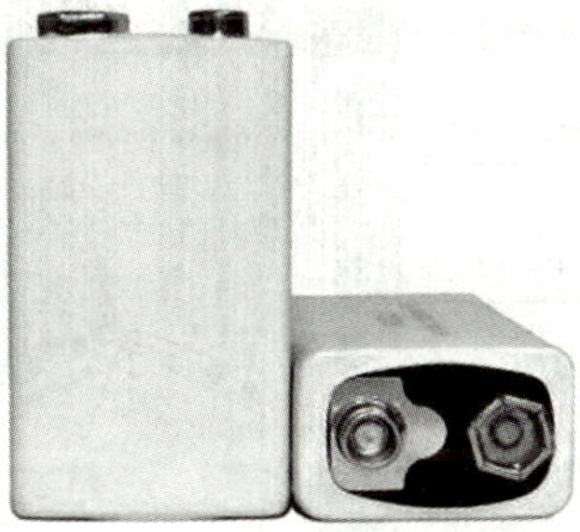

图 1－19　方形镍氢电池

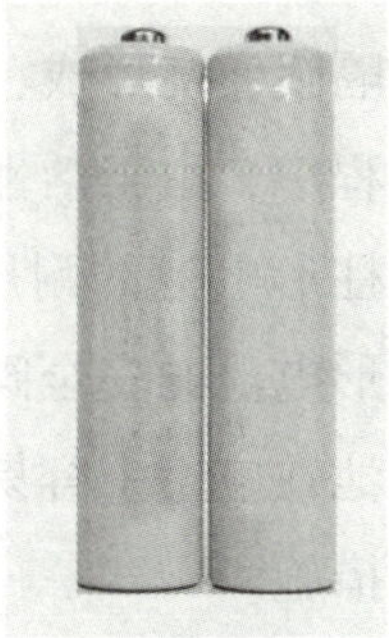

图 1－20　圆柱形镍氢电池

镍氢电池由正极、负极、隔膜、碱性电解质、外壳等组成，方形镍氢电池结构如图 1－21 所示。电池正极的活性物质为氢氧化亚镍［$Ni(OH)_2$］，充电后变为羟基氧化镍（NiOOH）；负极的活性物质为储氢合金（M），充电后变为金属氢化物（MH）；采用接枝聚丙烯隔膜，用于储存电解液、导通离子并阻断电池内部正负电极间的电子传递；使用以 KOH 为主并少量添加 NaOH、LiOH 组成的水溶液为电解液。

（1）正极柱、负极柱：分别用于连接正极板、负极板，是电池与外电路的连接点。

（2）安全阀：用于完成电池的密封，当电池内部压力过大时安全阀开启，释放气体，降低电池内部压力，提高电池安全性。

（3）电池壳：电池反应的容器，同时完成电池的密封。

（4）绝缘垫：实现电池极柱与电池壳体之间的绝缘。

（5）正电极、负电极：电池反应的主体，电池的能量储存在正电极、负电极上。

（6）隔膜：隔离正负电极，储存电解液，提供离子通道，阻隔电池内部正负电极之间电子的传递。

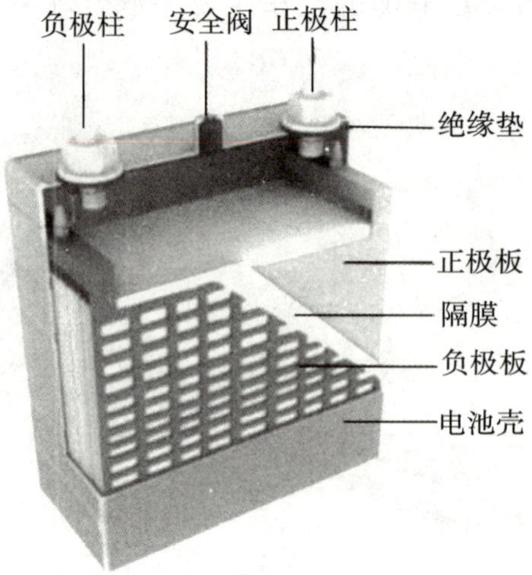

图 1－21　方形镍氢电池结构

方形镍氢电池极组由多片负极、多片正极和隔膜叠片组成。通常负极比正极要多一片，极组的最外侧两片电极均为负极片。

圆柱形镍氢电池同样包括电池壳体、正极、负极、隔膜、安全阀等。圆柱形镍氢电池极组一般由单个正极片、负极片、隔膜卷绕形成，结构如图 1－22 所示。

在应用过程中，由于活性物质的结构变化，电极会发生膨胀，圆柱形电池的耐压程度要远高于方形电池，所以一般圆柱形电池的安全阀开启压力要比方形电池高得多。方形电池在应用中容易发生膨胀，组合应用时需要采取防膨胀措施。

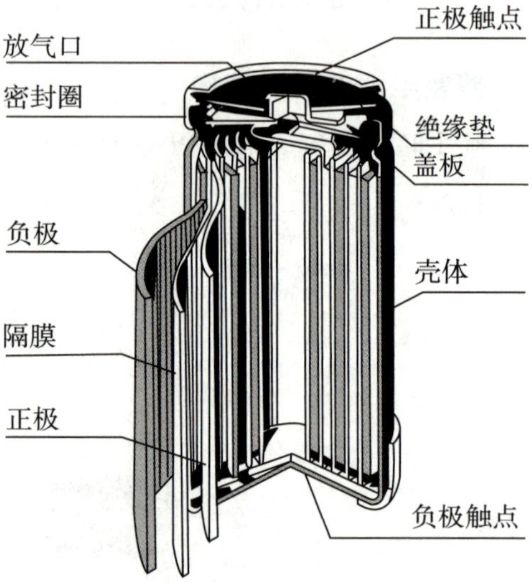

图 1－22　圆柱形镍氢电池结构

2. 镍氢电池的工作原理

镍氢电池以金属氢化物为负极，氢氧化镍为正极，电解液为 30% 的氢氧化钾溶液，氢氧化钾不直接参与电极反应。镍氢电池充放电原理如图 1－23 所示。

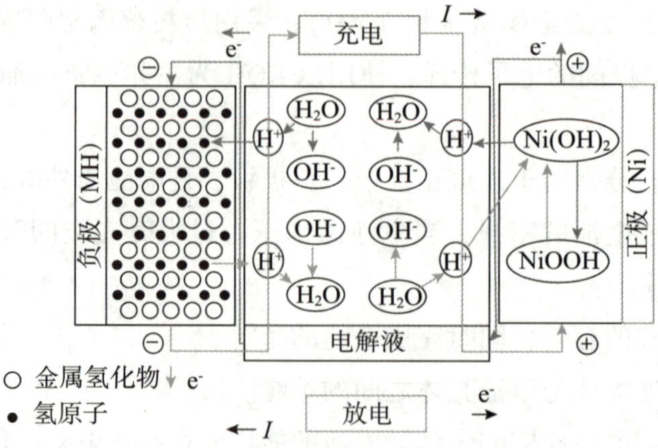

图 1－23　镍氢电池充放电原理

在镍氢电池充电时，正极上的 Ni（OH）$_2$ 转变为 NiOOH，负极上析出的氢原子吸附在储氢合金表面，形成吸附态 MHab，然后再扩散到储氢合金内部，形成金属氢化物 MH。过充电时，正极会产生 O_2，并通过隔膜扩散到负极。由于负极存在负电势，在储氢合金的催化作用下又生成 OH^-，总反应为零。因此过度充电时，KOH 浓度和水的总量保持不变。

在镍氢电池放电时，NiOOH 得到电子转变为 Ni（OH）$_2$，金属氢化物内部的氢原子扩散到表面形成吸附态的氢原子，氢原子再发生电化学氧化反应生成水。过放电时，正极上的 NiOOH 已经全部转变成 Ni（OH）$_2$，这时 H_2O 便在镍电极上还原生成 H_2，而在负极上会发生 H_2 的电化学氧化，又生成 H_2O。这时，电池总反应的净结果仍为零。

正负极的充放电反应见表 1－3 所示。

表 1－3　镍氢电池正负极的充放电反应

反应过程	正极	负极
充电	$Ni(OH)_2 + OH^- - e^- \longrightarrow NiOOH + H_2O$	$M + H_2O + e^- \longrightarrow MH + OH^-$
过充电	$4OH^- - 4e^- \longrightarrow 2H_2O + O_2\uparrow$	$2H_2O + O_2 + 4e^- \longrightarrow 4OH^-$
放电	$NiOOH + H_2O + e^- \longrightarrow Ni(OH)_2 + OH^-$	$MH + OH^- - e^- \longrightarrow M + H_2O$
过放电	$2H_2O + 2e^- \longrightarrow 2OH^- + H_2\uparrow$	$H_2 + 2OH^- - 2e^- \longrightarrow 2H_2O$

镍氢电池的总反应为

$$M + Ni(OH)_2 \longrightarrow MH + NiOOH$$

从反应式可以看出，反应过程中只有质子在正极、负极间转移，水参与正负极的单电极反应，但整个反应过程中不存在水的消耗，所以电池可实现免维护。镍氢电池的充电反应是放热反应，即在充电过程中会产生热量，使电池温度逐渐上升。

在镍氢电池充放电反应中，储氢合金担负着储氢和在其表面进行电化学催化反应的双重任务。在过充电和过放电过程中，由于储氢合金的催化作用，可以消除产生的 O_2 和 H_2，从而使镍氢电池具有耐过充电、过放电的性能。但随着充放电循环的进行，储氢合金会逐渐失去催化能力。对于排气式电池，产生的气体会通过排气阀排出；对于密封式电池，产生的气体仅部分会在电池内部消耗掉，其余气体会在电池中积累，所以电池的内压会逐渐升高，最终导致电池漏液、失效。

（二）镍氢电池的工作特性

1. 充电特性

镍氢电池的充电特性曲线如图 1－24 所示。

镍氢电池充电初始时的电压上升较快，之后比较平缓。这是由于 Ni（OH）$_2$ 导电性极差，但充电产物 NiOOH 导电性是前者的 10 倍，因而充电刚开始时的电压上升很快，有 NiOOH 生成后，充电电压上升速率降低，电压变得比较平坦。随着充电过程的进行，当充电容量达到电池额定容量的 75%

左右时，储氢合金中的氢原子扩散速度减慢。由于氧在储氢合金的扩散速度受负极反应速度的限制，并且此时正极开始逐步析出氧气，因而充电电压再次呈现快速上升的趋势。当充电量超过电池设计容量后，电池进入过充电阶段。此时正极析出的氧会在负极储氢合金表面进行还原、去极化，使负极电位正移，电池温度迅速升高，加之镍氢电池反应温度系数是负值，因此电池的充电电压就会下降。

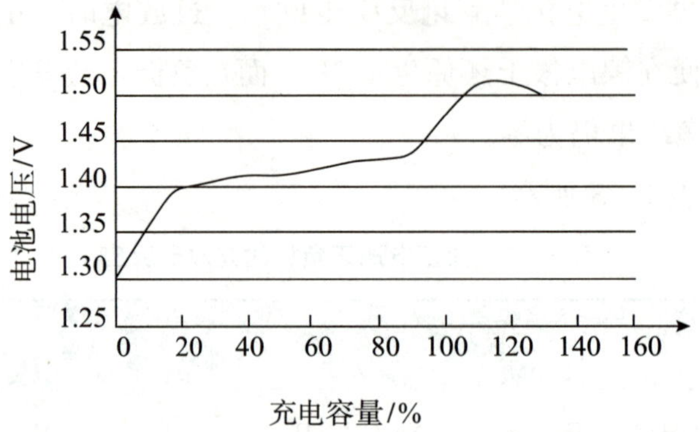

图 1－24　镍氢电池充电特性曲线

镍氢电池常用恒流充电的方式进行充电，充电最高电压越低表明电池在充电过程中的极化越小，电池的充电效率越高，电池的使用寿命可能越长。

2. 放电特性

镍氢电池工作电压为 1.2 V，其放电性能随放电电流、温度的改变而改变。电流越大，温度越低，电池放电电压和放电效率越低。长期大电流放电会对电池的寿命造成一定的影响。电池以 0.2 C 放电时，放电性能如图 1－25 所示。镍氢电池的放电截止电压一般设定在 0.9～1.0 V，如果截止电压设定得太高，则电池容量不能被充分利用，反之则容易引起电池过放。

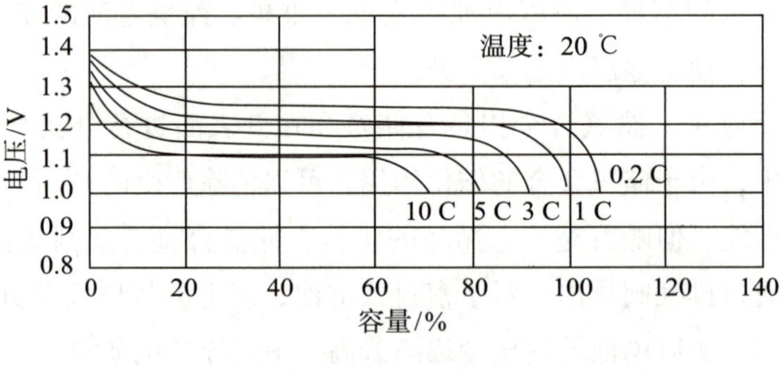

图 1－25　镍氢电池放电特性图

3. 电池内部压力

镍氢电池的内压是一直存在的，通常都维持在正常水平，不会引起安全问题。但在过充或过放情况下，当电池内压升高到一定程度时，就有可能带来安全问题。

镍氢电池在充电电量达到 100% 前，内压增加较少。如果继续充电，电池的内压会急剧增加。因此，镍氢电池过充电存在一定的安全隐患。

4. 温度特性

由于电池中电极材料的活性和电解液的电迁移率等都与温度密切相关，所以环境温度对镍氢电池性能有一定的影响。

在中高温环境下，高温有利于合金中氢原子的扩散，提高了合金的动力学性能，且电解液中 KOH 的电导率也随温度升高而增加。因此，镍氢电池放电容量明显比低温时的放电容量大。温度过高（一般超过 45 ℃）时，虽然电解质电导率大，电流迁移能力增强，迁移内阻减小，但电解液溶剂水分蒸发快，增加了电解液的内阻，两者相互抵消，使得放电容量不再增加。

镍氢电池的正常存储温度是 -20 ~ 45 ℃，最佳存储温度是 10 ~ 25 ℃。一般情况下，当温度降至低于 -20 ℃时，电池中的电解液会凝固，电池内阻会变得无穷大，电池内部可能发生不可逆的变化，导致电池无法激活到正常状态，甚至无法使用。当温度超过 45 ℃时，电池自放电速率大大加快，电解液会发生副反应而产生大量气体，电极片中的辅助材料可能变质失效，从而导致整个电池逐渐老化、容量衰减，甚至在短期内失效。

5. 容量特性

电池的实际容量和实际放电机制与应用工况密切相关。在大电流放电条件下，电极的极化增强，内阻增大，放电电压下降很快，电池的能量效率降低，电池的实际容量一般都低于额定容量。相应地，在低倍率放电条件下，放电电压下降缓慢，电池实际放出的容量常常高于额定容量。镍氢电池的充电电流、搁置时间、放电终止电压和放电电流等均会对放电容量产生影响。

当充电电流增大、电极极化增加时，镍氢电池中氧气析出的复合反应将加剧，导致充电效率和放电容量降低。

搁置时间对镍氢电池放电容量的影响本质上就是镍氢电池的自放电问题。镍氢电池放电容量随搁置时间的延长而下降，搁置的开始阶段容量下降较快。

放电电流增大，电极极化也增大，电化学极化内阻增大，其端电压相对较低。对于相同的放电终止电压来说，最终表现为放电容量测试结果较低。

6. 自放电和储存性能

电池的自放电是由电极材料、制造工艺、储存条件等多方面因素决定的。在自然搁置状态下，镍氢电池容量的衰减速率很快，月自放电率可达到 25% ~ 35%。

镍氢电池自放电率较高，与电池正负极材料的组成、电解液的组成和隔膜材料有关。电池的自放电还与电池储存的温度和湿度有关，温度越高，湿度越大，自放电越严重。自放电率高对电池储存非常不利，所以镍氢电池一般都遵从即充即用的原则，不宜放置较长时间。

镍氢电池的存放条件：存放区应保持清洁、凉爽、通风；温度应在 10 ~ 25 ℃，一般不应超过 30 ℃；相对湿度不高于 65%。另外，长期放置的电池应将电量充至 50% ~ 100% 后储存。在储存过程中，要保证至少每 3 个月对电池充电一次。若不及时充电，当电池放电到终止电压后，一方面会继续自放电造成过放；另一方面电池内的正负极、隔膜也会发生严重的电解液腐蚀和漏液现象，造成电池损坏。

7. 循环寿命

镍氢电池的循环寿命受充放电的湿度、温度和使用方法的影响。在目前的技术条件下，按照 IEC 标准对电池充放电，充放电循环可以超过 500 次。在电动车辆上应用镍氢电池时，一般采用浅充、浅放的应用机制，即 SOC 在 40% ~80% 应用，电池的使用寿命已经可以达到 5 年以上，甚至达到 10 年以上。

随着电池充放电循环次数的增加，电池的隔膜结构会发生变化，隔膜的电解液保持能力下降，电池自放电增大，电池寿命减小。另外，从电池电极上脱落下的电极材料逐渐堵塞隔膜上的孔隙，严重影响了镍氢电池中气体的渗透传输，进而增大了电池内阻，影响电池充放电性能，甚至导致电池失效。

（三）镍氢电池的应用

1. 镍氢电池的特点

与铅酸蓄电池相比，镍氢电池具有无污染、高比能量、大功率、快速充放电、耐用性强等优点。同时，镍氢电池还具有以下特点。

（1）比功率高。目前，商业化的镍氢功率型电池能做到 1 350 W/kg。

（2）循环次数多。目前，电动车镍氢动力蓄电池在 80% 放电深度的情况下，可循环充电 1 000 次以上，是铅酸蓄电池的 3 倍以上。

（3）无污染。镍氢电池不含铅、镉等对人体有害的金属。

（4）耐过充、过放。

（5）无记忆效应。

（6）使用温度范围宽。正常使用温度范围为 −30 ~55 ℃；储存温度范围为 −40 ~70 ℃。

（7）安全可靠。短路、挤压、针刺、安全阀工作能力、跌落、加热、耐振动等安全性、可靠性试验无爆炸、燃烧现象。

镍氢电池的缺点是成本高、自放电损耗大、电压低、电池组热管理要求比较高。

镍氢电池能量密度远低于锂离子电池，而对储能要求不是很高的油电混合动力汽车通常选择镍氢电池作为动力蓄电池，根本原因在于其造价成本低。目前，80% 以上的混合动力汽车采用镍氢电池。

2. 镍氢电池的应用

镍氢电池安全性高、耐过充过放性能好，能满足混合动力电动汽车高功率密度的要求。目前，该类电池在混合动力电动汽车上应用比较广泛，尤其是在日系车型中，如丰田凯美瑞混合动力车、丰田普锐斯、雷克萨斯 CT200、本田思域等。福特公司推出的 Escape 混合动力汽车也采用了额定电压 300 V 左右的镍氢电池组。搭载镍氢动力蓄电池的丰田普锐斯混合动力汽车如图 1 −26 所示。

普锐斯的动力蓄电池采用的是电压为 288 V 的镍氢动力蓄电池，该电池组可以通过发电机和电动机实现充放电，具有高输入与输出密度（单位质量的输出）和质量轻、寿命长等优点，无须定期交换。

图 1－26　丰田普锐斯

三、锂离子电池

（一）锂离子电池的结构与原理

1. 锂离子电池的分类

（1）按电解质分

按照电解质材料，锂离子电池分为液态锂离子电池、聚合物锂离子电池和固态锂离子电池。液态锂离子电池使用的是液体电解质，聚合物锂离子电池使用的是聚合物电解质。

（2）按外形分

按照外形封装形式，锂离子电池分为硬壳和软包电池，硬壳电池又分为方形锂离子电池、圆柱形锂离子电池，如图 1－27 所示。不同形状的锂离子电池的特点见表 1－4 所示。

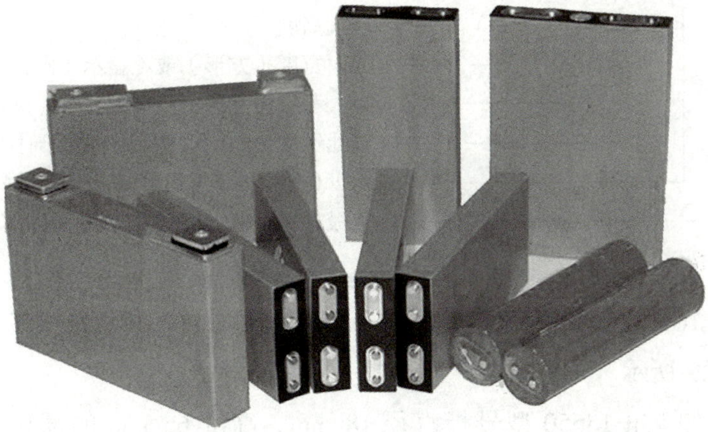

图 1－27　锂离子电池外形

表 1－4　不同形状的锂离子电池的特点

性能、特点	圆柱形	方形	软包
安全性	安全阀双重保护，PTC	泄气阀保护	外壳保护
耐压性	高	中	差
功率性能	好	较好	一般
组合体积	大	小	小
组合成本	高	低	低
形状	标准壳体	金属或塑料壳体，较难改变	可制成各种尺寸的电池
散热性能	良好	一般	差
工艺性	成熟，易于自动化生产	一般	一般
组合特点	体积大，散热表面大	体积小，工艺简单	工艺简单，机械强度低
应用领域	应用广泛，多用于动力类及消费类蓄电池	动力类蓄电池	动力类蓄电池

（3）按正极材料分

按照正极材料，锂离子电池分为钴酸锂电池、锰酸锂电池、磷酸铁锂电池、三元锂电池等。其中，磷酸铁锂电池和三元锂电池是目前新能源汽车上最常用的锂离子电池。

2. 电芯型号与规格

在电池成组（PACK）时，一般把未组装的电池叫作电芯，而把连接上 PCM 板、有充放控制等功能的成品叫作电池。

根据《锂离子电池电性能标准》（IEC 61960—2011）规定，电池单体命名规则如图 1－28 所示。

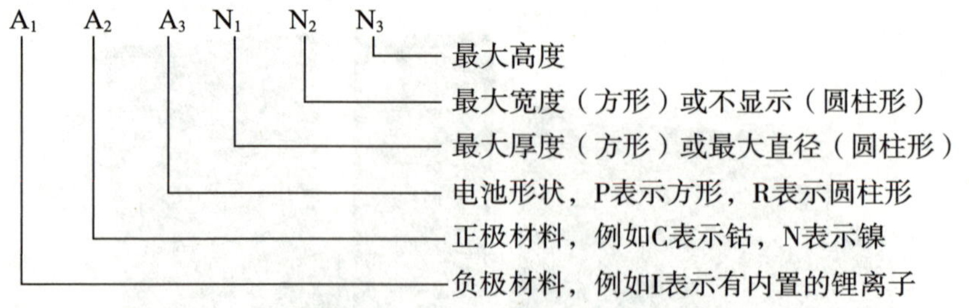

图 1－28　电池单体命名规则

对于方形电芯，如 ICP 383450 型号指实体部分厚 3.8 mm、宽 34 mm、高（长度）50 mm 的方形锂离子电芯，如图 1－29 所示。

对于圆柱形电芯，如 ICR 18650 型号指直径 18 mm、高度 65 mm 的通用 18650 圆柱形锂离子电芯，如图 1－30 所示。

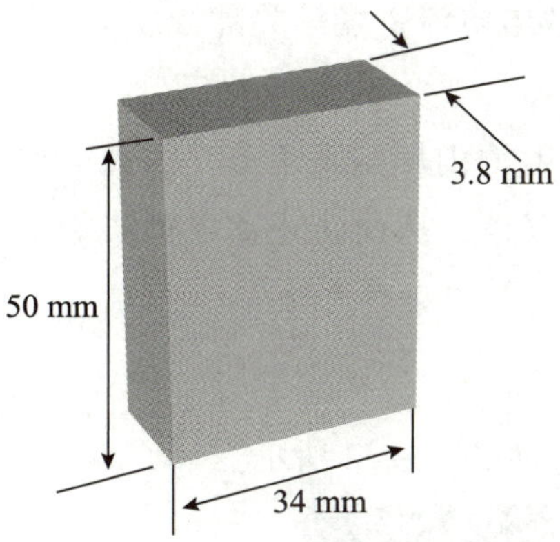

图 1－29　ICP 383450 型号

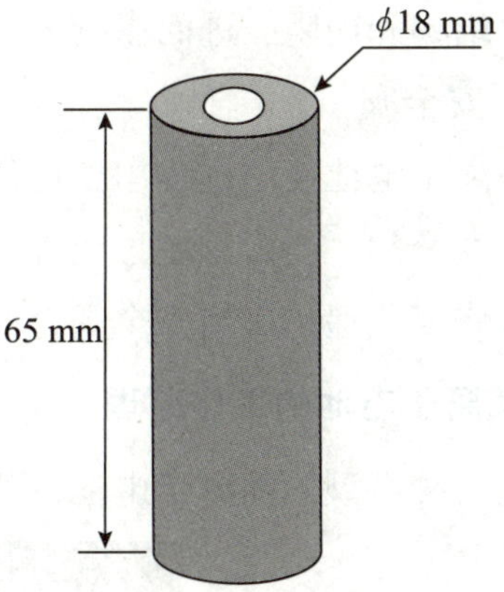

图 1－30　ICR 18650 型号

3. 锂离子电池的结构

锂离子电池由锂离子的金属氧化物组成的正极、石墨晶格构成的负极、电解质和隔膜、安全阀等组成，如图 1－31 所示。

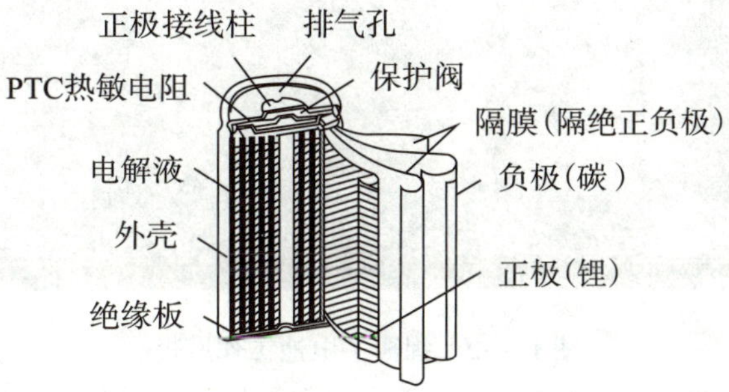

图 1－31　锂离子电池的结构

（1）正极材料

锂离子电池的正极通常采用锂化合物 Li_xCoO_2（钴酸锂）、Li_xMnO_2（锰酸锂）、$LiFePO_4$（磷酸铁锂）、Li（NiCoMn）O_2（镍钴锰酸锂）三元材料等，这些锂离子电池通常以正极材料来命名。正极材料是锂离子电池关键技术的核心，同时也是决定电池成本高低的重要影响因素。与镍氢电池的活性物质相比，锂离子电池活性物质的导电性相对较差。为提高电池的输出电流，采用薄电极设计，通常正极集流体为铝箔。

（2）负极材料

负极主要采用锂－碳层间化合物（Li_xC_6）。为提高电池的输出电流，采用薄电极设计，负极集流体为铜箔。

（3）电解质

电解质是含锂盐的有机溶液，能为离子运动提供运输介质，一般为 $LiPF_6$（六氟磷酸锂）、$LiAsF_6$（六氟合砷酸锂）等的混合溶液，形态有液体电解质、胶体电解质和固体电解质。

（4）隔膜

隔膜通常使用微孔聚丙烯和微孔聚乙烯或者二者的复合膜。孔径一般为 0.03～0.12 μm。允许锂离子 Li^+往返通过，阻止电子 e^-通过，在正负极之间起绝缘作用，因此隔膜被称为电池第三极。在过度充电导致温度升高时，隔膜通过闭孔来阻隔离子传导，防止热失控导致爆炸。隔膜性能决定电池的界面结构和内阻，进而影响电池的容量、循环性能、充放电电流密度等关键特性。

（5）安全阀

在锂离子电池使用过程中，可能会因为一些原因引起蓄电池内压异常上升，因此需要在电池结构中设置安全阀。当内压超过允许压力时，打开安全阀释放气体，从而防止蓄电池破裂。安全阀为一次性非修复式保护，当安全阀打开后，电池即失效。

4. 锂离子电池的工作原理

无论何种类型的锂离子电池，其基本工作原理是一样的，如图1－32所示。

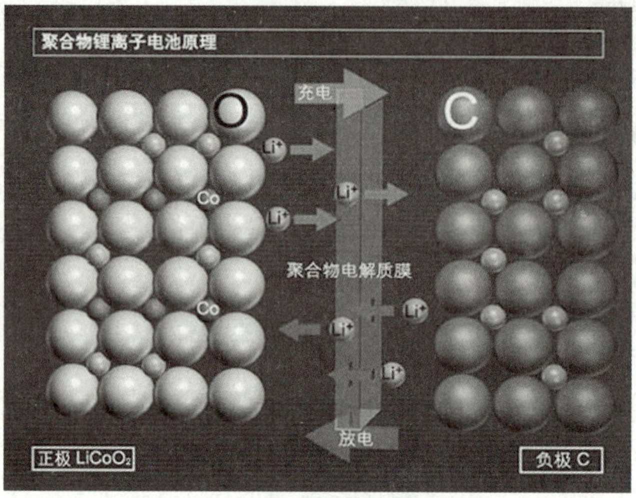

图1－32　锂离子电池工作原理

锂离子电池实际上是一种浓差电池。充电时，Li^+从正极材料晶格中脱出，经过电解质溶液和隔膜，嵌入负极中，负极处于富锂态，正极处于贫锂态，同时电子的补偿电荷从外电路供给到碳负极，保持负极的电平衡。放电时则相反，Li^+从负极脱嵌，经过电解质嵌入正极，正极处于富锂态。

典型的钴酸锂电池充放电如图1－33所示。在充电过程中，正极中的锂离子从钴酸锂等过渡金属氧化物的晶格中脱出，经过电解液这一桥梁嵌入负极的层状结构中。在这一过程中，过渡金属被氧化，释放出电子。正极材料的体积因锂离子的移出而发生变化，但本身的骨架结构维持不变，负极材料与锂离子发生嵌入反应或合金化反应。在放电过程中，锂离子从负极的碳素材料层间脱出，经过电解液到达正极并嵌入正极材料的晶格中，电极材料的结构得以复原。在这一过程中，负极中的锂被氧化，释放出电子。

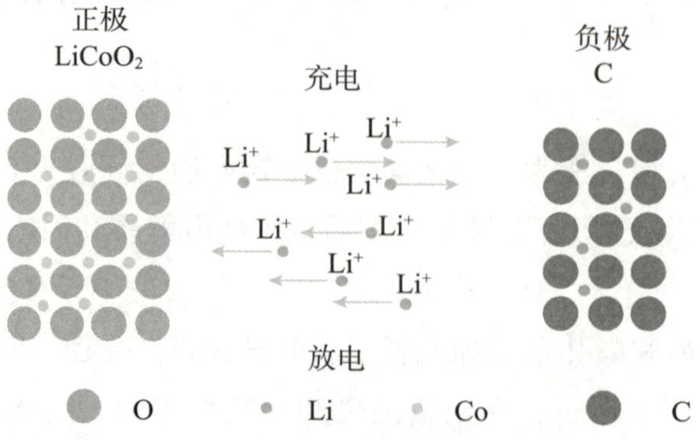

图1－33　典型的锂离子电池充放电示意图

在循环过程中，正极是提供锂离子的源泉。下列反应式描述了充电过程中锂离子从 $LiCOO_2$ 脱出、嵌入石墨层间的反应过程，放电时则与之相反。

正极反应的化学方程式为

$$LiCoO_2 \underset{放电}{\overset{充电}{\rightleftharpoons}} Li_{1-x}CoO_2 + xLi^+ + xe^-$$

负极反应的化学方程式为

$$6C + xLi^+ + xe^- \underset{放电}{\overset{充电}{\rightleftharpoons}} Li_xC_6$$

电池反应的化学方程式为

$$6C + LiCoO_2 \underset{放电}{\overset{充电}{\rightleftharpoons}} Li_{1-x}CoO_2 + Li_xC_6$$

在整个充放电过程中，锂离子往返于正负极之间。

在正常充放电情况下，锂离子在层状结构的碳材料与金属氧化物之间嵌入与脱出，一般只引起层间距的变化，像摇椅一样，但不会破坏晶体结构，正负极材料的化学结构基本保持不变，故锂离子电池也常称为摇椅式电池。

电池反应过程中无电解液的消耗，也无气体产生，仅为锂离子在正负极之间移动，所以电池可以做成完全密封电池。另外，在正常条件下，电池充放电过程中无副反应发生，所以锂离子电池的充电效率很高，甚至可以达到 100%。

在充电时，锂离子电池负极材料的晶体结构在锂离子迁移过程中会出现变化，过充会导致负极晶格堵塞，过放会导致负极晶格塌落，因此锂电芯不能单独使用，需要有可靠的充放电保护电路才能安全使用。对于电动汽车的动力蓄电池，由许多单体电池经过并联、串联构成，电压高达数百伏，电流高达数十到数百安培，而且使用环境负载恶劣，控制保护措施就需要更全面、更严格。

5. 锂离子电池的失效形式

(1) 内部因素导致失效

电池在多次充放电后电极会出现极化现象，导致内阻增加、容量减小。在使用过程中，正极活性材料溶解，造成容量损失。另外，电池因过充电造成电池内部锂枝晶短路，或过放电导致内部铜枝晶短路，造成热失控，从而引起起火、爆炸等安全问题。

(2) 外部因素导致失效

外部短路、受到挤压、刺穿等都能够造成正极、负极端被短接，导致保险被烧断。为保证锂离子电池在外力因素作用下的安全性，锂离子电池在出厂前必须进行火烧、短路、针刺、撞击、高温、挤压、过充等极端测试。

(二) 锂离子电池的工作特性和特点

1. 锂离子电池的工作特性

(1) 充电特性

锂离子电池充电通常采用恒流恒压法。在温度为 25 ℃、充电电流为 0.5 C 的恒流恒压情况下，磷酸铁锂电池的充电曲线如图 1－34 所示。在恒流充电开始时，随着电池充入的电量增加，电压从 3 V快速上升到3.2 V，然后电压随充入的电量增多而缓慢上升；当电池电压上升到3.5 V 左右时，电池充入的电量接近90%，这时充电改为恒压充电，充电电流逐渐下降，充入的电量减少。随着后期继续恒压充电，电池电压上升到磷酸铁锂电池充电截止电压（3.8 V），充电电流下降到0.1 C，充电结束。

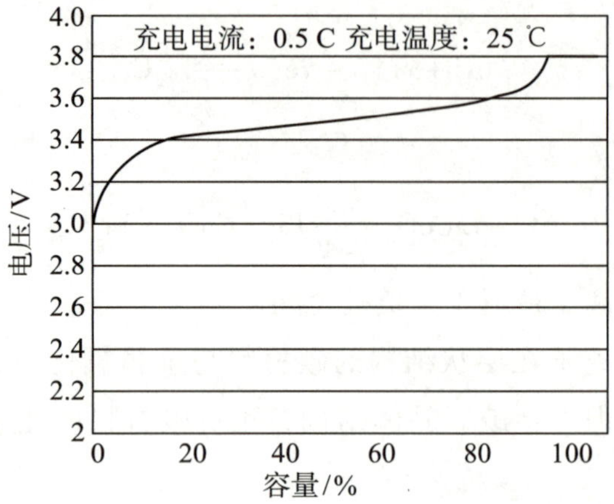

图 1－34　磷酸铁锂电池充电曲线

在温度为 25 ℃、充电电流为0.5 C 的情况下，三元锂电池的充电曲线如图 1－35 所示。其充电过程与磷酸铁锂电池的充电过程类似，三元锂电池的充电截止电压为4.2 V。

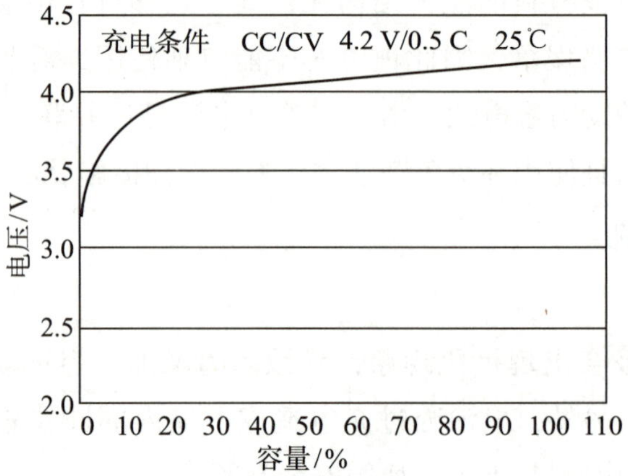

图 1－35　三元锂电池充电曲线

影响充电特性的主要因素有充电电流、放电深度和环境温度等。充电电流越大，充电速度越快，但内阻能耗大，充电效率低。在实际应用中，应综合考虑充电时间和效率，选择合适的充电电流。环境温度降低，电池可充入容量明显降低，而充电时间也明显增加。

在不同的充电电流下，三元锂电池的充电容量和电压的关系如图 1－36 所示。可以看出，充电电流越大，电池电压上升越快，电池容量越小。

另外，锂离子电池的充电还与温度有关。低温充电时，电压上升快，易产生极化，电池充入的容量会降低充电温度对充电容量的影响，如图 1－37 所示。

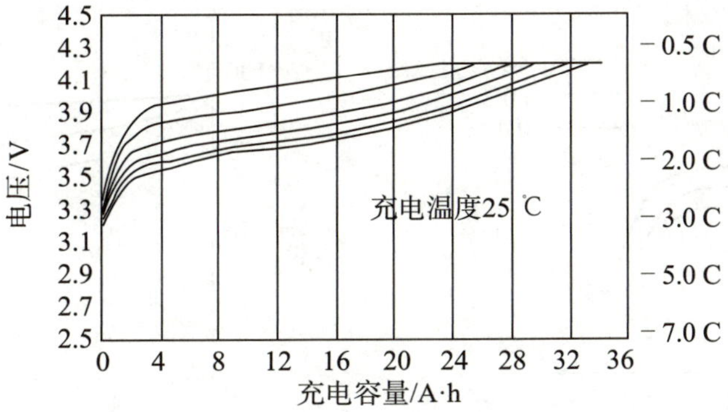

图 1－36　充电容量和电压的关系

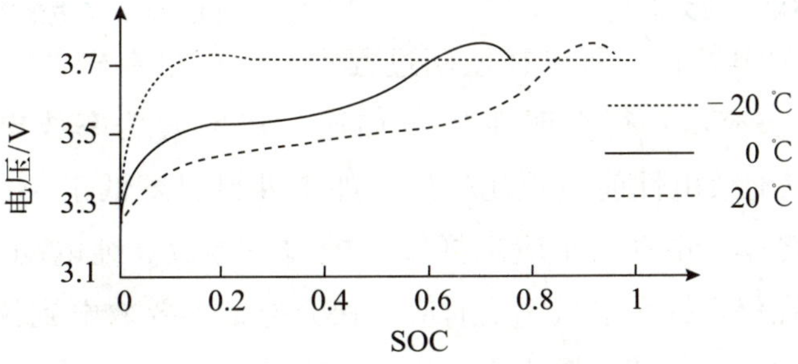

图 1－37　充电温度对充电容量的影响

（2）放电特性

三元锂电池在不同放电倍率下的放电曲线如图 1－38 所示。在放电初始阶段，电压下降较快，随着电池的容量逐渐减少，电池的电压曲线有一个很小的斜率，即电压降低变慢，因此可以通过测量电压判断电池的荷电状态。到达放电截止电压后，如果继续放电，电压会迅速下降，容易造成电池损坏。磷酸铁锂电池放电截止电压为 2.65 V，三元锂电池放电截止电压为 3 V。放电倍率越大，电池电压下降越快，能够放出的电池容量越小。

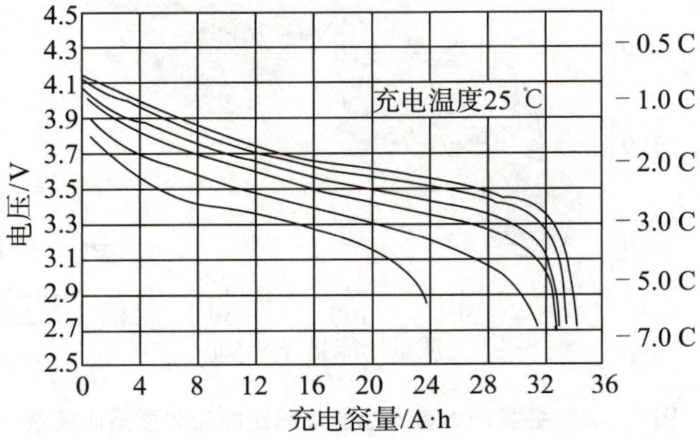

图 1－38　不同放电电流的放电曲线

锂离子电池的放电还与温度有关。同样放电至 3.0 V，环境温度越高，电池放出的电量越多。在不同温度下放电，三元锂电池放出的容量与电压的关系如图 1－39 所示。

锂离子电池在放置一段时间后，会因自放电导致电池容量降低，且温度越高自放电越严重。在不同温度下，锂离子电池的自放电曲线如图 1－40 所示。

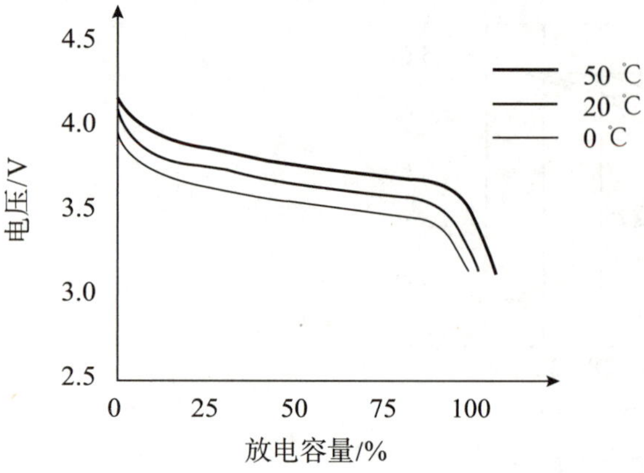

图 1－39　放电容量与电压的关系

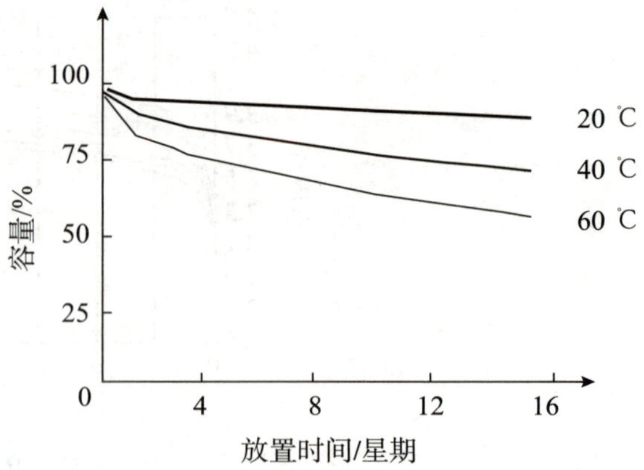

图 1－40　锂离子电池不同温度下的自放电曲线

基于锂离子电池的充放电特性，所以在使用过程中，应尽量在较低的倍率状态下进行充放电。例如，优选慢充电，少用快充电；行车时少用急加速，减少大功率放电等。锂离子电池在温度 0～50 ℃的环境中使用，其充放电性能表现比较好。如果外界温度低于－10 ℃，停车后可借助车辆余温尽快对车辆充电。在冬季，电动汽车应选择较暖的地方停放。纯电动汽车用锂动力蓄电池，必须按照充放电规定使用，在仪表提示电量不足时应尽快充电，不要放电到仪表电量显示为“零”时，还强行行驶，这会导致电池电极塌落，造成不可修复的损坏。

2. 锂离子电池的特点

（1）比能量高。锂离子电池比能量已达到 150 W · h/kg，是镍镉电池的 3 倍、镍氢电池的 1.5 倍。各类动力蓄电池的体积比能量和质量比能量如图 1－41 所示。

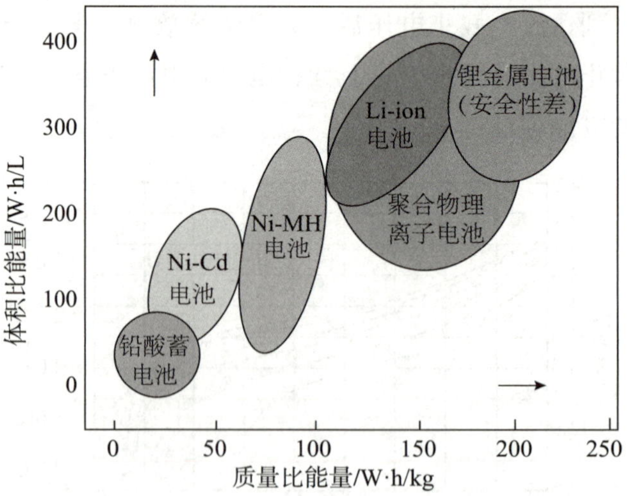

图 1－41　各类动力蓄电池的体积比能量和质量比能量

（2）输出电压高。锂离子电池额定电压为 3.65 V，是镍氢电池的 3 倍。

（3）循环寿命长。锂离子电池循环寿命已达到 1 000 次以上，在低放电深度下可达几万次，超过了其他二次电池。

（4）安全性能好。存在“记忆效应”，可以根据要求随时充电，而不会降低电池性能。

（5）自放电小。锂离子电池月自放电率仅为 6%～8%，远低于镍氢电池 20%～35%。

（6）环保性能好。生产和使用过程中均无污染。

（7）充电效率高。充电效率接近 100%。

（8）可实现快速充电。

（9）工作温度范围宽。工作温度范围为 –25 ~ 45 ℃。

相比于铅酸和镍氢电池，锂离子电池也有缺点，即需要特殊的保护电路，需设置对电池过充电和过放电的保护线路控制。

（三）锂离子电池的应用

在新能源汽车行业，锂离子动力蓄电池已经成为主流。在国内，80% 以上的新能源汽车都采用了锂离子电池，并有逐步扩大的趋势，其主要使用的动力蓄电池是磷酸铁锂和三元锂电池（镍钴锰酸锂）。上汽荣威 E50 采用 LG 公司生产的三元锂电池，知豆 D2 采用多氟多生产的三元锂电池，特斯拉 Model S 也采用了三元锂电池（图 1 – 42）。比亚迪 e5、e6、秦 EV300、腾势 EV，北汽 EV160，插电式混合动力汽车比亚迪秦、唐，金龙海格公交车，宇通公交车等都采用磷酸铁锂电池。

图 1 – 42 特斯拉 Model S

从电池性能来说，三元锂电池具有能量密度高、续驶里程相对较长的优势。国内外车企生产的乘用车纷纷转向使用三元锂电池，包括北汽、比亚迪、江淮和奇瑞等公司，但三元锂电池也存在安全性差、耐高温性差和寿命短等缺点。相比三元锂电池，磷酸铁锂电池具有安全性能稳定、高温性能好和质量轻等优势，主要活跃在电动客车市场，但也存在低温性能差、能量密度低等缺陷，在乘用车等动力蓄电池方面不具有优势。

四、燃料电池

（一）燃料电池概述

燃料电池是一种化学电池，可以直接把物质发生化学反应（不是燃烧）时释放出的能量转换为电能，但工作时需要连续地向其供给活性物质——燃料和氧化剂。燃料电池具有能量转换效率高、可实现零排放、寿命长、运行平稳的优点。由于氢气来源广泛，被业界公认为是未来汽车的最佳能源。氢燃料电池具有以下几个优点。

（1）无污染。氢燃料电池只会产生水和热能。如果氢是通过可再生能源产生的（光伏电池板、风能发电等），那么整个循环过程就是彻底地不产生有害物质的过程。

（2）无噪声。燃料电池运行安静，噪声大约只有 55 dB，相当于人们正常交谈的水平。

（3）高效率。燃料电池比能量可达 350 W·h/kg，发电效率达到 50% 以上。燃料电池的发电效率是由燃料电池的转换性质决定的。燃料电池可直接将化学能转换为电能，不需要经过热能和机械能（发电机）的中间变换。

（二）燃料电池的分类

根据电解质不同，燃料电池分为质子交换膜燃料电池（PEMFC）、固体氧化物燃料电池（SOFC）、熔融碳酸盐燃料电池（MCFC）、磷酸燃料电池（PAFC）和碱性燃料电池（AFC）等，其中质子交换膜燃料电池具有操作温度低、启动速度快的优点，是车用燃料电池的首选。

（三）燃料电池的结构和工作原理

1. 燃料电池的结构

单节燃料电池的电压为 0.7 V 左右。在实际应用时，为了满足一定的功率需求，通常由数百节单电池组成燃料电池电堆或电池模块。因此，与其他化学电源一样，燃料电池电堆的单体电池间的均一性非常重要。

与原电池和二次电池不同的是，燃料电池发电需要一个相对复杂的系统。典型的燃料电池发电系统组成如图 1－43 所示。除了燃料电池电堆外，还包括燃料供应系统、氧化剂供应系统、热管理系统及电控系统等，其主要系统部件包括空压机、增湿器、氢气循环泵、高压氢瓶等，这些子系统与燃料电池电堆共同组成了燃料电池发电系统。燃料电池系统的复杂性给运行的可靠性带来了挑战。

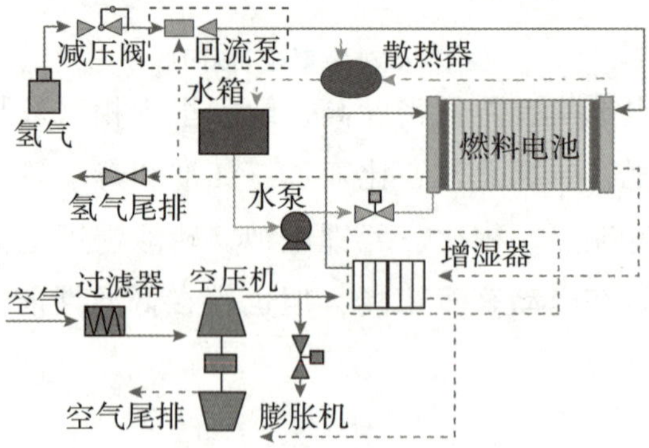

图 1－43　燃料电池系统的组成

燃料电池汽车动力链如图 1－44 所示，其主流技术为燃料电池与二次电池的电－电混合模式。平稳运行时，依靠燃料电池提供动力；需要高功率输出时，燃料电池与二次电池共同供电；在低载或怠速的情况下，燃料电池提供驱动动力的同时，还给二次电池充电。这种电－电混合模式，可使燃料电池输出功率相对稳定，有利于燃料电池寿命的提升。另外，燃料电池输出电压要通过 DC/DC 变换器使之与电机匹配。

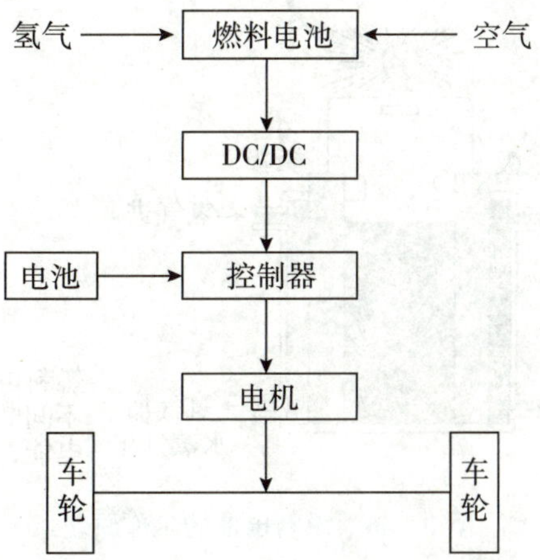

图 1－44　燃料电池汽车动力链

2. 燃料电池的工作原理

单体燃料电池主要由正极、负极、电解质和辅助设备组成。燃料电池的结构如图 1－45 所示，燃料电池的工作原理如图 1－46 所示。

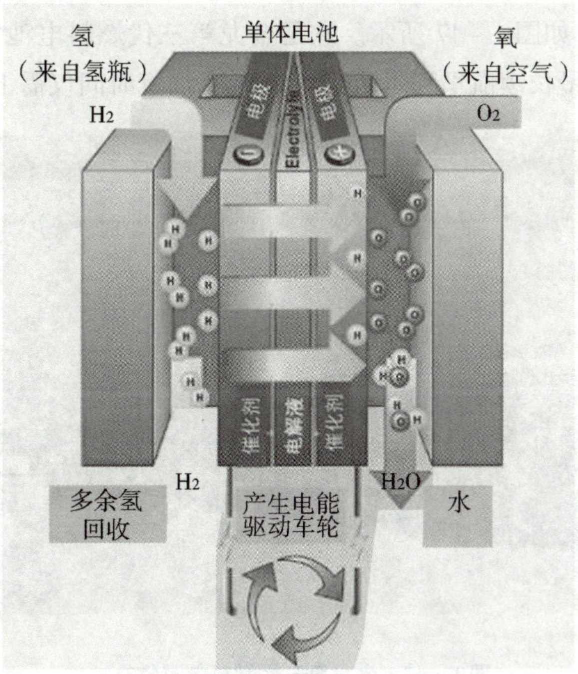

图 1－45　燃料电池的结构示意图

（1）导入的氢气通过正极集流板（双极板）经由正极气体扩散层到达正极催化剂层。在正极催化剂作用下，氢分子分解为带正电的氢离子并释放出带负电的电子，完成正极反应。

（2）氢离子穿过隔膜到达负极，电子在外电路形成电流，通过适当连接可向负载输出电能。

（3）在电池另一端，氧气通过负极集流板经由负极气体扩散层到催化剂层。在负极催化剂的作用下，氧与氢离子及来自外电路的电子发生反应生成水，完成负极反应。

（4）电极反应生成的水大部分由尾气排出，小部分在压力差作用下通过隔膜向正极扩散。

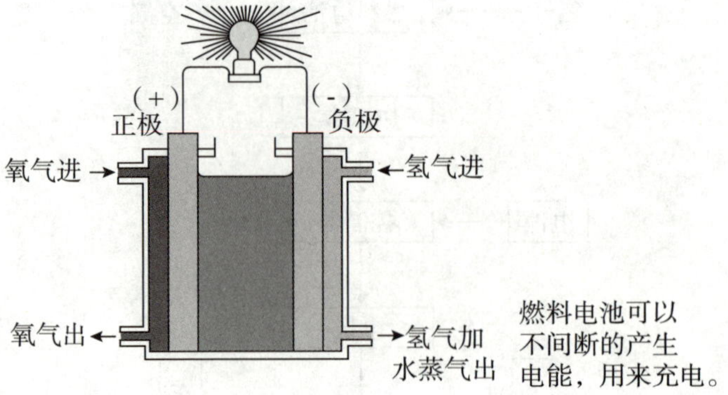

图 1－46　燃料电池的工作原理

（四）燃料电池的应用

近年来，我国大力支持氢燃料电池汽车的发展。2020 年根据国家标椎《节能与新能源汽车技术路线图 2.0》提出，到 2035 年燃料电池汽车保有量将达 100 万辆。

2020 年 11 月，金龙客车联合武汉雄韬氢雄燃料电池科技有限公司向京山市公共交通有限公司交付 30 辆氢燃料城市公交车，如图 1－47 所示。它是金龙第三代燃料电池客车，采用武汉雄韬大功率的燃料电池系统，等速工况最长续航里程可达到 450 km，加氢时间仅需 10～15 min。

图 1－47　金龙第三代燃料电池公交车

2021 年，丰田汽车正式对外发布了 2022 款 Mirai 车型的官图，如图 1－48 所示。该车基于 TNGA 架构的 GA－L 平台打造，搭载全新氢燃料电池动力（FCEV），其续航里程可达 650 km，相比上一代增加了 30%。

新一代 Mirai 定位为燃料电池电动汽车，搭载的是由储氢罐、燃料电池、蓄电池以及驱动电机组成的 FCEV 动力系统。其中，三个高压储氢罐位于底盘下方，可以容纳 5.6 kg 的氢气，高压储氢罐如图 1－49 所示。氢燃料电池堆位于前舱，同时水泵、中冷器、空调、空气压缩机以及氢气再循环泵也整合在前舱内，主要负责让氢气与氧气反应，从而产生电能，给外围设备供电。新的电池堆最大输出功率增加到了 128 kW，并且可以在－30 ℃的低温环境中正常运行。

图 1－48　丰田 Mirai 燃料电池车

燃料电池汽车具有续航里程长、动力性能高、燃料加注时间短的优点。目前，制约燃料电池发展最主要的因素就是造价和安全性问题。氢气的来源有三种途径：化石燃料制氢、工业副产制氢以及可再生能源制氢，未来主要采用可再生能源制氢，如太阳能发电、水电、风电产生的电能电解水制氢和生物质制氢等。

图 1－49　高压储氢罐

2020 年 10 月，国务院印发了《新能源汽车产业发展规划（2021—2035 年）》，其中指出：①要提高氢燃料制储运经济性，探索建设氢燃料运输管道，逐步降低氢燃料储运成本。健全氢燃料制储运、加注等标准体系。加强氢燃料安全研究，强化全链条安全监管。②要推进加氢基础设施建设，建立完善加氢基础设施的管理规范。引导企业根据氢燃料供给、消费需求等合理布局加氢基础设施，提升安全运行水平。支持利用现有场地和设施开展油、气、氢、电综合供给服务。

值得一提的是，燃料电池电动汽车将是未来新能源汽车发展的一条重要的技术路线。

知识拓展

动力蓄电池新技术

1. 比亚迪“刀片电池”

2020 年 3 月 29 日，比亚迪正式发布“刀片电池”，该电池采用磷酸铁锂技术。第一款搭载“刀片电池”的比亚迪汉纯电动汽车综合工况续航605 km。

此前磷酸铁锂电池在与三元锂电池的竞争中落于下风，一方面有政策的原因；另一方面，能量密度低、低温稳定性不高也确实是劣势。但是其成本低、稳定性可靠的优点同样不容忽视。比亚迪的“刀片电池”正是在磷酸铁锂电池基础上进行了优化改良。通过结构创新，“刀片电池”在成组时可以跳过“模组”，把电芯做得更薄、更长、更扁平，这样体积能量密度得到大幅提升（从251 W · h/L提升至332 W · h/L），提高了体积利用率，最终实现在同样的空间内装入更多电芯的设计目标。相较传统电池包，“刀片电池”的体积利用率提升了50%以上，也就是说续航里程可提升50%以上，达到了高能量密度三元锂电池的同等水平。

2. 无钴电池

无钴电池技术的发展来自汽车企业降低成本的需要。无钴电池指的是去掉了钴之后的三元锂电池。当前，新能源汽车市场常用电池是以镍钴锰（NCM）为主要材料的三元锂电池。作为动力蓄电池正极材料中的重要元素之一，钴不但可以稳定材料的层状结构，而且可以提高材料的循环性能和倍率性能。但是钴在地壳中的含量较低，如果不考虑回收，未来钴或将供不应求。而随着新能源汽车保有量的迅速增长，钴的价格也使得电池成本居高不下。有分析指出，尽管目前一些电池的“高镍低钴”趋势满足了企业的降本需求，但“高镍低钴”可能会导致电池过热，容易引起电池燃烧，安全性会受到影响。所以，要做到真正的“无钴化”，必须要有一定的技术突破。

蜂巢研发的NMX无钴电池属于镍锰体系无钴电池的一种。去掉了钴之后提高镍比例，再掺杂其他元素，从而改善热稳定性；再通过包覆物质提升工作电压，进而提升能量密度。事实上，这种镍锰体系无钴电池许多企业都在做，宁德时代、特斯拉也在自行研发，它们研发的电池的区别在于元素和配比不同。长城集团旗下的蜂巢科技最早宣布了这项技术的量产化。据悉，最终的成果——L6薄片无钴长电芯的寿命可达到15年，可行驶1.2×10^6 km，综合续航880 km。

（来源：郭化超等．新能源汽车动力蓄电池与管理技术［M］．山东大学出版社，2019）

第三节　动力电池的检查与维护

一、动力电池箱体的组成结构及特性

动力电池箱体是支撑、固定和包围动力电池系统的组件，起到承载和保护动力电池系统的作用，主要由上盖、下托盘和托盘压条螺钉组成，还包括辅助器件，如过渡件、护板、螺栓和动力电池标识等，动力电池箱体结构如图 1－50 所示。

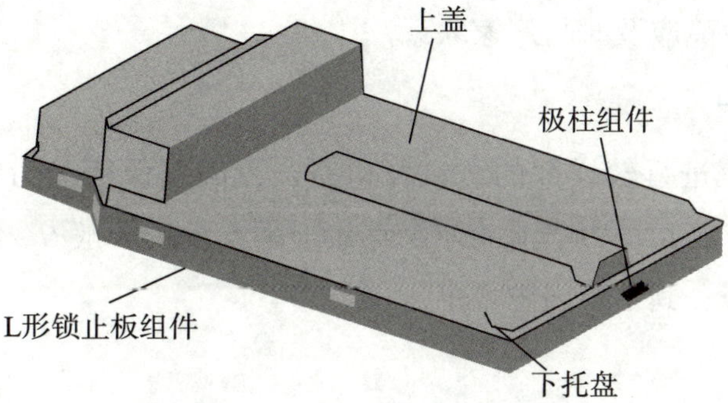

图 1－50　动力电池箱体结构

二、动力电池的检查与维护

（一）动力电池的维护类别

电动汽车作为一种新能源车辆，与传统的燃油汽车在具体的使用操作、维护保养及维修方面存在很多差异，只有懂得电动汽车正常的使用、维修、维护技术和技巧，才能将电动汽车使用的得心应手，才能真正让电动汽车的节能、经济和环保优势得到充分体现，从而让电动汽车产业迅速发展。

电动汽车动力电池的维护包括常规维护、重点维护、贮存维护等。

1. 动力电池的常规维护

（1）常规维护时对影响电源使用过程中的安全隐患进行检查和排除，避免发生危险性事故。

（2）常规维护一般每月进行一次。

（3）动力电池系统在使用 1～2 个月后，维护人员需要对动力电池系统的外观和绝缘进行保养和维护。

（4）动力电池系统在使用 3 个月后，有条件的话对动力电池进行一次充放电维护。

（5）维护人员在进行操作时必须戴好绝缘手套等防护用品，使用前必须熟悉动力电池产品的结构、工作原理和使用说明书。

（6）在进行充放电维护时，将动力电源系统按正常工作要求连接到位，接通管理系统的电源，监测电池的装调，根据监测的数据判断电池所处的环境温度、电池温度及电池电压等状态是否正常。

（7）进行充放电维护前，操作者应先检查电源系统各部分的情况，在确保各部分正常的情况下才能进行充放电维护。

（8）维护均应在温度 15 ~ 30 ℃，相对湿度 45% ~ 75%，大气压 86 ~ 106 kPa 的环境中进行。

（9）在进行充放电维护过程中，检查管理系统的功能是否运转正常。

（10）在充放电维护过程中，检查风扇是否在规定的温度下开启和关闭，运转是否正常。

（11）产品在充放电维护结束后，检测蓄电池包的绝缘电阻，测得的绝缘电阻应满足指标的要求。用电压表分别测试蓄电池包的正极端子、负极端子与蓄电池包的最大电压，测得的电压值应不超过上限要求。

（12）维护后如果动力电池系统的功能都正常，然后再进行使用，如果有异常情况和故障出现，应立即排除。无法排除的故障应及时与厂家联系。

2. 动力电池的重点维护

重点维护时对电池系统进行较详细的测试及检查，目的是保证动力电池满足继续使用的要求，消除系统存在的安全隐患，延长动力电池的使用寿命。重点维护一般 6 ~ 8 个月进行一次。重点维护前先按照常规维护进行检查，其主要内容如下。

（1）拆卸

拆卸是将电池包从车上拆卸下来。若电池包在车上安装位置合适，利于开包检查和维护，可不进行拆卸。

（2）开包

开包是观察电池包外观，看是否有燃烧、漏液、撞击等痕迹。拧下电池包上盖固定螺钉，将电池包上盖取下，打开电池包，注意避免上盖与电池接触，勿损伤电池包。

（3）电池包内部状况检查及处理

① 进行绝缘检测，用数字电压表测量各个电池包的总正、总负端子对车体的电压，是否小于规定值。

② 检查电池包底盘和支架是否有电解液、积水等异常情况。

③ 观察电池外观的整洁程度，是否有漏液、腐蚀等现象。同时使用毛刷、干抹布清洁电池表面及零部件。

④ 检查电池之间的连接是否有松动、锈蚀等现象。

⑤ 检查系统输出端子、电池管理系统各接插件是否连接牢靠。

⑥ 清理防尘网上的灰尘或杂物，清理后再次进行绝缘检测。

⑦ 检查各电池外观，是否有损坏、漏液、严重变形等现象，对这些电池进行标记，并进行更换。

⑧ 检查每只电池的电压，对电压异常的电池进行维护或更换。

3. 动力电池的贮存维护

贮存维护是对长期贮存（时间超过 3 个月）的动力电池进行测试及检查。目的是避免电池因长期不使用引起的性能衰减，同时消除电池组存在的安全隐患。

（1）环境要求

环境温度范围：15 ~ 30 ℃。

环境相对湿度范围：最大 80%。

（2）维护方法

有条件的话对电源系统进行一次全充全放，以使电池性能得到活化。在没有放电设备的条件下，通常进行充电维护，按照常规充电方法或厂家推荐的充电方法将电池系统充满电，对于长期贮存的电池系统，首次充电必须采用较小的电流进行。

（二）动力电池维护的主要内容

动力电池维护的主要内容包括外观维护、绝缘检测、管理系统维护、充放电维护等。

1. 外观维护

（1）对动力电池的外观进行检查，如果有问题应及时排除，如果无法排除，请及时与厂家联系。

（2）检查电池包箱体是否完好，有无损坏或腐蚀。

（3）检查各紧固件螺栓、螺母是否松动。

（4）检查电池包之间的连接线是否松动。

（5）检查插头是否完好，各种线束有无擦伤、有无金属部分外漏。

（6）检查电池包的冷却通道是否异常。

2. 绝缘检测

绝缘检测是断开电池组与整车的高压连接，用数字电压表测量各个电池包的总正、总负端子对车体的电压是否小于上限值。如发现电压偏高，应测量电池包箱体与车体是否绝缘，如有问题，应由专业人员进行维修。通常可以根据电池包总正和总负对于车体的电压，大致确定多个电池包组成的动力电池中哪一个对车体绝缘出现问题；通过测量电池包总正、总负对电池包外壳的电压，大致确定电池包内绝缘故障的电池模块。

3. 管理系统维护

接通电池管理系统，采集并记录开路状态下电池组的总电压、各个模块的电压及各个电池模块的温度。

（1）按照厂家推荐的充放电制度对系统进行充放电测试。

（2）在充放电过程中检查电池管理系统显示是否正常，否则进行故障排除。

（3）接通辅助电源，运行车辆直至冷却系统工作，观察冷却通道是否通畅。

（4）检查管理系统与各部分连接是否松动。

4. 冷却系统

检查进出风通道是否畅通，风机是否能正常工作。清除防尘网上的灰尘及杂物，或更换防尘网。

5. 维护前的准备

每种电动汽车动力电池系统均有其自身特点，系统的结构设计、安装位置等不同车辆有很大差别。在车辆检修和电源系统维护的过程中，需要做好准备工作。

（1）专用工具的准备

配置和准备专用的检测仪器、常用仪表（如电压表、欧姆表、绝缘测试仪等）、专用工具（带绝缘措施的螺钉旋具、扳手等）、常用物料（如绝缘胶带、扎带等）、其他（如充电机等）。

（2）个人防护准备

电动汽车使用高压电路，在检修前必须做好个人防护措施，佩带绝缘手套，穿防护鞋、工作服等；手腕、身上不能佩戴金属物件（如金属手链、戒指、手表、项链等）。

6. 动力电池充放电维护注意事项

（1）动力电池在使用时，必须正确识别正负极，不得接反，不得短路；动力电池系统充电按照指定的充电条件进行。

（2）动力电池系统在充放电维护时，应严格控制放电终止电压不低于放电最低电压，否则会引起电池性能和循环寿命下降等。

（3）动力电池系统的连接均应牢固可靠，动力电池系统应避免在倒置的状态下工作。

（4）避免对动力电池系统长时间过度充电。

（5）建议在0～30 ℃环境温度下进行充电，环境温度过高或过低均会对动力电源系统的充电效率、放电容量、电压的稳定及使用寿命等有不良影响。

（6）动力电池系统在充放电维护和使用中发生异常情况，应立即断开电源，并及时与厂家联系进行维修。

（7）严禁用金属或导线同时接触动力电源系统的正负极。在运输和使用时，不要损坏或拆卸电池组，以免电池组短路。

（8）动力电池系统充放电维护后应贮存在干燥通风、温度不高于35 ℃的环境中，请勿接近火源，并避免酸性或其他腐蚀性气体接触。

（9）维护人员在进行操作时必须戴好绝缘手套等防护用品，使用前必须熟悉动力电池产品的结构、工作原理和使用说明书。

7. 动力电池检修注意事项

电动汽车使用高压电路，不正确的操作可能导致电击或漏电。所以，在检修过程中（如安装拆卸零件、检查、更换零件等），必须注意以下事项。

（1）维护检修前必须熟悉车辆说明书和电池系统说明书。

（2）对高压系统操作时断开电源。断开前先读取故障码，避免系统故障码被清除。

（3）断开电源后放置5 min。需要对车辆系统内的高压电容器进行放电。

（4）佩戴绝缘手套，并确保绝缘手套没有破损，不要戴湿手套。

（5）高压电路的线束和插接器通常为橙色，高压零部件通常贴有“高压”警示，操作这些线束和部件时需要特别注意。

（6）对高压系统进行操作时，在旁边放置“高压工作，请勿靠近”的警告牌。

（7）不要携带任何类似卡尺或测量卷尺等的金属物体，避免掉落导致短路。

（8）拆下任何高压配线后，立刻用绝缘胶带将其绝缘。

（9）一定要按照规定转矩将高压螺钉端子拧紧。转矩不足或过量都会导致故障。

（10）完成对高压系统的操作后，应再次确认在工作平台周围没有遗留任何零件或工具，确认高压端子已拧紧和插接器已连接。

三、动力电池的拆装

（一）动力电池的拆卸作业

1. 拆装前的准备工作

检查与维护高压部件前应先断电，具体操作如下。

（1）关闭点火开关。

（2）拆下蓄电池负极，使用绝缘胶带包好，断开整车低压控制电源。

（3）佩戴绝缘手套，断开动力电池高压维修开关。

（4）拆下动力电池总正、总负和电压线束插头。

2. 安装液压升降台

将液压升降台推至动力电池正下方，升起液压升降台，使台面中心与动力电池底部重心位置完全接触，两者之间不产生相互作用力。

3. 拆下动力电池的安装螺栓

拆卸螺栓时采用对角拆卸方式，至少分三次使用扭力扳手拆卸螺栓。

（二）动力电池的安装及注意事项

（1）安装前需要对动力电池进行以下检查。

① 检查电源线、插头、延长线、保护器是否破裂或损坏。

② 检查是否有过热、冒烟、冒火花的迹象。

③ 检查动力电池系统是否损坏，动力电池是否漏电。

④ 检查动力电池系统、电源线是否出现进水现象。

⑤ 检查高压插接件是否与说明书不一致或不能正常对接。

（2）动力电池安装步骤与拆卸步骤相反。

（3）安装动力电池后，须检查动力电池能否正常运行。

① 将点火开关打开至“Start”挡，查看仪表盘有无异常报警。

② 使用解码仪查看有无故障码，若无故障码，表示运行正常；若有故障码，须根据实际情况进行检查。

实践操作

锂离子电池电压内阻测试

<table>
<tr><td colspan="4">一、接受工作任务</td></tr>
<tr><td colspan="4">新能源维修店里有一个待维修的动力蓄电池，对其拆解后，需要区分出性能良好的单体电池和性能较差的单体电池。请按操作规范对锂离子单体电池的电压和内阻进行测试，并按实训工单完成学习任务。</td></tr>
<tr><td colspan="4">二、信息收集</td></tr>
<tr><td colspan="4">1. 磷酸铁锂单体电池的标称电压为________V，充电截止电压为________V，放电截止电压为________V。
2. 锂离子电池型号为 ICR 18650，表示直径为________mm、高度为________mm、形状为________的锂离子电池。
3. 锂离子电池型号为 ICP 383450，表示厚为________mm、宽为________mm、长为________mm、形状为________的锂离子电池。</td></tr>
<tr><td colspan="4">三、制订计划</td></tr>
<tr><td colspan="4">1. 根据实训任务要求制订作业计划。</td></tr>
<tr><td colspan="4">作业计划</td></tr>
<tr><td>序号</td><td>作业项目</td><td colspan="2">操作要点</td></tr>
<tr><td></td><td></td><td colspan="2"></td></tr>
<tr><td></td><td></td><td colspan="2"></td></tr>
<tr><td></td><td></td><td colspan="2"></td></tr>
<tr><td></td><td></td><td colspan="2"></td></tr>
<tr><td colspan="4">2. 根据作业计划完成小组成员任务分工。</td></tr>
<tr><td>操作人</td><td></td><td>记录员</td><td></td></tr>
<tr><td>监护人</td><td></td><td>展示员</td><td></td></tr>
<tr><td colspan="4">作业注意事项</td></tr>
<tr><td colspan="4">（1）实训开始前应摘掉首饰，换上实训服，长发挽起并固定于脑后。
（2）实训中需依次开启设备电源开关，以免损坏仪器设备。
（3）电池测试过程中务必连接适当负载，过高或过低均可能会导致电池爆炸起火或损坏仪器设备。
（4）电池充放电时务必确保其终止电压符合要求，避免发生过充电、过放电现象。
（5）实训设备额定工作电压为 220 V 交流电源，严禁用手直接触摸导线或裸漏部分。
（6）若实训过程中出现故障，务必第一时间中止实训，并报备实训指导教师。</td></tr>
</table>

检测设备/工具/材料			
序号	名称	数量	清点
			□已清点
			□已清点
			□已清点
			□已清点
			□已清点
			□已清点

四、计划实施

1. 检查校准电池综合测试仪、线束等设备。

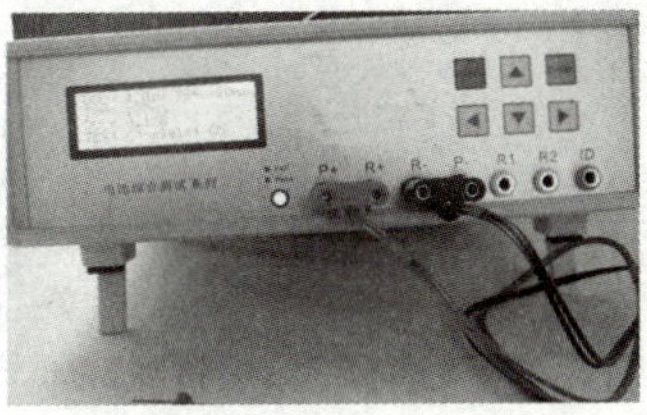

设备外观检查：□良好　　□损坏

设备校准：□良好　　□损坏

设备连接线束检查：□良好　　□损坏

2. 记录电池参数。

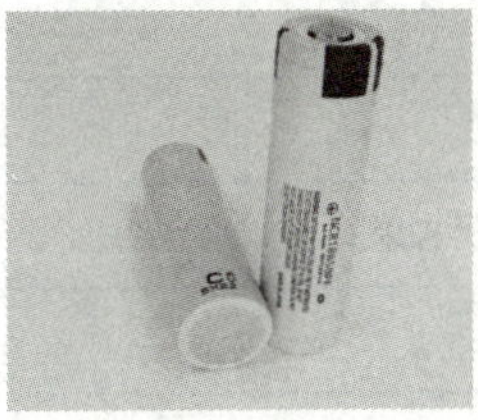

电池型号：__________，

电池类型：__________，

电池额定电压：__________，

电池额定容量：__________。

3. 打开电池内阻测试仪；选择测量设置，设置电池参数；选择电压内阻测量，输入电池的标称内阻和标称电压，下限均设为 −10%，上限均设为 10%。

锂离子电池的标称电压为__________ V，

锂离子电池的标称内阻为__________ mΩ。

4. 将内阻测试仪的红黑表笔短接，按下短路清零按钮，对电池内阻测试仪进行较零。

测得锂离子电池的电压为__________ V，

电池的内阻为__________ mΩ。

5. 将内阻测试仪红表笔接 1 号单体电池正极，黑表笔接 1 号单体电池负极，测量 1 号单体电池的电压和内阻。若显示器上显示绿色“OK”符号，则表示测量参数合格。

1 号单体电池的电压为__________ V。

1 号单体电池的内阻为__________ mΩ。

1 号单体电池的电压是否合格：□是　　□否

1 号单体电池的内阻是否合格：□是　　□否

6. 将内阻测试仪红表笔接 2 号单体电池正极，黑表笔接 2 号单体电池负极，测量 2 号单体电池的电压和内阻。若显示器上显示红色“NG”符号，则表示测量参数不合格。

2 号单体电池的电压为__________ V。

2 号单体电池内阻为__________ MΩ。

2 号单体电池的电压：□是　　□否

2 号单体电池的内阻：□是　　□否

7. 依次测量其他单体电池的电压和内阻，并记录数据。

电压不合格的单体电池为__________，

内阻不合格的单体电池为__________。

五、质量检查

请实训指导教师检查本组作业结果，并针对实训过程出现的问题提出改进措施及建议。

序号	评价标准	评价结果
1	规范使用设备仪器，恢复场地	
2	作业计划完善且保证安全实施	
3	准确测量、记录数据，分析合理	
4	正确展示团队实训成果	
综合评价	☆☆☆☆☆	
综合评语（作业问题及改进建议）		

六、评价反馈

请根据在课堂中的实际表现进行自我评价和小组评价。

自我评价：

小组评价：

实训成绩单

项目	评分标准	分值	得分
接受工作任务	明确工作任务及结果要求	5	
信息收集	掌握工作相关知识及操作要点	15	
制订计划	按照计划顺利且高效地完成工作任务	10	
计划实施	正确测量、检查、校准电池内阻测试仪	10	
	正确测量单体电池的电压	20	
	正确测量单体电池的内阻	15	
	正确判断单体电池是否合格	15	
质量检查	按照要求完成相应任务	5	
评价反馈	经验总结到位，评价合理	5	
得分（满分100）			

课程思政

大力培育发展数字经济、新能源电池产业

2022年11月3日，昆明市委常委会召开会议，传达学习《总体国家安全观学习纲要》，研究民族团结进步示范区建设、农村人居环境整治提升、数字经济和新能源电池产业发展等工作。

会议强调，全市各级党组织要认真学习贯彻党的二十大精神，深入学习领会习近平总书记关于总体国家安全观的重要论述，结合昆明实际，全面抓好政治、经济、金融、生态、意识形态等各领域安全工作，推动总体国家安全观落到实处。

会议审议并原则同意《昆明市建设民族团结进步示范区规划（2021—2025年）》。会议强调，要全面贯彻落实习近平总书记考察云南重要讲话精神，以铸牢中华民族共同体意识为主线，大力实施民族团结进步全域创建，推动新时代昆明民族工作高质量发展，为云南建设我国民族团结进步示范区贡献更大力量。

会议审议并原则同意《昆明市数字经济发展三年行动计划（2022—2024 年）》《昆明市新能源电池产业发展三年行动方案（2022—2024 年）》。会议强调，大力培育发展数字经济、新能源电池产业，符合昆明产业发展实际，也是推动产业转型升级的重要抓手。要围绕“资源数字化、产业数字化、数字产业化”三条主线，推动数字技术与传统优势产业深度融合，实施一批数字经济示范工程，带动数字经济新技术、新业态、新模式发展，不断提升昆明数字经济发展竞争力。要发挥资源禀赋优势，聚焦新能源电池全生命周期产业链，扎实抓好延链、补链、强链工作，推动新能源电池产业“全链条、矩阵式、集群化”发展，着力打造布局合理、特色鲜明的新能源电池产业集群。

（来源：人民网，时政）

思考练习

一、填空题

1. 纯电动汽车的三大关键部件是__________、__________和__________。
2. 镍氢电池由正极、__________、__________、碱性电解质、外壳等组成。
3. 按照电解质材料不同分类，锂离子电池分为__________、__________和__________电池。
4. 动力电池箱体由__________、__________、__________、__________、__________组成。

二、简答题

1. 简述动力电池的作用。
2. 动力电池的性能指标有哪些？
3. 简述铅酸电池、镍氢电池、锂离子电池、燃料电池的结构特点及应用车型。
4. 简述动力电池的维护类别及维护的主要内容。

第二章

新能源汽车动力电池安全保护

本章导读

作为纯电动汽车的唯一能量来源和混合动力汽车的重要能量来源，动力、电池系统的安全性显得尤为重要，稍有不慎即可能成为事故的源头，造成严重危害。动力系统的安全保护功能是通过 BMS 来实现的。对动力电池的安全管理是电池管理系统的重要功能。

对电池组的安全管理是管理系统在对电池组的故障诊断的基础上实现的。电池管理系统根据电池的单体电压、总电压、电流和温度等信息对电池运行状态进行评估和预测，判断电池故障状态，并生成故障码，通过总线发送到整车控制器和显示仪表。

学习目标

1. 了解高电压对人体的伤害。
2. 掌握人体触电的基本形式。
3. 掌握动力电池的安全保护功能。
4. 能够按新能源汽车高压操作要求进行操作。

素质目标

1. 培养安全操作意识、爱岗敬业的工作态度和精益求精的工匠精神。
2. 弘扬中国共产党人精神谱系，培养担当民族复兴大任的时代新人。

第一节 高压安全与防护

一、认识高压电

新能源汽车动力蓄电池的电压最高可达600 V以上，如果不按照高压安全操作规范进行维护、维修作业，则有可能导致触电事故的发生。

（一）安全电压

在电网中，一般情况下允许接触的安全电压是36 V。在新能源汽车上，国家标准《电动汽车安全要求　第3部分：人员触电防护》（GB/T 18384.3—2015）中明确规定，电动汽车上的工作电压分为A级和B级，见表2－1所示。其中B级的直流工作电压在60 V以上，交流工作电压在30 V以上，这就是新能源汽车的高压电。

表2－1　电动汽车的工作电压等级划分

电压等级	工作电压/V	
	直流	交流
A	$0 < U \leqslant 60$	$0 < U \leqslant 30$
B	$60 < U \leqslant 1\ 500$	$30 < U \leqslant 1\ 000$

（二）安全电流

实际上，人体触电并不是指人体接触到了很高的电压，而是因为过高的电压通过人体后，会在人体中形成电流，从而导致人体受伤。因此，伤害人体的不是电压，而是电流。

当加在人体的电压达到一定值以后，就会有相应的电流流过人体。不同电流值对人体的伤害如图2－1所示。能引起人感觉到的最小电流值称为感知电流，感知电流为1 mA。触电后能自己摆脱的最大电流称为摆脱电流，摆脱电流为10 mA。在较短的时间内危及生命的电流称为致命电流，致命电流为50 mA。

同样的电流值，交流电的伤害更大。交流电压引发交流电流流过人体，而该电流会引起肌肉收缩和心脏颤动。其中，频率为40～60 Hz时，交流电压的危险性最大。交流电会迅速引发心室纤维颤动，若不能及时救治，就会有生命危险。

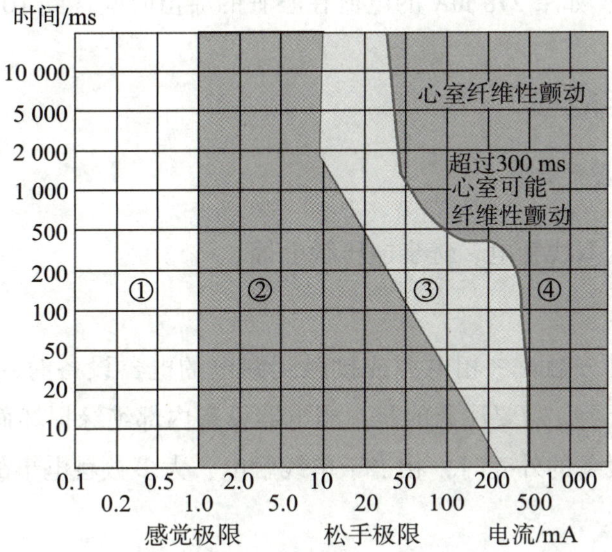

①作用无感觉；②作用有感觉，直至肌肉收缩；③肌肉收缩，呼吸困难；④心室颤动，呼吸停止，心脏停止跳动。

图 2－1　不同电流值对人体的伤害反应

（三）人体电阻

人体血液中含有电解液成分，而电解液提升了人体的导电性。同样，皮肤、肌肉也具有一定的导电能力。使用普通的万用表测量人体电阻时，会得到一个比较高的测量值。大多数人的人体电阻为100 kΩ ~ 10 MΩ，主要是人体的皮肤电阻。当皮肤潮湿或破损时，电阻值会明显下降。但在接触高压电时，人体电阻会变得很小，约为1 kΩ，这主要是因为高压电击穿了人体皮肤后加速了血液的电解，提高了人体导电能力，特别是有主动脉的胸腔部位和躯干部位，电阻更小，而最大的危险是电流通过心脏时刺激心脏产生的异常颤动。

图 2－2 为人体等效电阻。例如，新能源汽车上 300 V 的直流电压穿过人体（两手之间）后，可以通过欧姆定律粗略计算出通过人体的电流为

$$I = \frac{U}{R} = \frac{300\ \text{V}}{1\ 080\ \Omega} = 278\ \text{mA}$$

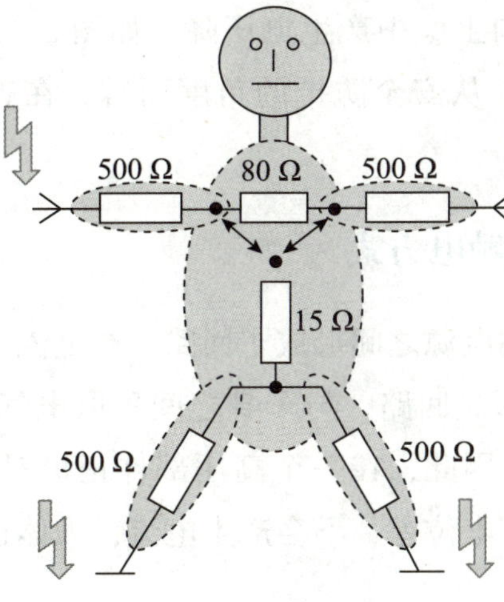

图 2－2　人体等效电阻

从图 2－2 中可以发现，如果 278 mA 的电流在心脏的滞留时间达到 10～15 ms 就会致命。

二、触电的方式与危害

触电的方式与危害

（一）人体触电的方式

人体触电分单线触电、双线触电、跨步电压触电等。

1. 单线触电

单线触电是人体某一部分触及一相电源或接触到漏电的电器设备时，电流通过人体流入大地造成触电，如图 2－3（a）所示。需要注意的是，当电器设备内部绝缘损坏而与外壳接触时，将使其外壳带电。当人体触及带电设备的外壳时，相当于单线触电，大多数触电事故属于单线触电。

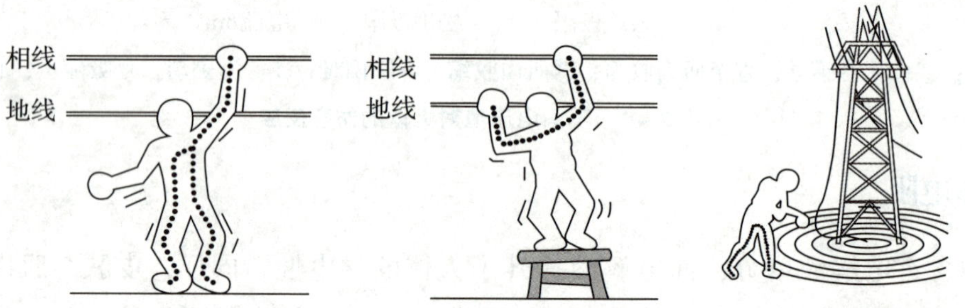

（a）单线触电　（b）双线触电　（c）跨步电压触电

图 2－3　触电形式

2. 双线触电

双线触电也叫作相间触电，指人体在与大地绝缘的情况下，同时接触到两根不同的相线，或者人体同时触及电器设备的两个不同相的带电部位时，电流由一根相线经过人体流到另一根相线，形成闭合回路。人体承受的双线电压将比单线触电时高，危险性更大，如图 2－3（b）所示。

3. 跨步电压触电

跨步电压触电是指当高压电网搭铁点或防雷搭铁点及高压相线断落或绝缘损坏处，有电流流入地下时，强大的电流在搭铁点周围的土壤中产生电压降，如图 2－3（c）所示。如果误入搭铁点附近，应双脚并拢或单脚跳出危险区。从安全防护的角度而言，在查找搭铁故障点时，应穿绝缘靴，以防跨步电压电击。

（二）新能源汽车高压电常见触电方式

人体触电的原因是人体与接触的电源之间形成了回路，有电流流经人体。

新能源汽车的高电压系统独立形成回路，与车身之间采取电气隔离，并且高压部件的外壳通过等电位线缆相连，与车身形成搭铁。因此，在一个高压部件正极对外壳短路，另一个高压部件负极对外壳短路的情况下，由于人体没有电位差，不会产生电流，人体也就不会触电，如图 2－4 所示。

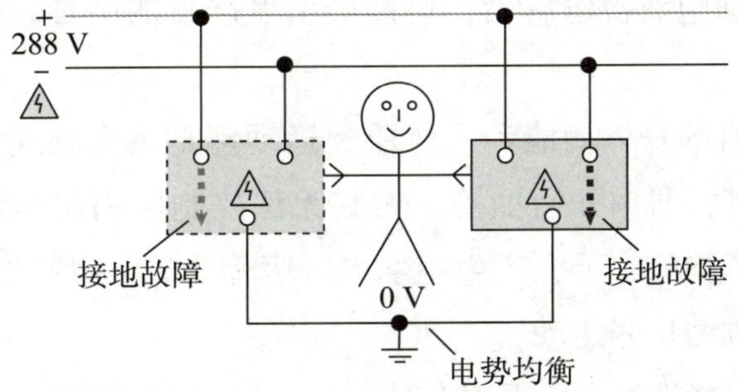

图 2－4　非触电情况

若新能源汽车高压部件之间没有等电位线，在一个高压部件正极对地短路，另一个高压部件负极对地短路的情况下，就会发生触电事故，如图 2－5 所示。

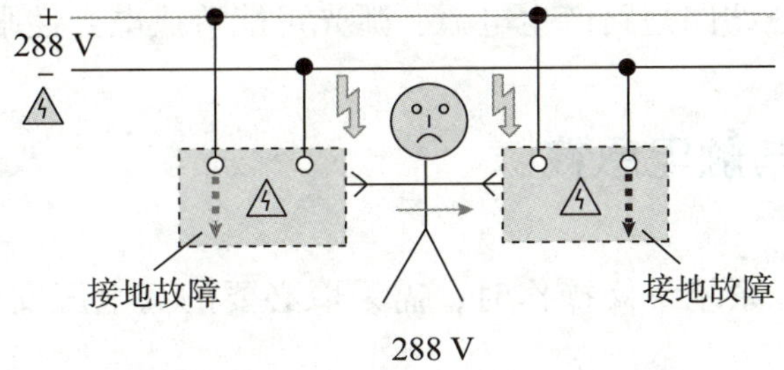

图 2－5　触电情况

（三）触电的伤害形式

电流对人体的伤害有三种形式：电击、电伤和电磁场伤害。

（1）电击是指电流通过人体，破坏人的心脏、肺及神经系统的正常功能。

（2）电伤是指电流的热效应、化学效应和机械效应对人体的伤害，主要指电弧烧伤、熔化金属溅出导致的烫伤等。

（3）电磁场伤害是指在高频磁场的作用下，人会出现头晕、乏力、记忆力减退、失眠、多梦等神经系统的症状。

一般来说，电流通过人体的心脏、肺部和中枢神经系统的危险性较大，特别是电流通过心脏时，危险性最大。所以从手到脚的电流途径最为危险，因为沿该条途径有较多的电流通过心脏、肺部等重要器官；其次危险的是从一只手到另一只手的电流途径。

此外，触电后还容易因剧烈痉挛而摔倒，导致电流通过全身，并造成摔倒、坠落等二次事故伤害。

（四）电击事故的后果

通常情况下，电击造成的伤害最严重，电击带来的后果主要有以下几种。

（1）电击效应：人受到电击时会产生相应的电击反应，从而容易因肢体不受控制和失去平衡而导致受伤。在梯子上进行电工作业时，若受到电击易使人失去平衡导致二次伤害。

（2）热效应：电流导入、导出点处有烧伤和焦化，也会发生内部烧伤，甚至造成致命的伤害。

（3）化学效应：血液和细胞液被电解后，可能会引发严重的中毒。中毒情况往往在几天后才能被发现，因此伤害极大。

（4）肌肉刺激效应：所有的身体功能和人体肌肉运动都是由大脑通过神经系统的电刺激来控制的。如果通过人体的电流过高，肌肉开始抽搐，大脑无法控制肌肉组织，握紧的拳头就可能无法打开或者移动。如果电流经过了胸腔，肺会产生痉挛（呼吸停止），心脏的跳动节奏会被中断（心室纤维化颤动，无法进行心脏的收缩扩张运动）。

若电流未流过人体，也可能造成以下几种伤害。

（1）静态短路引起的热效应：工具急剧发热会导致材料熔化，从而可能导致烧伤。

（2）短路引起的火花灼伤：金属快速熔化产生火花，飞溅出来的金属颗粒温度超过 5 000 ℃，可能引起烧伤并严重伤害眼睛。

（3）电弧伤害：带电高压线路短路产生电弧，弧光可能造成电光性眼炎。

二、高压安全防护与触电急救

在进行新能源汽车高电压系统维修操作时，需采取必要的高电压安全防护措施，保证高压用电安全。

（一）安全防护装备的种类

由于新能源汽车带有高电压，因此维修人员必须做好高电压安全防护。虽然新能源汽车开发过程中都有防止意外触电的功能设计，但是事故车辆的动力蓄电池组总成是始终存在高电压的，因此仍需做好防护。防止触电的个人安全防护设备主要有绝缘手套、护目镜、绝缘安全鞋（靴），以及非化纤工作服等。

1. 绝缘手套

橡胶制成的绝缘手套如图 2－6 所示。绝缘手套具备以下两种独立的性能：一是能够承受 1 000 V 以上的工作电压，防止新能源汽车的高压电将绝缘手套击穿，避免电流流过人体；二是具备抗碱性，当工作中接触到来自动力蓄电池组的氢氧化物等化学物质时，能防止这些物质对人体造成伤害。

绝缘手套需要定期进行检查，且在每次使用前必须自行进行泄漏检查。检查的方法是向手套内吹入一定的空气，观察手套是否有漏气的现象。

2. 护目镜

护目镜需具有正面及侧面防护的功能，可防止维修过程中产生的电火花及电池电解液飞溅对眼睛造成伤害。护目镜如图 2－7 所示。

3. 绝缘安全鞋（靴）

绝缘安全鞋（靴）的作用是使人体与地面绝缘，防止电流通过人体时与大地之间构成通路，从而把触电时的危险程度降到最低。

绝缘安全鞋（靴）根据《个体防护装备　职业鞋》（GB 21146—2007）进行生产，电阻值范围为 100 kΩ ~ 1 000 MΩ。绝缘安全鞋（靴）产品具有透气性能好、防静电、耐磨、防滑等优点。绝缘安全鞋如图 2－8 所示。

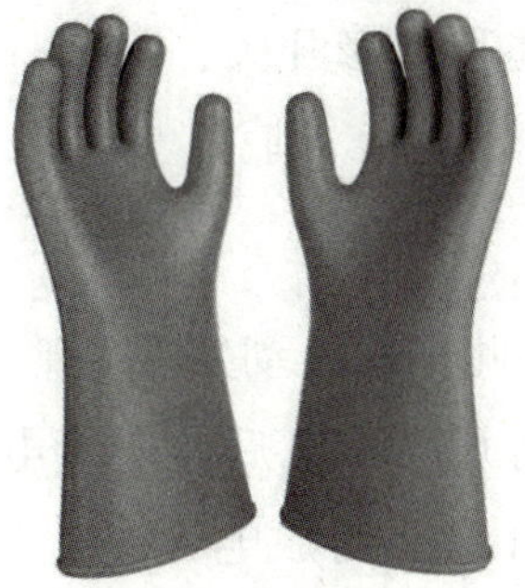

图 2－6　绝缘手套

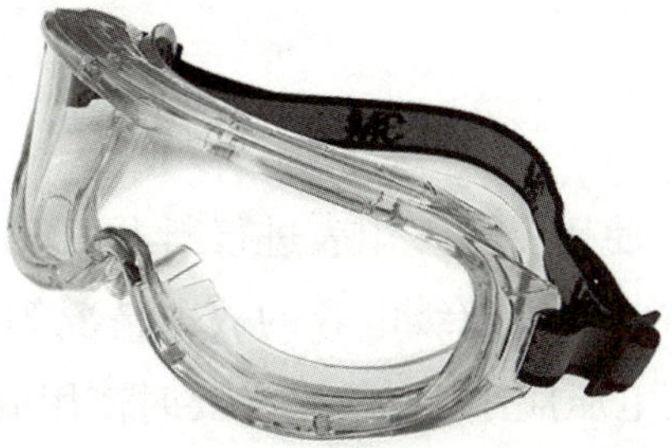

图 2－7　护目镜

图 2－8　绝缘安全鞋

4. 非化纤工作服

维修高电压系统时，必须穿非化纤工作服，工作服如图 2－9 所示。化纤工作服会产生静电，并且当发生火灾事故时，化纤会在高温环境下粘连到人体皮肤上，导致人员受到严重的二次伤害。

图 2－9　工作服

（二）新能源汽车安全作业操作规范

电动汽车涉及高压电，在维修作业过程中必须遵守高压电操作规范、机动车维修操作规范等作业安全规范，且必须严格遵守维修流程，以保障作业人员人身安全以及车辆、设备安全。高压作业五条安全规定为：断电、防止重新接通、确定处于无电状态、接地和短路、遮盖和阻隔相邻带电部件。

1. 断电

电动汽车维修维护作业须在断电情况下进行。断电必须由具备高压资质的人员执行，必要时使用专用诊断仪的引导性功能。断电步骤包括：关闭点火开关并拔掉钥匙，断开低压蓄电池负极。对动力蓄电池箱进行打开作业时，必须拔掉维修开关。电动汽车维修流程如图 2－10 所示。

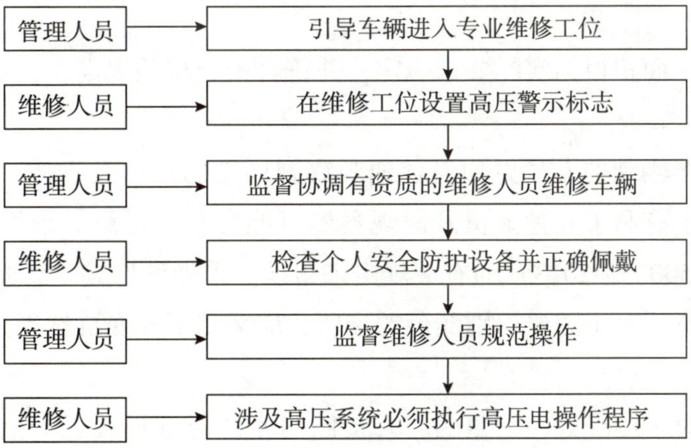

图 2－10　电动汽车维修流程

2. 防止重新接通

断开低压蓄电池负极后，应使用绝缘防护帽对负极柱或负极连接线进行保护，防止重新接通，并在车辆醒目位置粘贴作业警示标志。维修操作过程中妥善保管点火钥匙和维修开关，除唯一执行人外任何人不得恢复电压。

3. 确定处于无电状态

断开高压电后至少等待 1 min，然后使用专用万用表进行断电测量，以此来检查动力蓄电池主正/主负接触器断开情况、电机控制器（MCU）中超级电容的放电情况等。断开高压电后，连接电机控制器（MCU）的高压直流电缆端的测量电压应小于 5 V，必要时使用放电工装进行放电，放电工装如图 2－11 所示。若无法断电，必须请具有特定资质的人员来处理。

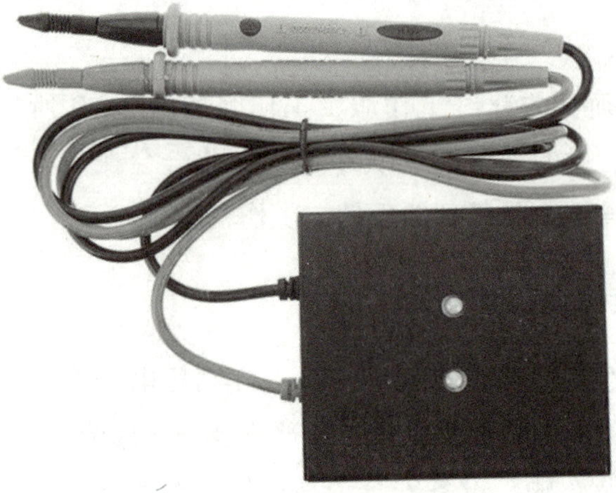

图 2－11　放电工装

（三）新能源汽车作业场地安全要求

工作环境将直接影响事故的发生，电动汽车维修车间的场地与设施比普通汽车维修车间的要求高。

1. 高压车间场地与设施要求

（1）使用面积

高压维修车间的使用面积根据实际要求确定，并符合国家相关规定。

（2）采光

明亮的车间可以让车辆维护人员更加清楚地观察到周围的部件及物体，避免因为视线不好意外触碰到高压设备，同时也有利于其他人员及时观察到可能存在的隐患。维修车间的采光应按照《建筑采光设计标准》（GB 50033—2013）的有关规定来布设。采光设计应注意光的方向性，应避免对工作产生遮挡和不利的阴影。对于需要识别颜色的场所，应采用不改变自然光光色的采光材料。

（3）照明

当自然光光线不足时，应配置人工照明。人工照明光源应选择接近天然光色温的光源。维修车间的照明要求应符合《建筑照明设计标准》（GB 50034—2013）的有关规定。进行精细操作（如画线、金属精加工、间隙调整等）的工作区域的照度不应低于 500 lx。照度不足时应增加局部补充照明，补充照明不应产生有害眩光。

（4）干燥

保持车间干燥是为了降低车间内工作人员的触电风险。当湿度增加时，人体和空气的绝缘电阻就会降低，那么在相同的电压下人体触电的风险也就增加了。因此，高压车间必须保持干燥。

（5）通风

良好的通风有利于车辆维修期间产生的有害物的排出。在发生触电事故时，通风的环境有利于伤者呼吸到更多的氧气。

（6）防火

防火应符合《建筑设计防火规范》（GB 50016—2014）中有关厂房、仓库防火的规定，同时也要符合《汽车库、修车库、停车场设计防火规范》（GB 50067—2014）的有关规定。

（7）卫生

卫生应符合《工业企业设计卫生标准》（GBZ 1—2010）、《生产过程安全卫生要求总则》（GB/T 12801—2008）的有关规定。

（8）安全标志

安全标志应符合《安全标志及其使用导则》（GB 2894—2008）、《安全色》（GB 2893—2008）的有关规定。此外，对于高电压车辆的维护工位，很多厂商有特别的要求。例如，比亚迪要求维修其新能源汽车时必须具有单独的维修工位，该工位的设备采用特殊的颜色来与其他工位进行区别。当工位上有高电压车辆进行维修时，要求在工位周围必须布置明显的警示标志，避免他人未经允许进入高电压工位而发生危险。

2. 车间安全管理

对于电动汽车专用车间安全管理，除了要满足普通车间的安全要求外，还必须注意以下几个事项。

（1）车辆焊接维修

车辆焊接维修时要注意以下几个方面：①切断低压电源和动力蓄电池插头；②操作人员要具备特种作业操作证；③清理周围易燃物品，并申请动火证；④做好车身的保护工作，预防飞溅及着火；⑤严格按照焊接工艺进行操作；⑥灭火器的使用和检查。

（2）灭火器的使用和检查

一旦发生火灾将带来不可估量的危害和损失。因此，必须预防车辆自燃等火灾的发生，及时消除机舱内存在油污、接插件松动或线束老化等隐患。同时，还要检查车上的灭火器是否在固定的位置、是否在有效期内，充分了解本灭火器的性质和正确使用方法。

火灾发生后不要惊慌，要及时采取正确的方法来灭火，将火灾消灭在萌芽状态。首先要切断电源，所有人员立即离开车辆并站在远离车辆的上风处；在采取救火措施的同时立刻报警（拨打 119、110）。常用的车载灭火器都是干粉灭火器，灭火时手提干粉灭火器快速奔赴火点，在距离燃烧点 1 m 左右的位置进行灭火。先将灭火器开启把上的保险销拔下，然后将喷嘴部位迅速对准火焰的根部扫射灭火。干粉灭火器使用时，首先上下颠倒摇晃使干粉松动，之后拔掉铅封，拉出保险销，保持安全距离，左手扶喷管，喷嘴对准火焰根部，右手用力压下压把进行灭火，如图 2－12 所示。

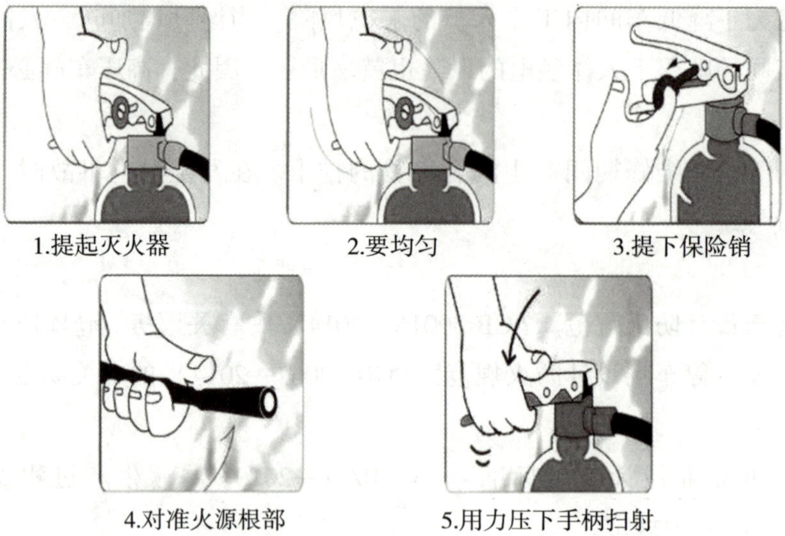

图 2－12　干粉灭火器使用方法

（四）触电急救

人体触电后，应在 1 min 内进行救治。国内外研究资料表明，触电后 1 min 内进行救治，90% 以上有良好的救治效果，而超过 12 min 再开始救治，将会大大增加死亡的概率。

1. 脱离电源

人体触电以后，可能会由于痉挛或失去知觉等原因，导致触电者不能自己摆脱电源。施救人员首先要使触电者尽快脱离电源。援救触电事故中的受伤人员时，施救人员自身的安全是第一位的，绝对不要去触碰仍然与电压有接触的人员。如果条件允许，应立即将电器系统断电，或用不导电的物体（如木板、扫帚把等）把触电者或者导电体与电源分离。

2. 触电急救方法

当触电者脱离电源后，应立即拨打 120 急救电话。在专业救援人员到来之前，应根据触电者的具体情况迅速对症救护。现场救治的主要方法有口对口人工呼吸和胸外心脏按压。触电者一般有以下四种症状，可分别给予正确的对症救治。

（1）神志尚清醒，但心慌力乏且四肢麻木

该类人员一般只需将其扶到清凉通风处休息，让其自然慢慢恢复。但要派专人照料护理，因为有的病人在几小时后会因发生病变而突然死亡。

（2）有心跳，但呼吸停止或极微弱

该类人员应该采用口对口人工呼吸法进行急救，频率是每分钟约 12 次。

（3）有呼吸，但心跳停止或极微弱

该类人员应该采用人工胸外心脏按压法来恢复心跳，频率是每分钟 100～120 次。

（4）心跳和呼吸均已停止

该类人员的危险性最大，抢救的难度也最大，应同时使用口对口人工呼吸和胸外心脏按压，即采用心肺复苏法。胸外心脏按压和口对口人工呼吸的比例是30∶2，即胸外按压30次，人工呼吸2次，如此循环往复。

3. 胸外心脏按压

（1）体位

将患者仰卧在硬质平面上，保证按压胸骨时病人不会移动。

（2）按压位置

按压胸骨正中、两乳连线中间处，如图2-13所示。

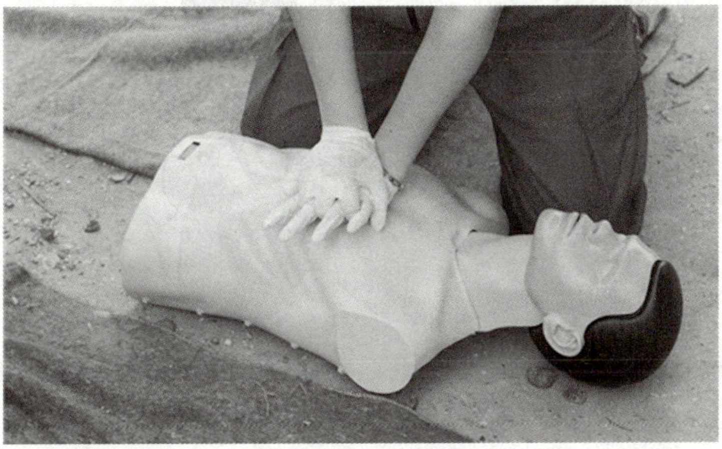

图2-13　胸外心脏按压

（3）按压方法

按压时上半身前倾，双肩正对患者胸骨上方，一只手的掌跟放在患者胸骨正中，然后两手重叠，手指离开胸壁，双臂绷直，以髋关节为轴，借助上半身的重力垂直向下按压。每次抬起时，掌根不要离开胸壁，并随时注意有无肋骨或胸骨骨折。

（4）按压频率

按压频率为100~120次/min。

（5）按压深度

成人的按压深度为5~6 cm或胸廓前后径的三分之一，压下与松开的时间基本相等，压下后应让胸廓充分回弹。

4. 口对口人工呼吸

（1）清除口腔异物

进行人工呼吸之前应先去除口腔内异物。清除口腔中的异物和呕吐物时，可用一只手按开下颌，用另一只手的食指将固体异物钩出，或用指套或手指缠上纱布来清除口腔中的液体分泌物。

（2）开放气道

用一只手按压伤者的前额，使其头部后仰，同时将另一只手的食指及中指置于下颌骨骨性部分向上抬颌，使下颌尖与耳垂的连线同地面垂直。

（3）人工呼吸

在保持呼吸道畅通和口部张开的状况下进行人工呼吸。用拇指与食指捏住伤者的鼻孔，抢救者深呼吸一口气后，口部张开并贴紧伤者的嘴（要把伤者的口部完全包住），用力向病人口内吹气（吹气要求快而深），直至病人胸部明显上抬，如图 2－14 所示。一次吹气完毕后，应立即与病人口部脱离，轻轻抬起头部，眼视病人胸部，并重新吸入新鲜空气，以便做下一次人工呼吸。同时，放开捏鼻的手，以便伤者从鼻孔呼气。此时病人胸部向下塌陷，有气流从口、鼻排出。每次吸入的气量为500～1 000 mL。

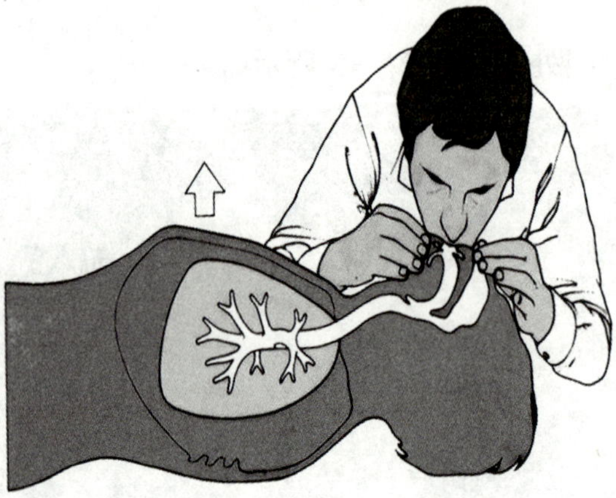

图 2－14　口对口人工呼吸

知识拓展

自动体外除颤仪

1. AED 的介绍

自动体外除颤仪（AED）又称自动体外电击器、自动电击器、自动除颤器、心脏除颤器等，是一种便携式的医疗设备，如图 2－15 所示。

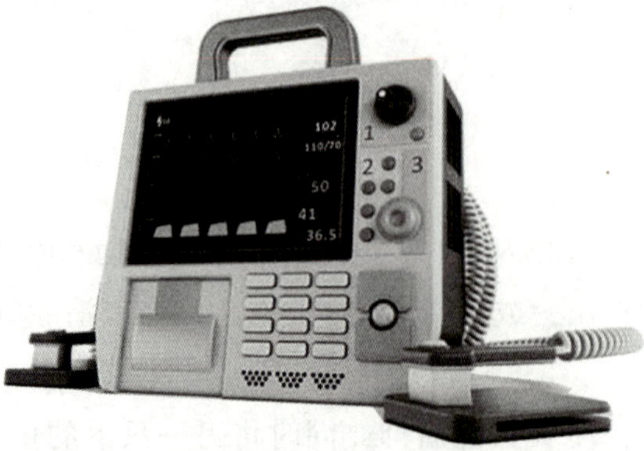

图 2－15　AED

AED 可以独立提供伤者的心电图（ECG），并在适当情况下进行除颤。该设备为非训练有素人员提供了第一反应，是便于非专业人员使用的、用于抢救心脏骤停患者的医疗设备。当伤者心跳骤停时，只能使用电能（除颤）帮助心脏恢复正常功能，或者请急救医生进行抢救。在最佳抢救的“黄金4分钟”内，利用自动体外除颤器对患者进行除颤和心肺复苏，可以有效防止猝死。

2. AED 的使用步骤

（1）开启 AED。打开 AED 的盖子，根据显示器和声音的提示操作（有些型号需要先按下电源）。

（2）给患者贴电极。在伤者胸部适当位置紧密地贴上电极板。通常而言，两块电极板应分别贴在右胸上部和胸左乳头外侧，具体位置可以参考 AED 机壳上的图样和电极板上的图片说明。

（3）将电极板插头插入 AED 主机插孔。

（4）开始分析心律。在必要时除颤，按下“分析”键（有些型号在插入电极板后会发出语音提示，并自动开始分析心率，在此过程中请不要接触患者，即使是轻微的触动都有可能影响 AED 的分析），AED 将会开始分析心率。分析完毕后，AED 将会发出是否进行除颤的建议。

（5）除颤。当有除颤指示时，不要与患者接触，同时告诉附近的其他人远离患者，由操作者按下“放电”键进行除颤。

除颤结束后，AED 会再次分析心律，若未恢复有效灌注心律，操作者应进行 5 个周期的 CPR，然后再次分析心律，进行除颤和 CPR，如此反复直至急救人员到来。

3. AED 的使用注意事项

（1）AED 除颤时，瞬间可以传输 200J 的能量。在给病人救治过程中，按下通电按钮后应立刻远离患者，并告诫身边任何人不得接触或靠近患者。

（2）在水中不能使用 AED。若伤者胸部有汗水需要快速擦干胸部，因为水会降低 AED 的功效。

（3）如果用 AED 除颤后，患者仍没有任何生命特征（没有呼吸、心跳），需要马上送医院进行救治。

（来源：郭化超等．新能源汽车动力蓄电池与管理技术［M］．山东大学出版社，2019）

第二节 电池的安全保护功能

一、动力电池系统安全分析

（一）动力电池系统的安全特征

动力电池系统作为高能量载体，在不需要外部能量输入的情况下，本身就能够因能量非正常释放而产生巨大破坏力。

能量非正常释放的表现形式有两种：电能释放（电击）和化学能释放（燃烧、爆炸）。

燃烧过程中的能量转化是化学能转化为热能、光能等，而爆炸过程则是化学能转化为热能、光能，并伴有巨大的机械能。图 2－16 为能量非正常释放的表现形式。

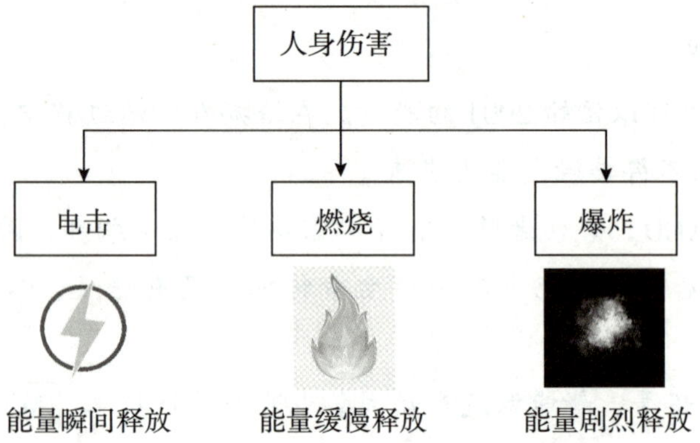

图 2－16　能量非正常释放的表现形式

1. 动力电池系统的电特性

（1）输出电压通常高达 300 V 以上（直流 60 V 以上为非安全电压）。

（2）存储的能量达到 kW · h 级别（1 kW · h = 3.6 MJ）。

2. 动力电池系统的化学特性

（1）电池单体中的电解液和系统中的塑料部件是可燃物，金属铝在高温下也会燃烧。

（2）电池单体中的正负极材料是氧化剂。

（3）电池单体中的放热副反应会引起温度快速上升，成为火源。

3. 动力电池系统的机械特性

（1）为了防水防尘，呈空间密闭状态。

（2）为了经受强烈的机械载荷，壳体材料具有足够的强度。

（二）电击分析

动力电池系统为非安全电压的直流电系统，所造成的电击危害为人体直流触电。

1. 构成直流触电的基本要素

（1）电压等级超过安全电压标准（直流 60 V）。

（2）存储的电荷达到一定能量等级（几百焦耳的电能足以致命）。

（3）人体与高压直流电的两极构成放电回路。

2. 导致动力电池系统发生触电的可能原因

（1）外壳或高压端口的接触防护失效，人体同时接触到两个裸露的电极，构成放电回路。

（2）正负极与壳体的绝缘都失效，动力电池系统的外壳不同部位带电且电位不等（电位差大于 60 V），人体同时接触到这两个带电部位，构成放电回路。

第一种情况的发生概率和危害要高于第二种情况，如安装、拆卸、维护、充电时均有可能发生；第二种情况一般可以通过等电位的方式来做附加防护。

（三）燃烧和爆炸分析

导致动力电池系统发生燃烧或爆炸的可能原因有以下几种。

（1）电芯的放热副反应导致热失控，引燃电解液、隔离膜和其他可燃物质。

（2）局部连接阻抗过大，导致温度上升，达到着火点温度，引燃动力电池包内部的可燃物质。

（3）动力电池包外部发生火灾，导致动力电池包温度持续上升，达到着火点温度，引燃内部的可燃物质。

针对电动汽车的使用情况，第一种情况的发生概率最高，危害最大。电芯的放热副反应导致热失控，是动力电池系统发生燃烧或爆炸的主要原因。

二、动力电池的安全保护功能

动力电池安全性的问题概括起来叫动力电池热失控，也就是电池受热到一定温度之后就不可控了，温度直线上升，超过 500 ℃后就会燃烧爆炸。

动力电池热失控原因：①过热引起动力电池热失控；②电触发引起动力电池热失控；③碰撞引起动力电池热失控。

电源系统的安全保护功能是通过 BMS 来实现的。图 2 – 17 为 BMS 的安全保护功能结构图。

对动力电池的安全管理是电池管理系统的重要功能。安全管理功能主要包括以下几方面：在车辆维护的状态下切断电池系统电源；在车辆维护的状态下能释放动力电子器件的电容电压；在车辆故障或发生碰撞时能及时切断电池系统电源；充放电参数控制；电池电量的计算与故障诊断；在系统漏电、欠压、过压、高温等情况下通知整车或进行处理；通过高速网络能与其他控制器通信。

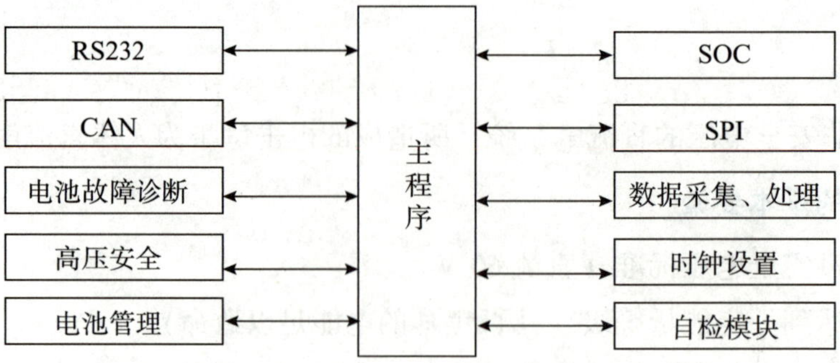

图 2－17　BMS 的安全保护功能结构

（一）诊断功能

管理系统开机前应首先进行自检，主要检测各项功能模块是否工作正常，以及电池组是否异常。自诊断功能为分析系统的状态提供有效的支持。系统可以通过控制单元的通信接口将数据发送给计算机，采用命令方式实现。具体功能如图 2－18 所示。

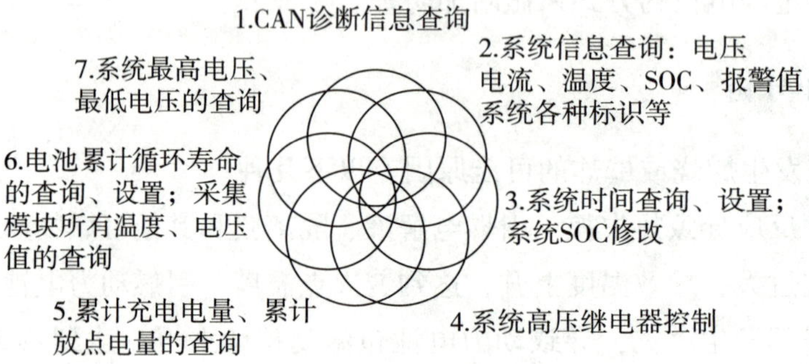

图 2－18　诊断功能图

（二）电气控制

电气控制保护主要是在电池及电源系统的过压、欠压、过流等状态下进行保护控制，避免电池因这些原因造成损坏或出现安全事故，以及预测电源系统的 SOC 为整车提供运行策略。电气安全控制的另一项主要功能是漏电保护控制，防止高电压和高电流的泄漏。

1. 过流保护

过流保护有时也被称为过电流保护，指在充、放电过程中，如果工作电流超过了安全值，则应该采取相应的安全保护措施。

动力型的磷酸铁锂电池一般都支持 1 C 倍率持续充、放电。例如，一个标称 100 A · h 的磷酸铁锂电池，允许持续使用 100 A 的电流对其进行充电或放电。

大多数的磷酸铁锂动力电池都支持短时间的过载放电，能在汽车起步、提速过程中提供较大的电流以满足动力性能的要求。但不同厂家、不同型号的动力电池所支持的过载电流倍率、过载持续时间是不一致的。例如，某型号的动力电池支持不超过 1 min 的 3 C 过载电流，这正是电池管理系统的过流保护功能所必须考虑的。

2. 过充过放保护

另一项电池安全保护的基本功能就是过充、过放保护。其中，过充保护指的是在电池的荷电状态为100%的情况下，为了防止继续对电池充电造成的电池损坏，而采取的切断电池充电回路的保护措施。另一方面，在电池的荷电状态为0的情况下，若继续对电池进行放电，也会对电池造成损坏。此时应采取措施，切断电池的放电回路，这就是过放保护。当然，在电动汽车行驶过程中突然切断电源是非常不安全的。因此，一种较为实用的手段是在电源容量不足（小于50%）的时候，就对驾驶员发出警告，提示电量不足，同时逐渐减小电池的放电电流，使车辆逐渐减速或者使车辆缓慢地停下来。当然，这样的功能严格来说应该归入“能量控制管理”的范畴，其实现通常也需要电机控制器、整车控制器等电池管理系统以外的部件来共同完成。

（三）热管理

热管理功能一是进行电源系统的温度调节；二是避免电池出现温度失控现象而造成安全事故。电池在不同的温度下会有不同的工作性能，如铅酸电池、锂离子电池和镍氢电池的最佳工作温度为20～40 ℃。温度的变化会使电池的SOC、开路电压、内阻和可用能量发生变化，甚至影响到电池的使用寿命。温度的差异也是引起电池均衡问题的原因之一。美国可再生能源国家实验室指出热管理系统的主要任务有：使电池工作在适当的温度范围内，降低各个电池模块之间的温度差异。

过温保护，顾名思义就是当温度超过一定限制值的时候对动力电池采取保护性的措施。动力电池是一种化工产品，在高温下工作可能引起难以控制的化学反应，轻则损伤电池，严重时将会引起交通事故，造成人员伤亡。

过温保护需要考虑环境温度、电池组的温度，以及每个单体电池本身的温度。由于温度的变化需要一个过程，温度控制往往也具有滞后性，因此，温度保护往往要考虑一些“提前量”。例如，若检测到环境温度或者电池箱温度过高，接近使电池损坏的门限值，则应采取相应的保护措施。或者，某个单体电池的温度突然快速上升，虽然还没有达到安全门限值，但仍应采取一定的保护措施。例如，通过仪表对驾驶员进行警告。

第三节 新能源汽车高压安全

一、新能源汽车电池的高压安全

新能源汽车电池动力系统的一个重要特点是具有高电压、大电流的动力回路。为了适应电机驱动工作特性要求并提高效率，高压电气系统的工作电压可以达到300 V以上，且电力传输线路的阻抗很小。高压电气系统的正常工作电流可能达到数十甚至数百安培，瞬时短路放电电流更是成倍增加。高电压和大电流会危及车上乘客的人身安全，同时还会影响低压电气系统和车辆控制器的正常工作。因此，在设计和规划高压电气系统时不仅应充分满足整车动力驱动要求，还必须确保车辆运行安全、驾乘人员安全和车辆运行环境安全。

电动汽车的运行情况非常复杂，在运行过程中难免会出现部件间的相互碰撞、摩擦、挤压，这有可能使原本绝缘良好的导线绝缘层出现破损，接线端子与周围金属出现搭接。高压电缆绝缘介质老化或受潮湿环境影响等因素都会导致高电压电路和车辆底盘之间的绝缘性能下降，电源正负极引线将通过绝缘层和底盘构成漏电回路。当高电压电路和底盘之间发生多点绝缘性能下降时，还会导致漏电回路的热积累效应，从而造成车辆的电气火灾。因此，高压电气系统相对车辆底盘的电气绝缘性能的实时监测也是电动汽车电池安全及整车安全技术的核心内容。

二、电源系统的高压控制

高压电系统的功能是保证整车系动力电能的传输，并随时检测整个高压系统的绝缘故障、断路故障、接地故障和高压故障等，以保证设备和人员安全为首要任务，这也是电动汽车产化的关键技术之一。自1970年以来，国际标准化组织（ISO，IEC）和美国、欧洲、日本等都先后成立了开展电动车辆标准研究和制定工作的标准化组织和机构，相继发布了若干电动汽车的技术标准。人们对电动车辆的高压电安全及控制制定了较为严格的标准和要求，并规定了高压系统必须具备高压自动切断装置。其中涉及与电动车安全有关的电气特性有：绝缘特性、漏电流、充电器的过流特性、爬电距离及电气间隙等。

高压电安全保护的执行要点是：首先确保高压电源等的运行安全和高压电的接通必须具备既定的先决条件，以及基于外部故障诊断的自动断开和被动断开。

(一) 高压互锁

在 ISO 国际标准《ISO 6469 - 3：2001 电动汽车安全技术规范第 3 部分：人员电气伤害防护》中规定，车上的高压部件应具有高压互锁装置，但没有详细定义高压互锁系统。

高压互锁也指危险电压互锁回路（hazardous voltage interlockloop，HVIL），通过使用电气小信号来检查整个高压产品、导线、连接器及护盖的电气完整性（连续性），识别到回路异常断开时，会及时断开高压电。高压互锁回路如图 2 - 19 所示。

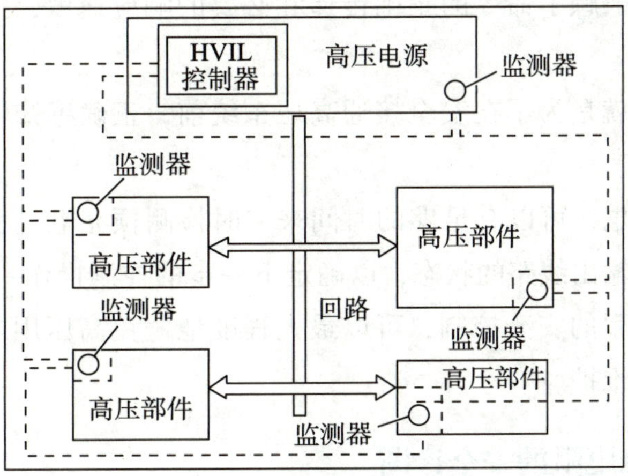

图 2 - 19　高压互锁回路

当整车发生碰撞时，碰撞传感器发出碰撞信号，触发 HVIL 断电信号，整车高压源会在毫秒级时间内自动断开，以保障用户的安全。

为确保高压母线快速连接器的连接可靠，在高压电回路中并联了一组随快速连接器一起安装的高压互锁回路，并连接到 EVSM，用于动态检测高压快速连接器连接的可靠程度。当检验到高压回路的连接没有达到预期的完整性要求时，EVSM 将直接或通过整车控制器禁止相关动力电源的输出，直到该故障完全排除为止。否则会存在高压电暴露、连接不良造成动力回路输出功率下降，甚至连接器烧毁等不良后果。

(二) 接通信号的互锁控制

只有新能源汽车上与高压电控制相关的管理模块都发出许可闭合的线控信号后，才能使专门设计的高压电闭合模块进入预充电过程。而只有符合事先设计要求的预充电过程才能最终使高压电回路完全闭合，电源系统才有能力向外供给能量。同样，在紧急情况下，所有参与高压电控制的相关管理模块都可超越整车控制器，通过 COMM 控制线强行要求 EVSM 切断高压电源的输出。

(三) 被动安全控制

在遇到紧急情况时，尤其是严重的碰撞，将会使车内的蓄电池单元、高压用电器等与车身固定件之间发生碰撞挤压等情况，造成潜在的脱落、短路等瞬间绝缘性能的快速下降或高压主回路电路的短接等非常危险的情况。为适应这种被动控制的需求，在 EVSM 中可以设置一个加速度传感器的信号输入电路，经过一个专门的数据处理模块，诊断出一个被动安全信号送 CPU 处理，并通过事件 CAN 帧及时与整车控制器通信，快速切断电源系统的输出。

（四）接通过程的安全诊断与控制

正确的接通过程就是一个检验和确保供电（蓄电池等）、负载（电机及控制器、DC/DC 等）及高压控制继电器自身的安全运行的过程。控制命令可以来自于线控信号，也可以来自于 CAN 网络。所有的请求接通命令，都需要一个定时的确认过程，确认的周期大约为 60 ms，与人工操作的反应时间相当。这样就十分有效地兼顾了命令的正确传递和必要的响应速度，提高了高压电接通过程的可靠性。

引入预充电电阻的目的就是为了在安全接通高压系统前，正确感知输出线路是否存在负载过大甚至可能短路等故障。

对高压输出端实行预充电，可以有足够的时间来实时检测预充电过程中高压回路中电压与时间的变化关系，并据此来判断输出线路的状态，以确定下一步的控制操作——完全接通还是禁止接通。这种直流电源与负载接通过程的安全控制，可以最大程度地避免高压用电器的永久性损坏，并及时告知驾驶员进行必要的车辆维护。

（五）运行过程中绝缘电阻的安全诊断

对高压电绝缘状态的在线动态检测是安全诊断的关键，它综合了蓄电池主供电回路、高压电回路、电机驱动系统等高压用电器与汽车车身之间的绝缘状况。

在出现绝缘故障时，首先启动故障诊断程序对故障进行分级，通过判断故障的变化趋势来确定故障是渐进变化而来还是突发产生。若故障是突发产生的，则迅速启动 CAN 事件帧通知上级控制器，否则仍然按既定的时序通报给上级控制器。上级控制器应当反馈相应的处理结果。

（六）断开过程的控制策略

正常或在无重大故障时，与接通过程一样，接受请求断开的命令也需要一个确认的过程，同时保证命令的正确传递和必要的响应速度，避免电动汽车正常行驶时的非正常断开，提高工作可靠性。而当高压电系统存在故障时，如何断开供电回路是一个非常值得仔细研究的问题。在人身安全受到威胁的情况下应当毫不犹豫地断开高压电，而其他情况下的断开则必须服从一定的优先级。首先必须了解高压电故障的严重等级，了解整车的驱动和能源装置的运行状态，并使整车控制器尽快转入非驱动状态等。其中包括在极端情况下的紧急断开策略、考虑到行车挡位和车速的高压安全断开策略、考虑各能源装置运行状况的断开策略。

而一旦断开高压供电，则必须由操作者有意识的动作进行复位，并经过一定时间间隔待原先的故障消失后才能进入下一次接通过程。图 2 – 20 为高压安全诊断与控制策略的流程示意图。

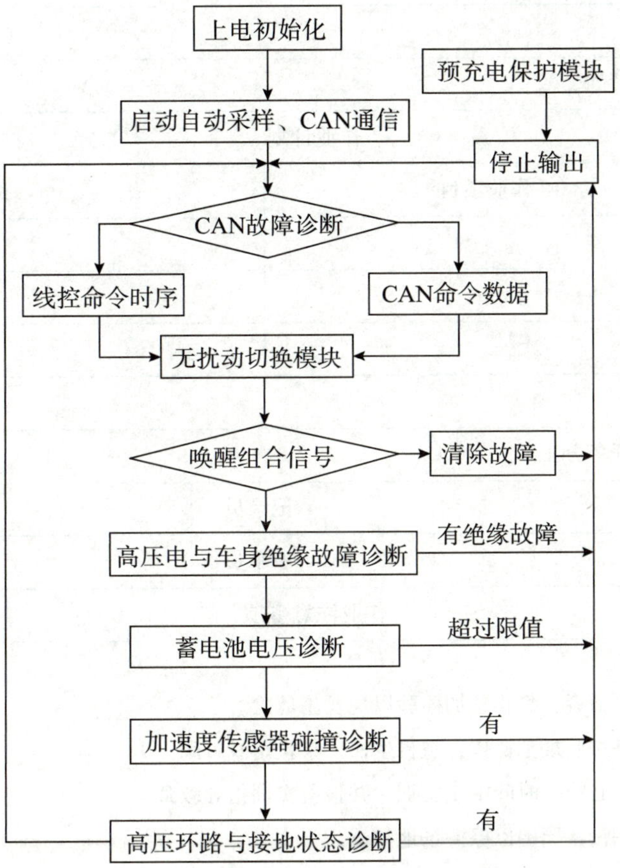

图 2－20　高压安全诊断与控制策略流程

实践操作

安全脉冲电压触电体验

一、接受工作任务
在电力行业的高压电作业中，触电事故时有发生，对于新能源汽车的高压电，在维修时必须将安全问题置于首位。为提高对高压电的认识，新能源汽车维修店会组织员工进行安全培训，并在安全脉冲电压触电试验台上进行高压触电体验，增强员工的安全意识，请按操作规范完成任务。
二、信息收集
1. 人体允许通过的电流不能超过__________mA，致命电流为__________。 2. 电流对人体的伤害有__________、__________、__________三种形式。 3. 触电的方式有__________、__________、__________。

三、制订计划

1. 根据实训任务要求制订作业计划。

作业计划

序号	作业项目	操作要点

2. 根据作业计划完成小组成员任务分工。

操作人		记录员	
监护人		展示员	

作业注意事项

（1）有心脏病、高血压或身体不适者，禁止参加体验以免发生危险。
（2）模拟高压触电操作时，严格按照规范操作，敬畏生命，禁止嬉戏打闹。
（3）若实训过程中出现故障，务必第一时间中止实训，并报备实训指导教师。
（4）作业完毕应清除杂物，打扫设备周围以保持场地整洁。

检测设备/工具/材料

序号	名称	数量	清点
			□已清点
			□已清点
			□已清点
			□已清点
			□已清点
			□已清点

四、计划实施

1. 场地设备工具准备。测试设备采用漏电安全认知实训台，试验开始前检查设备是否正常，锁止台架、固定脚轮。

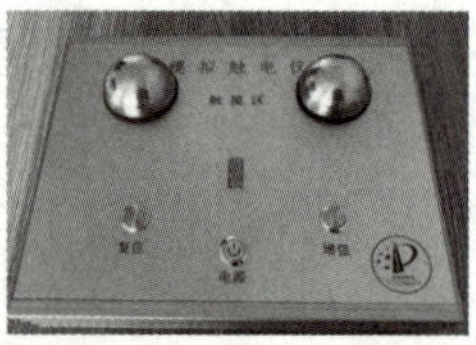

台架状态：□良好　　□损坏
台架锁止状态：□锁止　　□未锁止

2. 使用专用配套电源适配器接通试验台电源，按下安全脉冲电压触电体验区的电源开关按钮打开电源。

通电状态：□良好　□损坏
电脑控制显示屏：□点亮　□未点亮

3. 按下“开始/复位”按钮，将电流强度等级恢复到初始等级。
是否初始化：□是　□否

4. 左右两手分别同时放在两个体验触摸区上，记录显示屏上的电流、电压、强度三个数据和自身的触电感觉。如果两手都触摸到体验触摸区，则感应指示灯点亮。
电流大小__________。
电压大小__________。
强度大小__________。

5. 按下电流强度调节按钮，增大电流强度。注意：安全脉冲电压触电体验区共有 9 个级别，每按一次电流强度调节按钮，电流强度增加一个等级。

6. 重复操作步骤 4 和步骤 5，直至体验结束。体验结束后按下电源开关，关闭电源。
一级电流体验感受__________。
二级电流体验感受__________。
三级电流体验感受__________。
四级电流体验感受__________。
五级电流体验感受__________。
六级电流体验感受__________。
七级电流体验感受__________。
八级电流体验感受__________。
九级电流体验感受__________。

五、质量检查

请实训指导教师检查本组作业结果，并针对实训过程出现的问题提出改进措施及建议。

序号	评价标准	评价结果
1	规范使用设备仪器，恢复场地	
2	作业计划完善且保证安全实施	
3	准确测量，记录数据，分析合理	
4	正确展示团队实训成果	
综合评价	☆☆☆☆☆	
综合评语（作业问题及改进建议）		

六、评价反馈

请根据在课堂中的实际表现进行自我评价和小组评价。

自我评价：____。

小组评价：____。

实训成绩单

项目	评分标准	分值	得分
接受工作任务	明确工作任务及结果要求	5	
信息收集	掌握工作相关知识及操作要点	15	
制订计划	按照计划顺利且高效地完成工作任务	10	
计划实施	按照操作规范进行场地设备准备	20	
	正确进行体验触电	10	
	正确进行电流强度调节	15	
	正确说出不同电流强度下的触电感受	15	
质量检查	按照要求完成相应任务	5	
评价反馈	经验总结到位，评价合理	5	
得分（满分 100）			

课程思政

全国首个新能源汽车检测站投用

2022 年重庆市建成的全国首个新能源汽车检测站，经过数月试运行后于同年 12 月底投用。

该检测站新建的新能源汽车检测线，除车速检测、制动检测、灯光检测等传统检验设备外，最大的区别就是配备了充电检测、电安全检测、车载综合检测以及整车安全检测等应用于新能源汽车“电池、电机、电控”的专用检验设备。

负责技术支持的中国汽车工程研究院相关负责人介绍，这些专用检测设备可以通过检测新能源汽车电池健康度、容量衰减、电池自放电等，发现新能源汽车“三电”的安全隐患，避免汽车失控、电池自燃等危险发生。

近年来，我国新能源汽车产业进入加速发展的新阶段，保有量突破1 200万辆，较2012年增长610余倍。重庆新能源汽车保有量已突破24万余辆，呈持续增长趋势，但由于目前尚无国家层面的新能源汽车安全技术检验标准，对新能源汽车“电池、电机、电控”的安全监测手段滞后，新能源汽车电池、制动等安全问题成为社会广泛关注的话题。

为此，按照公安部交管局的部署安排，市公安局交巡警总队会同中国汽车工程研究院全力推动，在重庆先行先试，于今年7月建成全国首个新能源汽车检测站，构建新能源汽车安全运行性能检验“线上+线下”相结合的新模式。

另外，该检测站未来还将上线新能源大型车辆的检测线。通过该检测站，公安交管部门将积累经验做法和大量试验数据，主要支撑公安部新能源汽车年检技术研究和出台国家检验标准，让新能源汽车检验更加科学、精准、高效。

（来源：人民网）

思考练习

一、填空题

1. 能引起人感觉到的最小电流值称为__________，电流为__________。触电后能自己摆脱的最大电流称为__________，电流为__________。在较短的时间内危及生命的电流称为__________，电流为__________。

2. 人体触电分__________、__________、__________等。

3. 防止触电的个人安全防护设备主要有__________、__________、__________，以及非化纤工作服等。

4. 能量非正常释放的表现形式有两种：__________和__________。

二、简答题

1. 简述高压作业五条安全规定。
2. 动力电池系统的电特性是什么？
3. 导致动力电池系统发生燃烧或爆炸的可能原因有哪些？
4. 动力电池的安全保护功能有哪些？
5. 简述高压互锁。

第三章
新能源汽车动力电池管理系统

本章导读

电池管理系统（battery management system，BMS）是对电池进行管理的系统，通常具有量测电池电压的功能，防止或避免电池过放电、过充电、过温度等异常状况出现，动力电池只有在优良的动力电池管理系统支持下才能发挥能效。随着技术的发展，电池管理系统的功能也越来越强。本章将从动力电池管理系统的基本构成和工作原理、动力电池状态的实时监测、动力电池的电池荷电状态或剩余电量（state of charge，SOC）评估、动力电池能量管理四个方面进行讲述，使学生对新能源汽车动力电池管理系统有一个全面的认识。

学习目标

1. 了解动力电池管理系统的基本结构、工作原理及动力电池管理系统中各部件的功能。
2. 熟悉电池管理系统参数监测方法。
3. 了解影响电池 SOC 的主要因素。
4. 掌握动力电池 SOC 评估的方法。
5. 了解动力电池均衡控制管理的意义与分类。

素质目标

1. 增强服务意识，培养学生爱岗敬业的奉献精神。
2. 弘扬伟大建党精神，培养学生自信自强、踔厉奋发成为德才兼备的高素质人才。

第一节　动力电池管理系统的认知

一、动力电池管理系统的定义

在国家标准《电动汽车术语》（GB/T 19596—2017）中动力电池管理系统的定义为：监测电池的温度、电压、荷电状态，预测动力电池的电池容量和相应的剩余行驶里程，可以为电池提供通信、安全、电芯平衡及管理控制，并提供与应用设备通信接口的系统。动力电池的管理应避免出现过放电、过充电、过热和单体电池之间电压严重不平衡的现象，最大限度地利用动力电池存储能力和循环寿命。

二、动力电池管理系统的基本组成

纯电动汽车的动力电池管理系统从结构上可分为硬件和软件。硬件包括主控盒（BCU）、从控盒（BMU）和高压控制盒，还包括采集电压、电流、温度等数据的电子器件。动力电池管理系统架构如图 3－1 所示。软件包括底层软件和应用层软件，用来监测电压、电流、SOC 值、绝缘电阻值、温度值，通过与 VCU、充电机进行通信，从而控制动力电池的充放电。BMS 部件的作用见表 3－1。

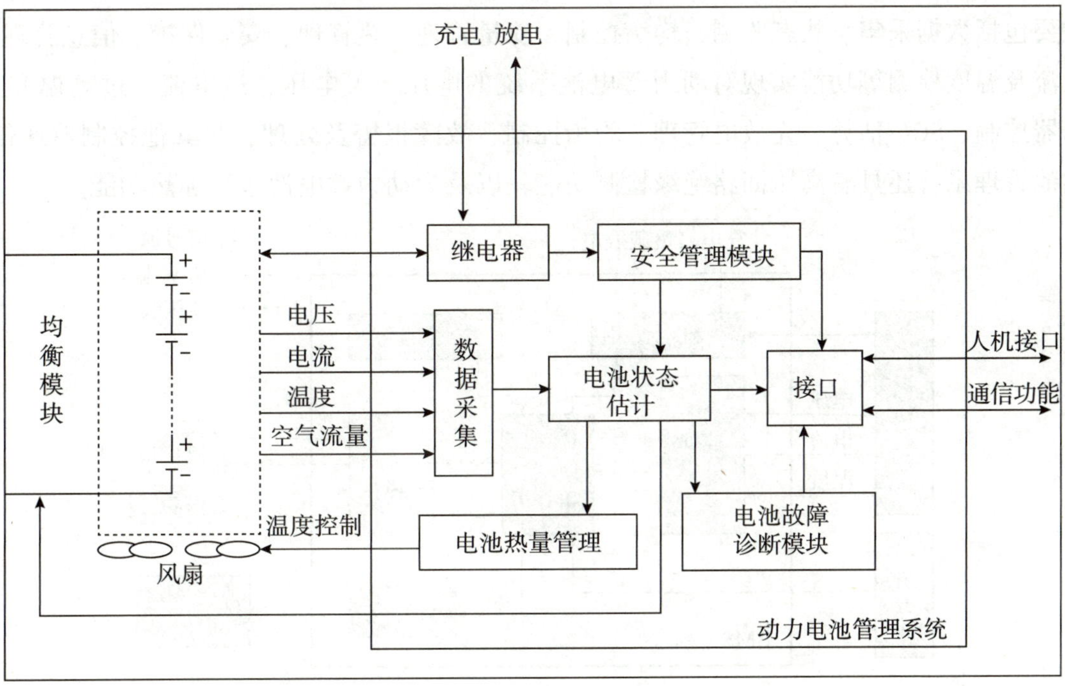

图 3－1　动力电池管理系统架构

表 3－1　BMS 部件的作用

部件	作用
主控盒	接收 VCU 的指令，根据高压回路的绝缘状况，控制正负母线接触器的开闭，决定整车安全上下电；接收从控盒采集的动力电池电压、动力电池温度及母线电流等数据，计算动力电池的电压、电量及充放电能力，与 VCU 或充电机通信；存储动力电池充电次数，计算动力电池寿命；存储动力电池故障信息等
从控盒	对各动力电池模块或单体电池的电压进行采集、计算与处理，找出最高电压电芯、最低电压电芯；计算电芯最高电压与最低电压的差值，应小于 0.03 V；充电时有一节电芯电压达到充电截止电压，即停止充电；放电时有一节电芯电压降到放电截止电压，即停止放电；通过可靠的数据传输通道与主控盒进行指令及数据的双向传输
高压控制盒	控制 PTC 加热装置、预充接触器、高压正负母线接触器
高压绝缘盒	当接收到高压正负母线接触器上电指令后，对高压回路进行绝缘性能监测；当检测到高压回路绝缘电阻值不合格时，立即高压下电，并在仪表显示屏上报出高压绝缘故障提示；检测各个接触器触点的开闭状态，并将结果报告给主控盒
传感器	采集动力电池电压、电流和温度等信号
底层软件	架构符合汽车开发系统架构标准，模块化开发容易实现拓展和移植，可提高开发效率
应用层软件	BMS 的控制核心，包括动力电池保护、电气保护、诊断管理、热管理、继电器控制、均衡控制等

三、动力电池管理系统的基本功能

动力电池管理系统

动力蓄电池管理系统的基本功能分为检测、计算、管理、保护等，如图 3－2 所示，主要包括数据采集、状态监测、均衡控制、能量管理、热管理、安全保护、信息管理等。通过电压、电流及温度检测等功能实现对动力蓄电池系统的电压、欠电压、过电流、过高温和过低温保护，继电器控制、SOC 估算、充放电管理、均衡控制、故障报警及处理、与其他控制器通信等功能。此外，电池管理系统还具有高压回路绝缘检测功能，以及为动力蓄电池系统加热功能。

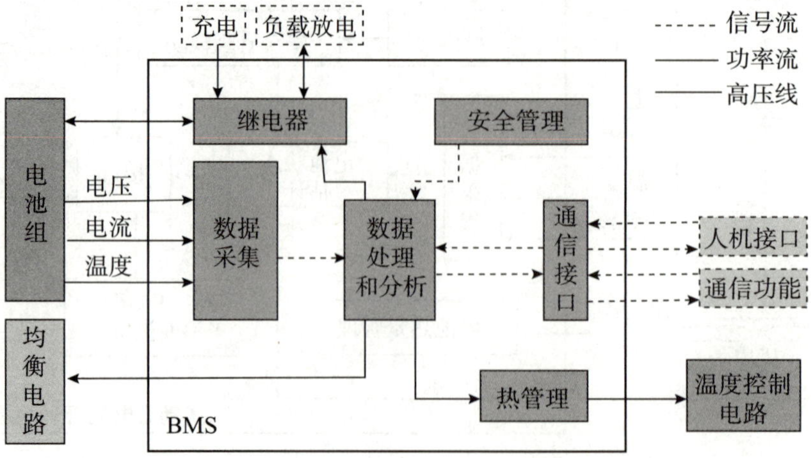

图 3－2　动力蓄电池管理系统的功能

（一）动力蓄电池状态检测功能

动力蓄电池状态检测功能主要是对动力蓄电池的电压、电流和温度等与自身安全运行相关的状态参数进行数据采集，然后把采集到的数据发送给主控模块并完成计算和处理。数据采集速率和精度是影响管理系统性能的重要指标。

（二）动力蓄电池状态分析功能

动力蓄电池状态分析功能主要包括 SOC 和 SOH 计算。SOC 是提示动力蓄电池组剩余电量的参数，是计算和估计汽车续航里程的基础。准确估算 SOC 能够保护蓄电池、提高整车性能和经济性能，还能降低车辆对动力蓄电池的要求。SOH 是提示蓄电池的技术状态、预计可用寿命等健康状态的参数。

（三）动力蓄电池安全防护功能

动力蓄电池安全管理主要用于监视蓄电池的电压、电流、温度等是否超过正常范围，防止蓄电池组出现过充电、过放电和温度过高等现象。主要功能包括过电压和过电流控制、过放电控制、防止温度过高、绝缘检测、烟雾报警、自动灭火、在碰撞情况下关闭电池等。

（四）动力蓄电池能量控制功能

动力蓄电池能量控制功能主要包括以电流、电压、温度、SOC、SOH 为输入进行充电过程控制，以 SOC、SOH、温度等参数为条件进行放电功率控制，以及制动能量的回收控制和一致性补偿。

1. 充电控制功能

充电控制功能是指蓄电池管理系统在充电过程中对电压和电流等参数进行实时优化控制，优化项目包括充电时长、充电效率以及充电的饱和程度等。

2. 放电控制功能

放电控制功能指在放电过程中根据蓄电池的状态对放电电流大小进行控制，以使动力蓄电池组发挥更大效能，有利于延长汽车的续航里程，更为重要的是延长蓄电池的使用寿命。

3. 制动能量回收控制功能

制动能量回收控制功能也是能量控制管理的重要内容之一，其实质就是通过充放电控制管理把蓄电池的荷电状态维持在一定范围内，以便有足够的能量空间接收来自制动回收的能量，从而使蓄电池的充放电效率更高。

4. 一致性补偿

一致性补偿当单体蓄电池之间有差异时，采取一定的措施进行补偿，保证蓄电池组表现能力更强，并用一定的手段来显示性能不良的单体蓄电池的位置，以便维修更换。一般动力蓄电池采用的是充电补偿功能，设计有旁路分流电路，能确保每个单体都充满电，从而减缓蓄电池老化的进度，延长其使用寿命。

（五）动力蓄电池信息管理功能

动力蓄电池信息管理系统用于存储关键数据，如 SOC、SOH、累积充放电数、故障码等，并将数据传输到主控制器。单体电池采用串行通信接口，整车管理系统采用 CAN 总线。BMS 需要与整车控制器等网络节点通信，同时，BMS 在车辆上拆卸不方便，一般的车载网络均采用 CAN 总线技术。通过 CAN 总线实现各检测模块和中央处理单元的通信，其难点在于如何根据采集的每个单体电池的电压、温度和放电电流的历史数据，准确估计动力蓄电池的 SOC 状态。

（六）动力蓄电池热管理系统功能

动力蓄电池的热管理系统通过冷却和加热使动力蓄电池温度处于正常工作温度范围内，并能在工作过程中保持单体电池间温度均衡，避免因为温度的不均衡而造成单体蓄电池的不一致性，从而延长动力蓄电池组的寿命。热管理系统一般由蓄电池箱、传热介质、监测元器件等构成。主要功能包括蓄电池温度的准确测量和监控、蓄电池组温度过高时的有效散热和通风、低温条件下的快速加热确保电池组能正常工作、有害气体产生时的有效通风、保证电池组温度场的均匀分布等。

图 3－3 为比亚迪 e5 的动力蓄电池的热管理系统，它主要由电池冷却控制系统和电池冷却循环系统组成。电池冷却控制系统主要由温度传感器、电池控制器、高压电控总成组成；电池冷却循环系统由储液罐、电池电流过流保护片（PTC）、电动水泵、电池冷却系统热交换器等组成。电池冷却系统热交换器和电池 PTC 是专门为调节电池冷却系统中冷却液的温度而设置的，是一套独立的冷却系统。热交换器的作用是吸收电池冷却系统的热量，而电池 PTC 是在启动前期加热电池冷却系统的冷却液温度，使动力电池在纯电动汽车起步时具有良好的供电性能。

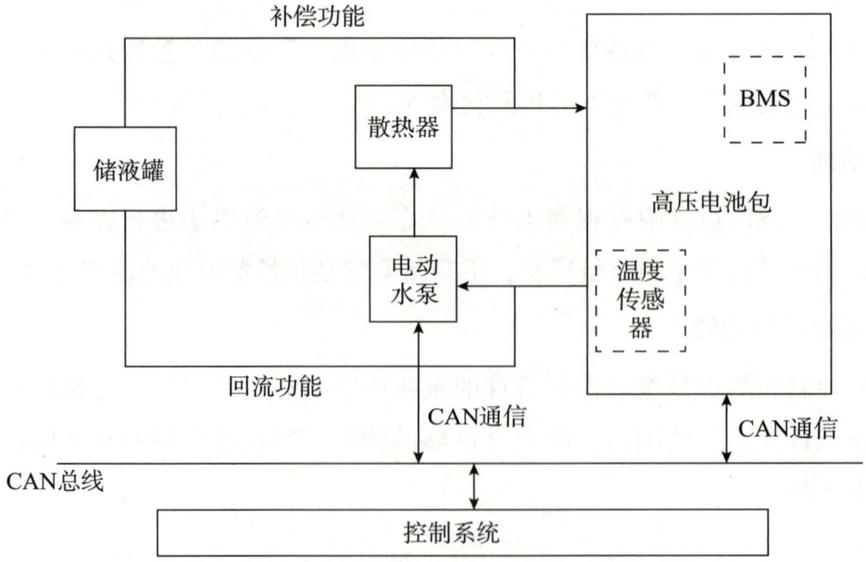

图 3－3　比亚迪 e5 动力蓄电池热管理系统组成

当比亚迪 e5 需要工作时，电池管理器根据接收到的温度传感器、上电开关等信号，进行比较分析，得出电池 PTC 需要加热的结论，之后发出指令给高压电控总成，高压电控总成中的配电盒将电池 PTC 的电路接通，加热电池冷却系统冷却液温度；当上电预检正常时，电池管理器控制电动水泵工作，使冷却液在电池冷却循环系统流动，流动的冷却液经过动力电池，使动力电池逐步加热至工作温度。

在比亚迪 e5 运行过程中，电池管理器将接收到的温度传感器信号进行比较分析，得出电池工作温度偏高。需要降低动力电池工作温度的结论时，电池管理器会发出指令给高压电控总成，高压电控总成中的配电盒控制热交换器和电动水泵的工作。在电动水泵的作用力下，经散热后的冷却液进入高压电池包对其进行冷却。冷却过程中，若冷却液不足则由储液罐进行补偿，并且部分高温冷却液以水蒸气形式返回储液罐以平衡整个管路系统的压力。

知识拓展

特斯拉动力蓄电池及管理技术

特斯拉汽车有限公司是一家成立于美国的电动汽车制造商。2019 年 1 月 7 日，特斯拉超级工厂在上海正式开工建设。特斯拉作为许多新能源汽车企业的标杆，也为中国新能源汽车的发展提供了机遇和挑战。

特斯拉电动汽车动力蓄电池采用松下的 18650 型三元锂电池（NCA 镍钴铝酸锂）。18650 型电池是锂电池领域技术最成熟的型号，曾一直用于笔记本电脑、数码相机、手机等电子消费产品中。18650 型三元锂电池的优点：电池本身能量较小，一旦发生爆炸威力有限；由于其内部有大量并联配置电池单元，即使并联的一个电池单元出现故障，也仅是续航距离缩短一块电池单元的行驶距离；电池工艺成熟（经过长期市场检验），适合大批量生产，同时电池一致性高、成本低，单从性能上看更适合用作动力蓄电池。18650 型三元锂电池的缺点：采用单体电池数目多，电池管理系统复杂。

特斯拉 Model S 采用的动力蓄电池的容量为 85 kW·h，标准工作电压为 400VDC，续航里程可达到 500 km 以上。一般来说，电池容量越大，续航里程也就越多。对蓄电池进行分解，可以清晰地看到 18650 型三元锂电池的内部结构。特斯拉 Model S 电池包如图 3－4 所示。

图 3－4　特斯拉 Model S 电池包

特斯拉 Model S 的动力蓄电池重达 900 kg，主要由 7 104 节 18650 型三元锂电池、电池热管理系统、电池管理系统组成。当然，不同的 Model S 车型的电池容量不同，18650 型三元锂电池的数量也存在相应的差别。特斯拉 Model S 的高压动力锂电池如图 3－5 所示。

（a）单体电池

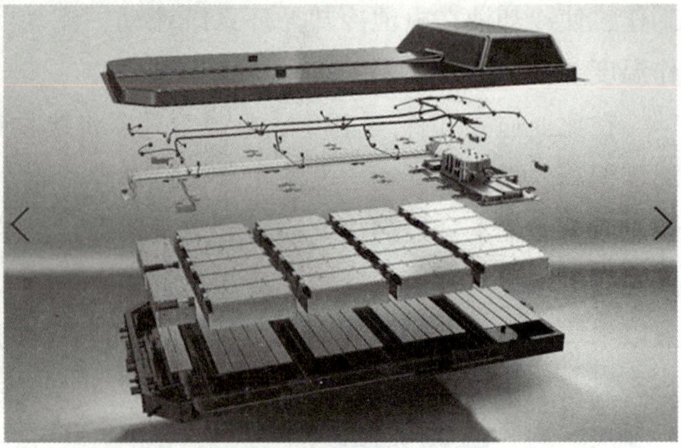

（b）电池模组

图 3－5　特斯拉 Model S 的高压动力锂电池

特斯拉 Model S 的动力蓄电池共有 16 个模块，每个模块由 444 节单体电池组成，如图 3－6 所示。电池组中的每个模块由 6 组电池组串联，每个电池组由 74 节单体电池并联，共有 7 104 节单体电池。

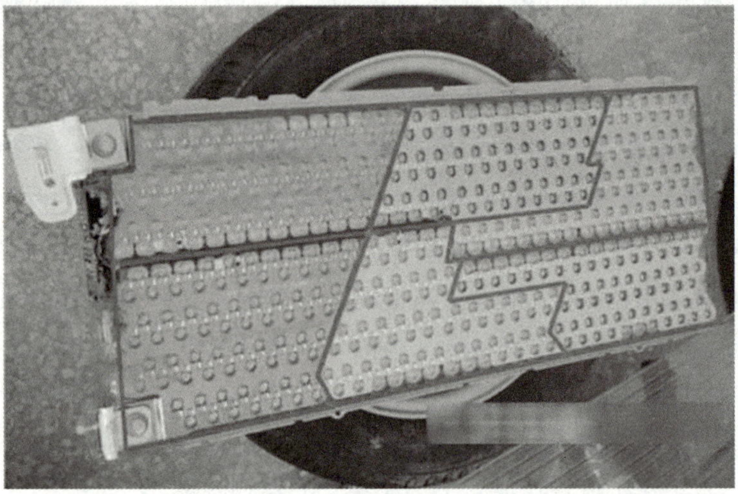

图 3－6　电池模组

特斯拉动力蓄电池中的每一组电池组都有其独立的电池管理系统。它位于电池组的侧面，在动力蓄电池的输出端同样有电池包的电池管理系统。电池管理系统集成的功能有电池状态检测、电池平衡管理、电池残余电量管理、电池热管理、电池诊断与预警、电池老化与监控状态预估等。

电池组中间的几根线一头连接着电池的极板，另一头连接着电池控制模块。这些线用来检测电池组的电压，保证电池组正常工作。特斯拉动力蓄电池中的每节单体电池都有单独的保险丝相连，如图 3－7 所示。当单节电池出现温度过高或短路等异常现象时，保险丝自动熔断，以保护整个电池组。

整个电池中有 16 块电池板，即 16 块电池板并联在一起，形成特斯拉的整个电池板，如图 3－8 所示。

特斯拉纯电动汽车采用了液冷式电池热管理系统。在电池两侧都布满冷却液，冷却液通过电池组和铝管在电池组内流动，冷却整个电池板，如图 3－9 所示。

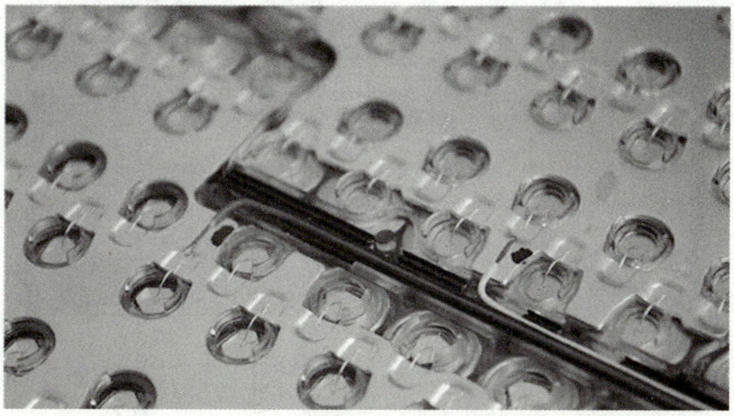

图 3－7　电池模组控制连接导线和保险丝

图 3－8　特斯拉整个电池板

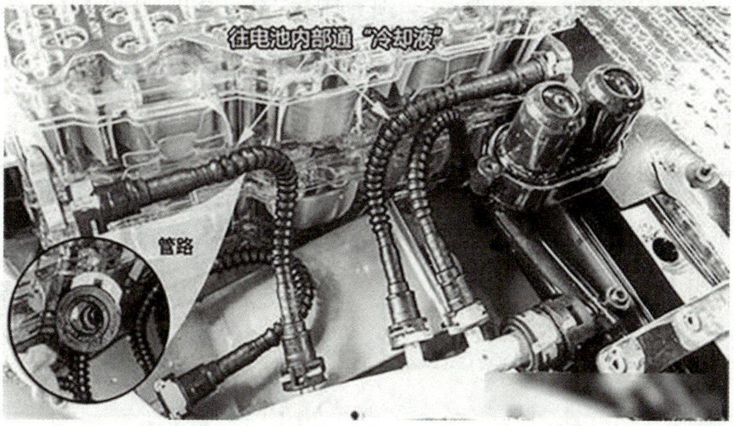

图 3－9　电池内部冷却系统

电池组四周布满了冷却管路。注意：特斯拉的电池冷却系统并不是主动循环系统，即没有装备循环泵和温度控制的部件，如图 3－10 所示。

通过热管理系统，电池组内各单体电池的温度差异控制在 ±2 ℃内。特斯拉官方宣布，在行驶约 5.2×10^5 km 后，Model S 电池组的容量仍能维持在初始容量的 85%，且容量衰减与行驶里程数明显相关，而与环境温度、车龄无明显关系。上述成果的取得依赖于电池热管理系统的有力支撑。

（来源：太平洋汽车，特斯拉 Model S 的电池板图解）

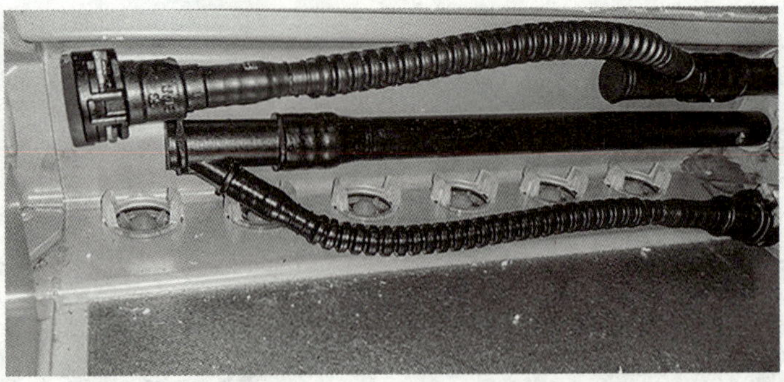

图 3-10　冷却管路

四、动力电池管理系统的工作原理

BMS 的工作原理可简单归纳为：数据采集电路采集动力电池状态信息数据后，由电子控制单元进行数据处理和分析，然后根据分析结果对系统内的相关功能模块发出控制指令，并向外界传递信息。

（一）充电原理

1. 预充电

充电初期，车载充电机接收到充电枪插入信号后唤醒整车控制器及 BMS，BMS 进行自检和初始化，完成后上报给整车控制器。整车控制器控制主负继电器闭合，BMS 控制预充继电器闭合，对各单体电池进行预充电，确定单体电池无短路后，预充电完成。充电初期预充电流程如图 3-11 所示。

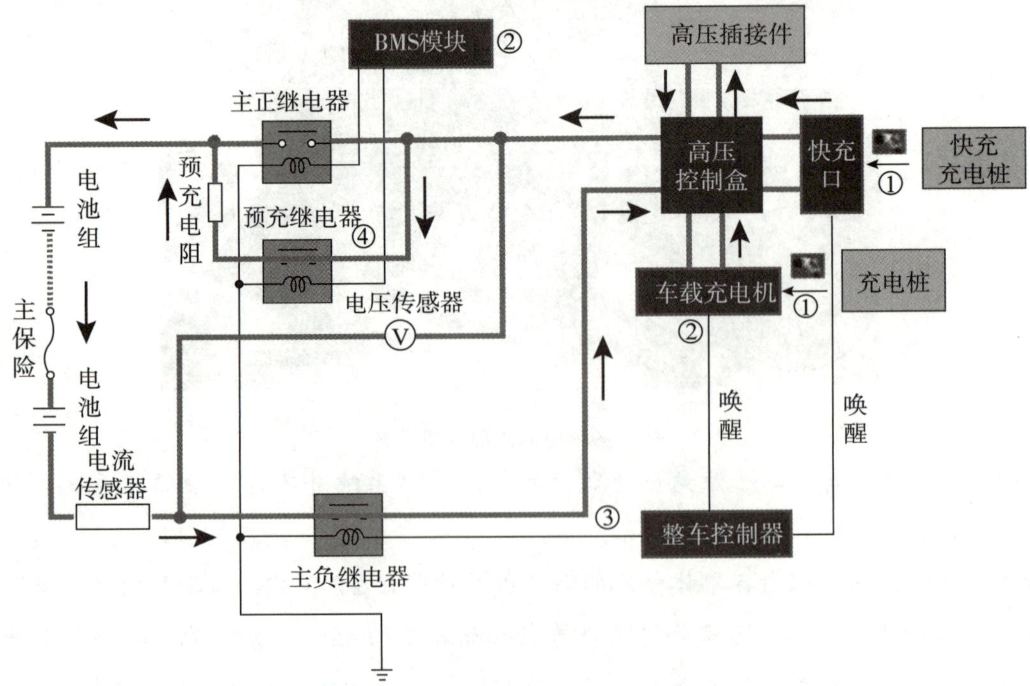

图 3-11　充电初期预充电流程

2. 充电

预充电完成后，BMS 闭合主正继电器，随后断开预充继电器，主电路接通，动力电池开始充电。充电流程如图 3－12 所示。

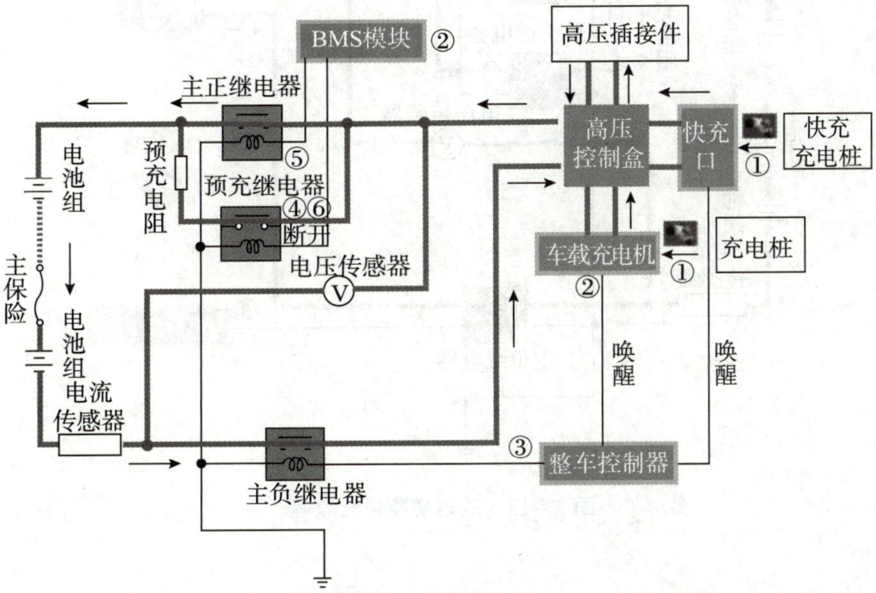

图 3－12　充电流程

慢充流程：充电桩→车载充电机→高压控制盒→高压插接件→主正继电器→电池组正极→主保险→电池组负极→电流传感器→主负继电器→高压插接件→高压控制盒→车载充电机→充电桩，构成回路，进行慢充。

快充流程：快充充电桩→高压控制盒→高压插接件→主正继电器→电池组正极→主保险→电池组负极→电流传感器→主负继电器→高压插接件→高压控制盒→快充充电桩，构成回路，进行快充。

（二）放电原理

1. 放电初期

打开点火开关至 ON 挡，整车控制器唤醒 BMS，BMS 进行自检和初始化，完成后上报给整车控制器。整车控制器发出高压供电指令，BMS 开始按顺序控制继电器的闭合和断开。

因电路中电机控制器和空调压缩机控制器等含有电容，在放电初期，BMS 控制预充继电器闭合，给各控制器电容采用低压、小电流进行放电，当电容两端电压接近动力电池总电压时，断开预充继电器。

放电初期预充流程如图 3－13 所示。

放电初期预充流程：电池组负极→主保险→电池组正极→预充电阻→预充继电器→高压插接件→高压控制盒→主负继电器→电流传感器→动力电池负极，构成回路，完成预充。

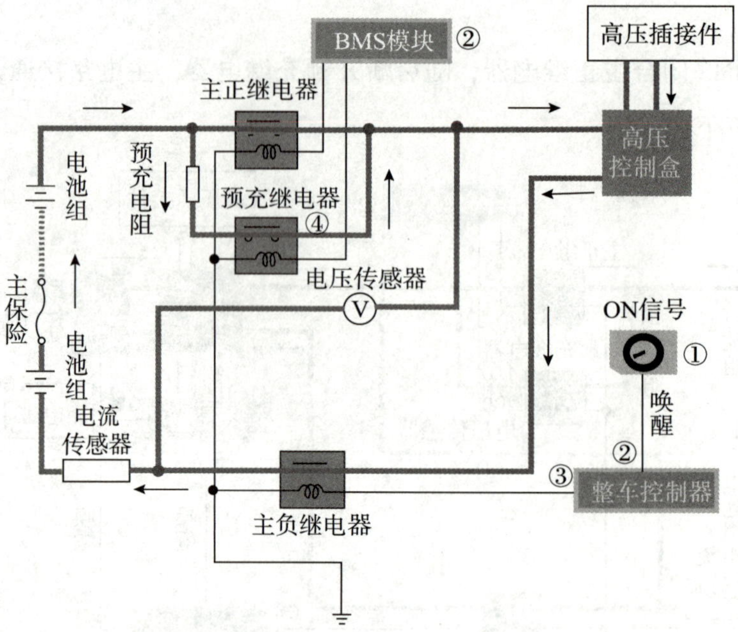

图 3－13　放电初期预充流程

2. 放电

BMS 闭合主正继电器，断开预充继电器，主电路接通，动力电池开始放电。放电流程如图 3－14 所示。

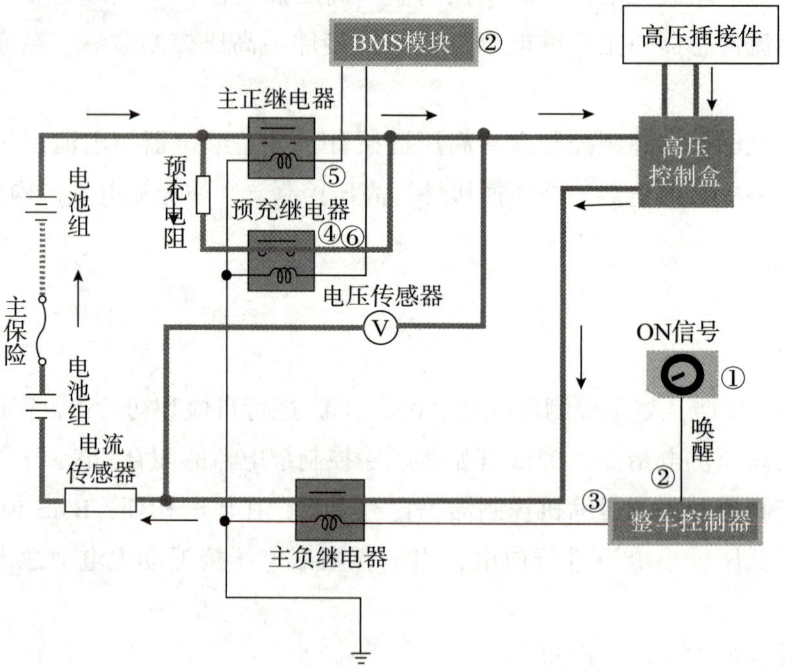

图 3－14　放电流程

放电流程：电池组负极→主保险→电池组正极→主正继电器→高压插接件→高压控制盒→主负继电器→电流传感器→动力电池负极，构成回路，完成放电。

（三）充电加热原理

当动力电池在冬季低温环境下工作时，充放电容量会降低。北汽 EV160 纯电动汽车采用的是磷酸铁锂动力电池组，其充电容量会随温度的降低而下降，因而设置了动力电池加热系统，当车辆充电时，如果电芯温度低于设定值，BMS 会控制加热继电器闭合，利用动力电池内部的加热元件给电芯加热。

充电加热流程如图 3－15 所示。

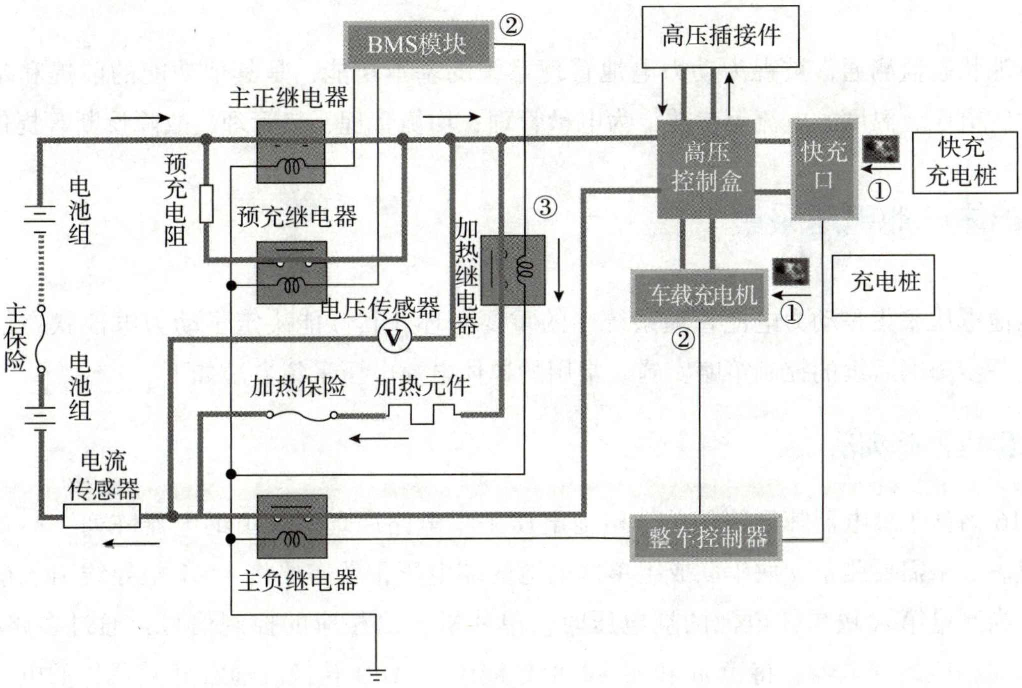

图 3－15　充电加热流程

第二节 动力电池状态的实时监测

动力电池状态监测通常被视为动力电池管理系统的基本功能，是其他功能的前提和基础。它采集动力电池的电压、温度、电流等参数，为电量管理、均衡管理、热管理、故障诊断等提供参数。

一、单体电池电压采集

单体电池电压采集是动力电池管理系统中的重要一环，其性能决定了动力电池状态信息的精确程度，并进一步影响后续的控制策略实施。常用的单体电池电压采集方法如下。

（一）继电器阵列法

图 3 – 16 为基于继电器阵列法的单体电池电压采集电路原理图，由继电器阵列、A/D 转换、单片机等组成。如果需要测量 n 块串联成组单体电池的端电压，就需要将 $n+1$ 根导线引入单体电池组各节点中。当测量第 m 块单体电池的端电压时，单片机发出相应的控制信号，通过多路模拟开关、驱动电路选通相应的继电器，将第 m 和 $m+1$ 根导线引入 A/D 转换。通常开关器件的电阻较小，引起的误差可忽略不计，只有分压电阻、模块转换芯片及电压基准的精度能够影响最终结果的精度。所以，在所需测量的单体电池电压较高且对精度要求也高的场合适合使用继电器阵列法。

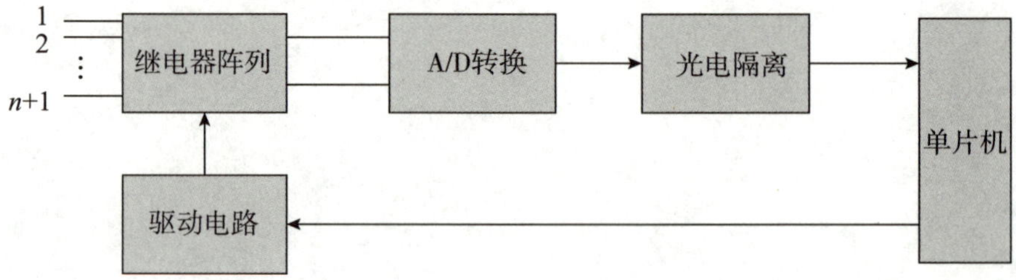

图 3 – 16　基于继电器阵列法的单体电池电压采集电路原理图

（二）恒流源法

恒流源电路进行单体电池电压采集的基本原理是，在不使用转换电阻的前提下，将单体电池端电压转化为与之呈线性变化关系的电流信号，以此提高系统的抗干扰能力。在串联单体电池组中，由于单体电池端电压就是单体电池组相邻节点间的电压差，故要求恒流源电路具有良好的共模抑制能力，一般在设计过程中多选用集成运算放大器来达到目的。由于设计思路和应用场合的不同，恒流源电路有不同的形式。图 3 – 17 为运算放大器和场效应管构成的减法运算恒流源电路。由运放的结构可知，该电路是具有高开环放大倍数，并带有深度负反馈结构的多级直接耦合放大电路，结构简单，共模抑制能力强，采集精度高，具有很好的实用性。

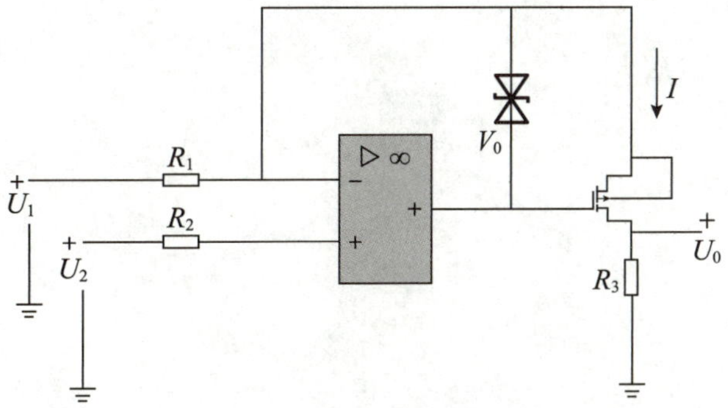

图 3－17　运算放大器和场效应管构成的减法运算恒流源电路

（三）隔离运放采集法

隔离运算放大器是一种能够对模拟信号进行电气隔离的电子元件，广泛用作工业过程控制中的隔离器和各种电源设备中的隔离介质。它一般由输入和输出两部分组成，二者单独供电，并以隔离层划分，信号从输入部分调制处理后经过隔离层，再由输出部分解调复现。隔离运算放大器非常适合用于单体电池电压采集，它能将输入的单体电池端电压信号与电路隔离，从而避免了外部干扰，可以提高单体电池电压采集的精度，可靠性强。虽然该电路性能优越，但是成本高。

（四）压/频转换电路采集法

利用压/频转换电路实现单体电池电压采集功能时，压/频转换器是关键元件，它是把电压信号转化为频率信号的元件，具有良好的精度、线性度和积分输入等特点。该采集方法不需要 A/D 转换，压控振荡器中含有电容器，而电容器的相对误差一般比较大，而且电容量越大，相对误差就越大。

（五）线性光耦合放大电路采集法

线性光耦合放大电路不仅具有很强的隔离能力和抗干扰能力，还能使模拟信号在传输过程中保持较好的线性度。该电路较复杂，精度影响因素较多。

二、温度采集

动力蓄电池在充放电过程中会产生热量，并在局部造成热量积累，使各处温度不均匀从而影响单体电池的一致性，严重时还会导致热失控。如果电池温度过低，会导致电池容量降低、行驶里程缩短等。电池的工作温度不仅影响电池的性能，而且直接关系到汽车使用的安全性。采集温度的主要方法有以下几种。

（一）热敏电阻采集法

热敏电阻采集法是最常用的温度采集方法，热敏电阻的阻值随温度的变化近似为线性变化，因此通过阻值的变化即可判断出温度的变化。热敏电阻采集温度的原理如图 3－18 所示。

温度为 －40 ℃：正常电阻的阻值为 241 ±20 Ω。

温度为 20 ℃：正常电阻的阻值为 13.6 ±0.8 Ω。

温度为 85 ℃：正常电阻的阻值为 1.6 ±0.1 Ω。

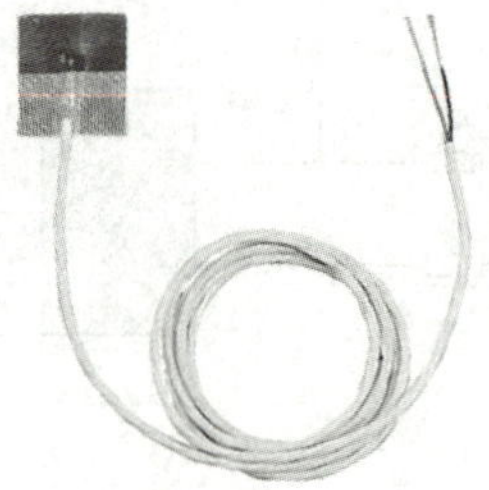

（a）热敏电阻温度传感器

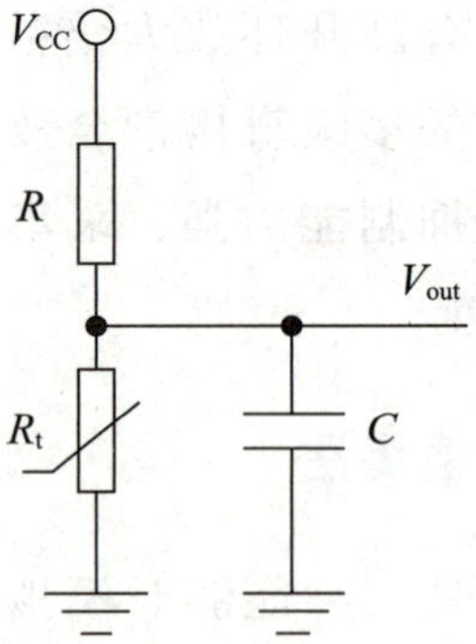

（b）温度传感器检测电器

图 3－18　热敏电阻温度检测电路

（二）热电偶采集法

热电偶的原理是双金属体在不同温度下会产生不同的热电动势，通过采集这个电动势的值就可以通过查表得到温度值。由于热电动势的值仅和材料有关，所以热电偶的准确度很高。但是，由于热电动势都是毫伏等级的信号，所以需要放大，外部电路比较复杂。

（三）集成芯片温度采集法

由于温度测量在日常生产、生活中越来越普遍，所以半导体生产商推出了很多集成温度传感器。有些专门针对电池管理系统设计的芯片集成了电压、电流以及温度的采集功能。

由于温度测量在生产、生活中应用越来越广泛，所以半导体生产商们推出了许多集成温度传感器。这些温度传感器虽然很多都是基于热敏电阻的，但在生产过程中都进行了校正，所以精度可以媲美热电偶采集法，而且直接输出数字量，很适合在数字系统中使用。

三、电流采集

动力电池充放电电流对动力电池管理系统具有重要意义，可用于电量管理和功率估算，防止过充电及过放电，是动力电池工作过程中最重要的参数，因此需要对电流信号进行测量和实时监控。常用的电流采集元件有分流器、互感器、霍尔元件电流传感器和光纤传感器等，各种元件的特点见表 3－2。

表 3－2　不同电流采集元件的特点

项目	分流器	互感器	霍尔元件电流传感器	光纤传感器
插入损耗	有	无	无	无
布置形式	须插入主电路	开孔、导线传入	开孔、导线传入	—
测量对象	直流、交流、脉冲	交流	直流、交流、脉冲	直流、交流
电气隔离	无隔离	隔离	隔离	隔离
使用方便性	小信号放大，须隔离处理	使用较简单	使用简单	—
适用场合	小电流、控制测量	交流测量、电网监控	控制测量	高压测量、电力系统常用
价格	较低	低	较高	高
普及程度	普及	普及	较普及	未普及

第三节 动力电池的 SOC 评估

电池电量管理（SOC）是电池管理的核心内容之一，对于整个电池状态的控制、电动车辆续驶里程的预测和估计具有重要的意义。

一、电池 SOC 和 SOH 状态估算功能

（一）SOC 和 SOH 估算

电池系统中最核心也是最难的一部分是电池剩余电量（SOC）和电池充放电倍率（SOH）的估算，如图 3－19 所示。SOC 估算常见的有安时积分法（SOCI）和开路电压标定法（SOCV）。安时积分最大的问题是随着时间的推移误差会越来越大；开路电压标定的问题是电池需要在静置很长时间以后，开路电压对应的 SOC 才是准确的。以汽车在行驶的时候采集的电压来标定 SOC 是不准确的。在实际使用中，一般以 SOCV 为主辅以 SOCI，也有用到卡尔曼滤波法、神经网络法来提高 SOC 的计算，但受限于 MCU 的运算速度和能力，整个算法的复杂度是有限制的。

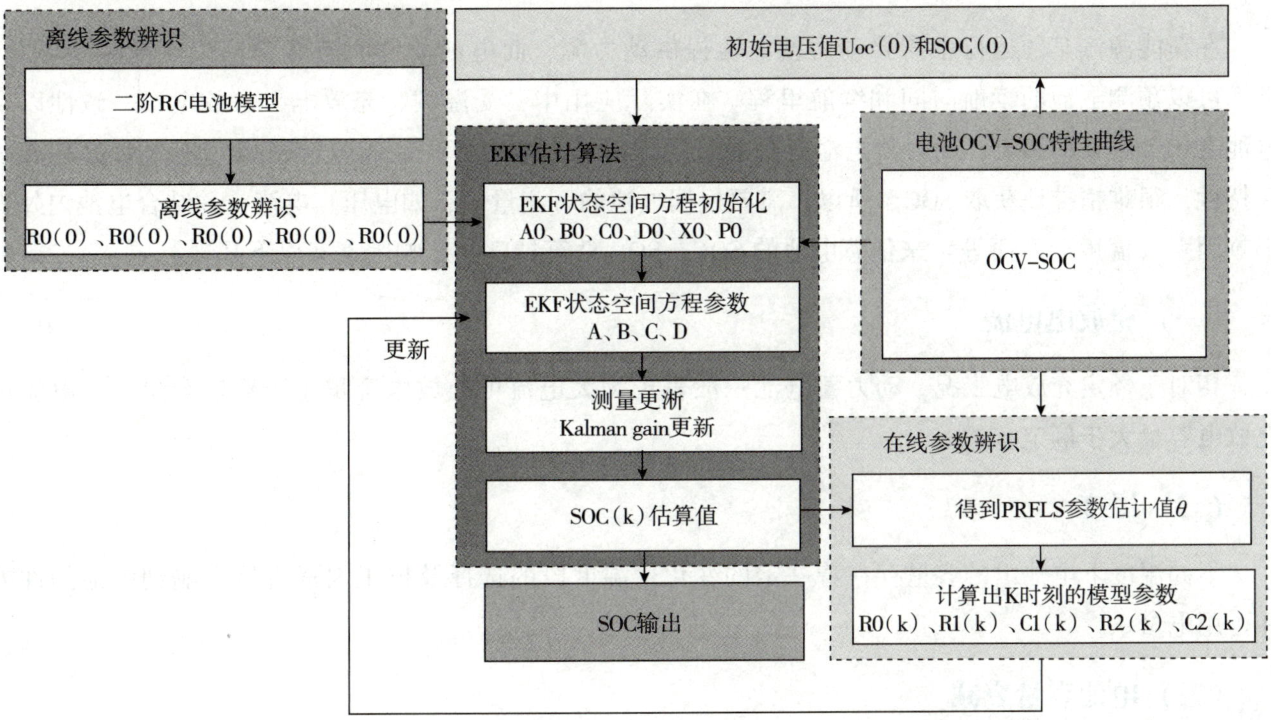

图 3－19　SOC 和 SOH 估算

为保证电动车的正常和安全行驶，电池管理系统必须实时监测电动车电池的电压数据，通过电

压采集电路和 A/D 转换实现电压数据的获取。由于水桶效应的存在，串联电池组的整体性能取决于电池组中性能最差的单体电池。

为了能够对串联电池组的能量使用进行有效管理，需要实时监视串联电池组中的单体电池状态。在表征电池状态的参数中，单体电池端电压最能体现其工作状态，是对电动汽车电池充放电方式选择、剩余电量计算、运行状态评估和对电池好坏分析的基本依据之一。同时，为了避免电池的不均衡性带来的局部过充/过放所引起的安全问题，要求电池管理系统必须对每个单体或几个单体电压进行精确测量。

（二）广义的剩余电量

电池中电荷的剩余量，即剩余电量（qremain），指的是从当前时刻起，某个电池内部通过化学反应所能释放出来的电荷量。可以类比于杯子里所装的水，其余量可以由杯子所能倒出的水的多少来反映。剩余电量可以用“安时”（A · h）为计量单位。

广义地说，剩余电量应该是所有可能发生的化学反应释放出来的电荷量的体现。这里所说的“所有”，指的就是在不损坏电池的前提下，选择适当的温度和放电倍率所能放出的电荷的最大值。

（三）狭义的剩余电量

狭义的剩余电量指的是在限定的温度条件和放电倍率下，电池所能放出的电荷的多少。例如，在比较低的温度下，水杯里有一部分的水结冰冻住了，剩余量就是那些还没结冰的能够倒出来的全部液态水。可见，狭义的剩余电量应该是温度和放电倍率的因变量。

二、影响电池 SOC 的主要因素

在新能源汽车的运行中需要动力蓄电池提供动力源，而电池荷电状态能够预测电池剩余电量，进而可以预测电池的续航时间和续航里程。在实际应用中，受温度、充放电、自放电、一致性以及电池老化等因素的影响，动力蓄电池自身能量的保持能力被破坏，造成容量衰减，使 SOC 呈现非线性特性，很难精准地获取 SOC。所以，需要根据电池的可测量值，如电压、电流，并结合电池内外界影响因素（温度、寿命等）来估算电池的 SOC。SOC 估算精度的影响因素有以下几项。

（一）充放电电流

相对于额定充放电工况，动力蓄电池一般表现为大电流可充放电容量小于额定容量、小电流可充放电容量大于额定容量。

（二）温度

不同温度下电池组的容量存在着一定的变化，温度段的选择及校正因素直接影响到电池的性能和可用电量。

（三）电池容量衰减

在充放电循环过程中，电池的容量会逐渐减少。因此，对电量的校正条件就需要不断地改变，这也是影响 SOC 估算精度的一个重要因素。

（四）自放电

电池内部的化学反应会产生自放电现象，使其在放置不用时，电量发生损失。自放电大小主要与环境温度有关，需要按实验数据进行修正。

（五）一致性

电池组的建模和容量估算与单体电池有一定的区别，电池组的一致性差别对电量的估算有很大的影响。电池组的电量估算是按照总体电池的电压来估算和校正的。如果电池差异较大，将导致估算的精度误差很大。

三、SOC 的校正

在目前的应用中，对 SOC 精度要求比较低的管理系统一般可以采用简单的开路电压法测量，而对 SOC 精度要求比较高的系统，通常选择库伦计量法。库伦计量法关键是应用过程中的校正，目前常用的方法是采用电压校正与开路电压法相结合的方式，使检测精度有所提高。

（一）开路电压校正

开路电压校正是指利用开路电压法或者应用工况中，充放电电流比较稳定的时间段的系统的电压情况来进行校正。

（二）温度影响的校正

SOC 的判定依靠电压、内阻、充电效率等参数，而温度对这些参数有显著影响。表 3－3 为在混合电动汽车应用中某一类 Ni/MH 电池的温度校正系数。温度校正系数可以通过试验方法来确定。

表 3－3　Ni/MH 电池充放电温度校正系数

序号	温度范围/ ℃	校正系数 KT/ ℃
1	＜－30	0. 75
2	－30～－20	0. 8
3	－20～0	0. 88
4	0～30	1
5	30～50	0. 85
6	50～65	0. 6
7	65 以上	0. 55

（三）自放电校正

各类电池的自放电是不相同的，即使同一类型的电池，不同厂家生产的电池自放电也是不一样的。自放电的校正可以根据实际测试结果来进行。一般在部分荷电状态下（50%～60%，尤其对于混合电动汽车应用），常温下搁置一定时间（4～7 天）计算其自放电率。测量不同温度下的自放电情况来进行校正。

第四节 动力电池能量管理

动力电池能量管理常被归入动力电池“优化管理”的范畴，它不属于动力电池管理系统必备的基本功能，以往有许多动力电池管理系统并不参与充电、放电管理，也不具备均衡控制管理的功能。但能量管理对于动力电池的整体性能有着重要的意义，甚至可以说，能量管理水平体现了一个动力电池管理系统的水平。在各种能量管理功能中，动力电池的均衡控制管理最具挑战性。

一、均衡控制管理及其意义

动力电池是由多个单体电池串联组成的，以满足所需电压和功率要求。在实际使用中，由于单体电池之间的差异，动力电池的容量只能达到最小的电池容量。在串联动力电池组中，虽然通过单体电池的电流相同，但是由于其容量不同，放电深度也会不同，容量大的总会欠充欠放，而容量小的总会过充过放，这就造成容量大的衰减缓慢、寿命长，容量小的衰减加快、寿命短，两者之间的差异会越来越大，最终小容量电池失效，导致动力电池提前失效。均衡控制管理的基本目的是在充电、放电或搁置过程中，通过外加电路对动力电池充放电电流进行调节，使应用过程中动力电池的电压达到较好的一致性，提高车辆的续航里程和动力电池的使用寿命。在单体电池的均衡控制中，均衡器是核心部件。目前国内外对车用动力电池的均衡，尤其是锂离子电池的均衡，进行了详细的研究，并有多种产品出现，基本原理就是根据单体电池的电压进行调控。

（一）均衡控制管理的基本模型

图 3－20 为动力电池的容量与剩余电量模型。

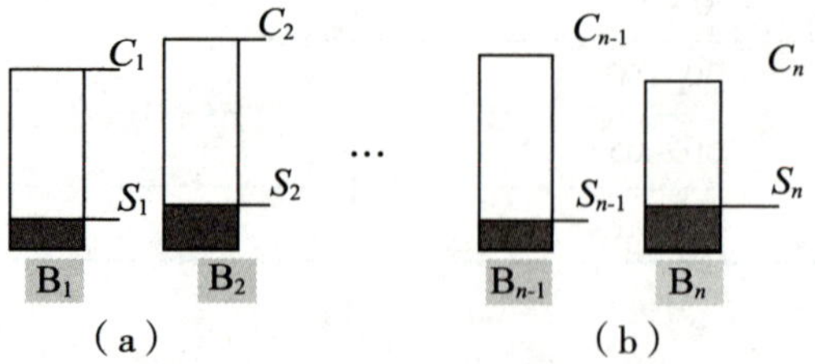

图 3－20　动力电池的容量与剩余电量模型

从模型中可以看出，在某个时刻，每个单体电池容量及剩余电量有可能不一致，因此有必要进行均衡控制管理。动力电池的不一致性是必然的，其原因主要在于以下两方面。

1. 生产制造过程导致的不一致

生产制造过程导致的不一致这主要指动力电池不一致的“先天部分”。作为化工产品，受材料、工艺等因素的制约，动力电池出厂时存在一定的不一致性。

2. 工作环境导致的不一致

工作环境导致的不一致动力电池的性能受工作环境的影响较大，影响动力电池性能的因素包括温度、振动等多方面，其中温度是影响动力电池不一致性的重要因素。

（二）均衡控制管理的意义

利用电子技术，使单体电池电压偏差保持在预期的范围内，从而保证每个单体电池在正常使用时不发生损坏。若不进行均衡控制管理，随着充放电循环的增加，各单体电池电压逐渐分化，使用寿命将大大缩减。采用了均衡控制管理的动力电池的整体性能将得到一定程度的改善。

1. 均衡控制管理有助于提升动力电池的整体容量

如果不对动力电池进行均衡控制管理，动力电池管理系统的保护机制会在动力电池中的某个单体电池充满电的时候就对整个动力电池停止充电，同样会在剩余电量最小的单体电池放完电的时候就对整个动力电池停止放电，这样就会造成整个动力电池的容量不能有效发挥。

2. 均衡控制管理有助于控制动力电池的充放电深度

如果把动力电池从完全放空到完全充满的整个过程中 SOC 的变化记为 0 ~ 100%，则在实际应用中，最好让每个单体电池都工作在 5% ~95% 的区间。因为荷电状态大于 95% 时，单体电池容易形成过充，同时容易发生一些不可逆转的化学反应，从而影响动力电池的寿命；类似地，荷电状态小于 5% 时，单体电池容易形成过放电，同时也容易发生一些不可逆转的化学反应，从而影响动力电池的寿命。

二、均衡控制管理的分类

均衡控制管理的方法多种多样，而且新方法层出不穷，对这些均衡控制管理的方法进行分类是比较困难的，因为采用不同的分类标准将导致不同的分类结果。这里采用表格的形式对常见的一些分类标准及主要类型进行归纳，见表 3 –4。

表 3 –4　均衡控制管理的分类标准及主要类型

序号	分类标准	主要类型
1	按均衡电路的拓扑结构分	集中式均衡、分布式均衡
2	按均衡的作用过程分	放电均衡、充电均衡、双向均衡
3	按是否对动力电池所带的电荷进行保护分	耗散型均衡、非耗散型均衡
4	按均衡控制的触发时机分	主动均衡、被动均衡

应该指出的是，均衡方法的分类没有绝对的标准，按不同分类标准划分的各个方法之间也没有明显的界限。各个方法之间也没有绝对的优胜者，应该根据实际需求及成本预算等多方面的因素选择最合适的方案，非耗散型均衡、双向均衡等是未来高性能均衡方案的主流。

（一）集中式均衡与分布式均衡

集中式均衡是指整个动力电池采用一个均衡器，通过逆变分压等技术对动力电池能量进行分配，以实现单体电池与动力电池之间的能量传递均衡。在分布式均衡中，均衡模块由单体电池专用。图 3－21为典型的集中式均衡拓扑结构。

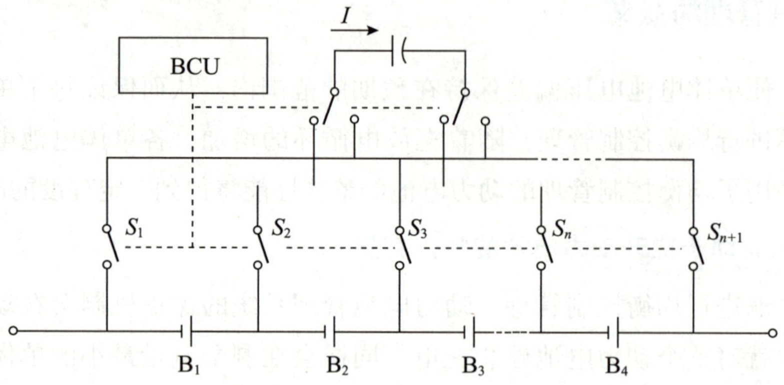

图 3－21　典型的集中式均衡拓扑结构

图 3－22 为典型的分布式均衡拓扑结构，给每个单体电池并联一个旁路电阻，并利用一个开关控制均衡操作。

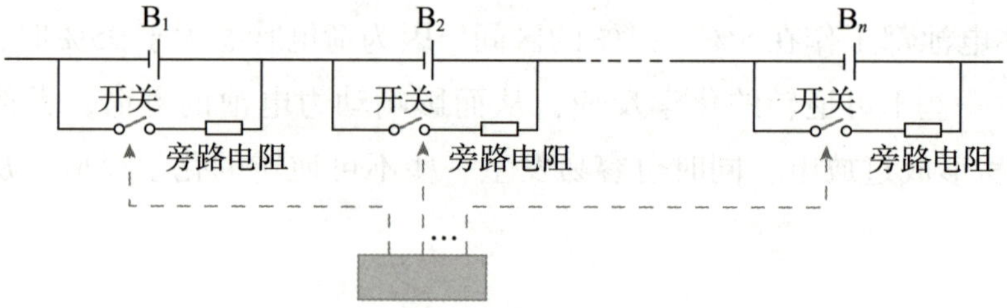

图 3－22　典型的分布式均衡拓扑结构

（二）放电均衡、充电均衡与双向均衡

放电均衡是指在放电过程中实现各个单体电池间的均衡，以保证放电过程中能够将动力电池中每个单体电池的剩余容量放至0，而不会出现有的单体电池已放电完全，有的单体电池尚有电量的情况。放电完全之后，用恒定电流以串联充电的方式对动力电池进行充电，直到动力电池中任何一个单体电池的剩余容量达到100%时结束充电，如图 3－23 所示。

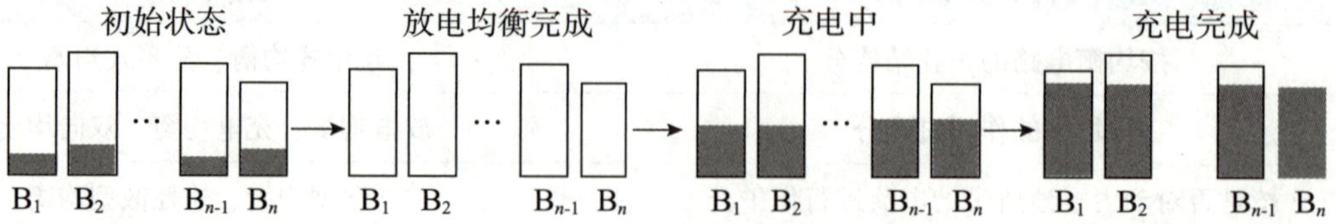

图 3－23　放电均衡

放电均衡的缺点是能量损耗过多（例如，在动力电池剩余容量还比较多的情况下，进行放电均衡代价过大）；放电均衡需要把动力电池剩余容量放空，从而提高了放电深度，有可能影响动力电池循环寿命。

充电均衡是指在充电过程中采用上对齐均衡充电方式实现各个单体电池间的均衡，以保证充电过程中能够将动力电池中每个单体电池的容量都充至100%，如图3－24所示。

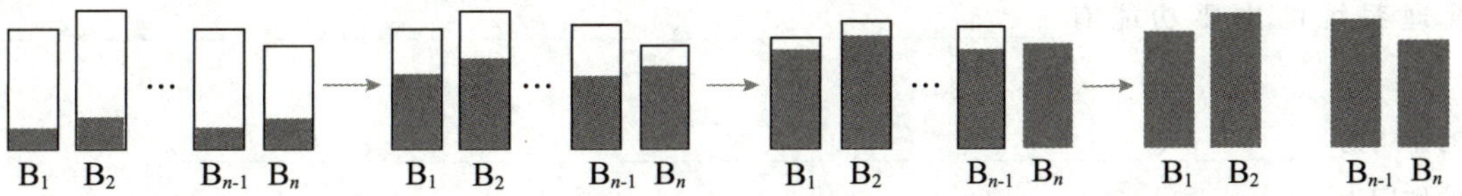

图3－24　充电均衡

充电均衡可以保证每一个单体电池的实际容量在充电过程中都发挥出功效。但是，充电均衡对放电过程没有做任何控制，整个动力电池的放电容量取决于容量最小的单体电池。与放电均衡相反，充电均衡对于动力电池处于任何荷电状态下都适用。

双向均衡综合了放电均衡和充电均衡两者的优点，在充电和放电过程中都使用均衡控制，既能保证每一个单体电池都能放电到SOC为0，又能保证每一个单体电池都充电到SOC为100%。

（三）耗散型均衡与非耗散型均衡

耗散型均衡是指利用并联电阻的方式将动力电池中荷电较多的单体电池的能量消耗掉，直到与组内其他单体电池达到均衡。该方法的实现过程为：定时检测各个单体电池的电压，当某些单体电池的电压超过动力电池平均电压时，接通这些高能单体电池的并联电阻，使它们的一部分能量消耗在并联电阻上，直到它们的电压等于动力电池平均电压。耗散型均衡控制逻辑简单，硬件上容易实现，成本较低，是早期均衡控制最常用的方案。电阻耗能的同时会发热，对于纯电动汽车而言，存在通风不好导致过热的安全隐患。

非耗散型均衡（也称无损均衡）是指利用中间储能元件和一系列开关元件将动力电池中荷电较高的单体电池的能量转移到荷电较低的单体电池中，以达到均衡目的。其用到的中间储能元件一般有电容和电感两种，正好可以弥补耗散型均衡的缺点，但它也存在着控制逻辑电路复杂等缺点。

需要指出的是由于器件损耗，非耗散型均衡并不能做到真正的无损。但是，在同样的初始状态下，采用非耗散型均衡的总体能耗要比耗散型均衡小，因此非耗散型均衡是未来发展的主流。

实践操作

更换动力蓄电池组内部组件

一、接受工作任务
新能源汽车维修服务站对一辆事故车进行维修，经过诊断发现其动力蓄电池组正负极接触器烧结，请按照安全规范对动力蓄电池内部正负极接触器进行更换，并按实训工单完成学习任务。

二、信息收集
1. 电池管理系统主要由________、________和________组成。 2. 电池管理系统的主要功能有________、________、________、________、________、________、________、________。 3. 主控盒的作用为________、________、________、________、________、________。 4. 从控盒的作用为________、________、________、________。 5. 高压盒的作用为________、________、________、________、________。 6. 预充电阻的作用是____________。
三、制订计划
1. 根据实训任务要求制订作业计划。

作业计划

序号	作业项目	操作要点

2. 根据作业计划完成小组成员任务分工。

操作人		记录员	
监护人		展示员	

作业注意事项

（1）举升车辆时严格遵守举升机的使用方法，禁止在车底嬉戏打闹。

（2）台架内含 300 V 以上高压电，严禁用手直接触摸高压回路导体部分。

（3）实训过程中严禁私自拆解任何动力蓄电池系统的内零部件。

（4）若实训过程中出现故障时，务必第一时间中止实训，并报备实训指导教师。

检测设备/工具/材料

序号	名称	数量	清点
			□已清点
			□已清点
			□已清点
			□已清点
			□已清点
			□已清点

四、计划实施

1. 拆装准备。

拆装时需要准备的场地安全措施有________________。

工具安全措施有________________。

2. 拆除动力蓄电池盖上的铆钉，拆卸动力蓄电池盖。注意：动力蓄电池盖与动力蓄电池之间有密封胶，拆盖后需重新密封。

3. 拆除动力蓄电池上覆盖的隔热棉。

隔热棉的作用是________、________。

4. 拆除接触器盖。

接触器盖拆卸工具为________ mm 规格的六角扳手。

5. 拆卸动力蓄电池母线固定螺栓，断开动力蓄电池母线铜排，拆卸接触器盒固定螺栓，拆下接触器盒。

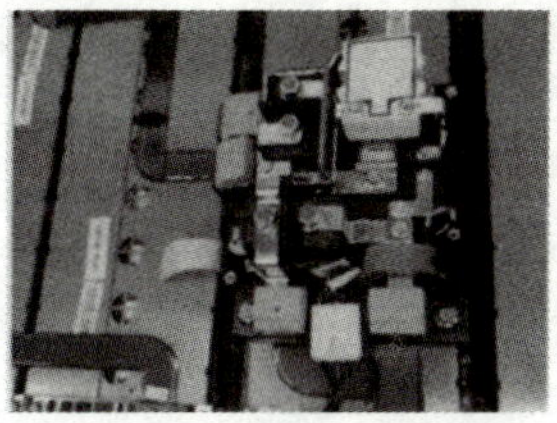

接触器盒固定螺栓的规格为________。

6. 拆卸预充电阻连接片螺栓，取下预充电阻连接片，拆下预充电阻固定螺栓，取出预充电阻，测量预充电阻的阻值。

预充电阻的阻值为________ Ω。

7. 拆卸正负极接触器连接片固定螺栓、连接片，取下大电流保险，并测量保险阻值。

测量大电流保险所用的仪器为________，保险的阻值为________ Ω。

8. 断开正极接触器控制线束插头，拆卸正极接触器固定螺栓，取下正极接触器，检测正极接触器的线圈和触点是否正常。

正极接触器的线圈电阻为________Ω，不通电触点的电阻为________Ω，通电触点的电阻为________Ω。

是否正常：□是　　□否

9. 断开负极接触器控制线束插头，拆卸负极接触器固定螺栓，取下负极接触器，检测负极接触器的线圈和触点是否正常。

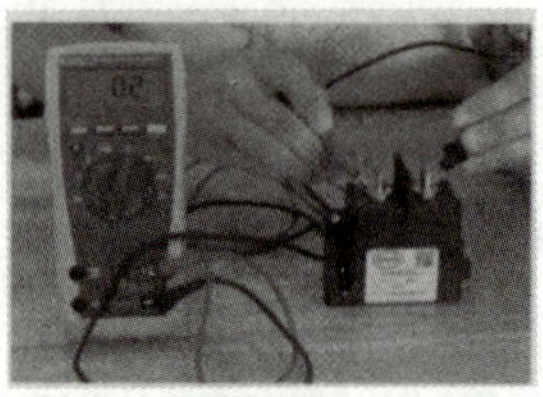

负极接触器的线圈电阻为________Ω，不通电触点的电阻为________Ω，通电触点的电阻为________Ω。

是否正常：□是　　□否

10. 断开预充接触器控制线束插头，拆卸预充接触器固定螺栓，取下预充接触器，检测预充接触器的线圈和触点是否正常。

预充接触器的线圈电阻为________Ω，不通电触点的电阻为________Ω，通电触点的电阻为________Ω。

是否正常：□是　　□否

11. 更换烧结的正负极接触器，按拆卸的相反顺序安装。注意：大电流保险按电流方向安装，不得装反。

动力蓄电池安装完毕后，使用动力蓄电池专用诊断仪对动力蓄电池进行检查和调试；打开点火开关，查看仪表是否能够正常上电。

整车能否上电：□能　　□不能

五、质量检查

请实训指导教师检查本组作业结果，并针对实训过程出现的问题提出改进措施及建议。

序号	评价标准	评价结果
1	规范使用设备仪器，恢复场地	
2	作业计划完善且保证安全实施	
3	准确测量、记录数据，分析合理	
4	正确展示团队实训成果	
综合评价	☆☆☆☆☆	
综合评语（作业问题及改进建议）		

六、评价反馈
请根据在课堂中的实际表现进行自我评价和小组评价。
自我评价：________________。 小组评价：________________。

实训成绩单

项目	评分标准	分值	得分
接受工作任务	明确工作任务及结果要求	5	
信息收集	掌握工作相关知识及操作要点	15	
制订计划	按照计划顺利且高效地完成工作任务	10	
计划实施	做好安全防护	20	
	正确拆装单体电池	10	
	正确拆装 BMS	15	
	正确拆装接触器组件	15	
质量检查	按照要求完成相应任务	5	
评价反馈	经验总结到位，评价合理	5	
得分（满分 100）			

课程思政

动力电池产业发展增速　打造新能源汽车“强心脏”

发展新能源汽车是我国从汽车大国迈向汽车强国的必由之路，是应对气候变化、推动绿色发展的战略举措。随着造车“新势力”相继登台亮相，传统车企加快探索转型之路，新能源汽车行业发展势头强劲。

加快发展新能源汽车是党中央、国务院做出的重大战略决策。自 2012 年国务院发布《节能与新能源汽车产业规划（2012—2020）》以来，在各项政策支持和各方共同努力下，我国新能源汽车产业一直保持良好的发展势头。截至 2020 年 11 月，我国新能源汽车保有量达到 492 万辆，连续 5 年位居世界首位。动力电池是新能源汽车的“心脏”，在新能源汽车产业发展的带动下，我国动力电池产业发展也取得显著成绩。

1. 装车规模持续领先

我国已形成长三角、珠三角、京津冀等动力电池产业集聚区，行业总产能占全球50%以上。截止2020年11月，我国动力电池装车量累计达到254 GW · h，继续保持全球领先；其中，三元电池装车量为133.5 GW · h，占总装车量的52.6%，磷酸铁锂电池装车量为112.6 GW · h，占总装车量的44.3%。

2. 技术水平显著提升

三元和磷酸铁锂电池是市场主流的电池产品类型，其中，三元电池技术进步明显，规模应用产品单体比能量从2012年的150～160瓦时/公斤提升到280～300瓦时/公斤，提高约2倍，销售价格从3元/瓦时下降至0.7元/瓦时，下降76%；磷酸铁锂单体电池比能量从2012年的100～110瓦时/公斤提升到170～190瓦时/公斤，提高1.7倍，销售价格从3元/瓦时下降至0.6元/瓦时，下降80%。

3. 产业体系不断完善

经过近几年的快速发展，我国已形成了结构完整的动力电池产业体系。正极、负极、电解液、隔膜四大主材的产品质量大幅提升，骨干企业成本控制能力持续增强，国内外市场占有率稳步提高。国产制造装备技术参数达到国际先进水平，自动化生产程度和智能制造能力不断提升，现阶段，动力电池全套生产装备国产化率达到90%以上，关键工序装备国产化率达到80%。

4. 产业布局日趋合理

我国动力电池产业集中度大幅提高，企业小、散、乱现象得到显著改善，前三家动力电池企业配套量占比由2016年的54.7%提高到2020年72.2%；从2018年起，我国动力电池规划或在建项目较2017年明显减少，中小企业盲目扩产项目大幅减少，产业投资逐渐回归理性。

未来，面临严峻的全球化竞争态势，我国新能源汽车动力电池产业在保持全球产业地位的同时，还要不断加快创新脚步，持续提升技术水平，保障产业健康有序增长。要重点聚焦在“提质”“降本”“保安全”三个方面。

一要加快提升动力电池产品质量。2019年各国家相继推出台新能源汽车发展规划，欧洲传统整车企业纷纷加快布局，产业发展进入一个新高潮，面对严峻的竞争环境，我国动力电池企业都将提升产品质量管控提到一个新的重视高度，通过严格控制生产制造过程的各关键工艺，增加产品在线检测等手段，进一步提升产品良品率，提高动力电池产品一致性、可靠性，从产品质量方面提升产品的竞争力。

二要持续降低动力电池产品成本。根据中国汽车动力电池产业创新联盟统计测算，2020年我国磷酸铁锂电池和三元电池售价分别降至0.6元/瓦时和0.7元/瓦时，根本原因依赖于动力电池技术水平进步、规模化和上游原材料价格下降等因素。随着产业持续发展，整车企业对动力电池降本的要求进一步提高，未来动力电池企业降本的压力仍然巨大。

三要坚持守住动力电池产品安全底线。近两年，随着新能源汽车车型的增多，销量的增大，安全事故的数量也随着增多，其中由动力电池故障导致的安全事故占了较大比例。未来，企业要高度重视产品安全，从产品设计、开发、试制生产及售后等多个环节做好产品的安全控制，不断通过新的安全技术的应用提升产品的安全性能，提升产品安全一致性，提高产品综合性能。

2020 年 10 月 20 日，国务院办公厅印发《新能源汽车产业发展规划 2021—2035》，是今后一个时期我国新能源汽车产业发展的重要指导文件。我们认真做好贯彻落实工作，始终坚持以创新驱动发展、以需求引领方向，抢抓战略机遇，巩固良好势头，不断提升产业核心竞争力，推动新能源汽车产业高质量可持续发展。

（来源：人民网，“展望新能源汽车产业”系列观察之一）

思考练习

一、填空题

1. 动力电池管理系统的英文简称为__________。

2. 纯电动汽车动力电池管理系统可以监测电池的____________、____________、____________状态，预测动力电池的__________和__________，可以为动力电池提供通信、安全、电芯平衡及管理控制，并提供与应用设备通信的接口。

3. 动力电池管理系统按结构可分为硬件和软件，其中硬件包括__________、从控盒和__________，还包括采集__________、__________、__________等电子器件。

4. 单体电池电压采集方法有__________、__________、__________、压/频转换电路采集法、线性光耦合放大电路采集法。

5. 按照均衡的作用过程，均衡控制管理可以分为____________、____________、____________三种类型。

二、简答题

1. 什么是动力蓄电池管理系统？
2. 动力蓄电池的基本功能有哪些？
3. 简述单体电池电压采集有哪些方法。
4. 影响电池 SOC 的主要因素有哪些？
5. 动力电池管理系统中的均衡控制管理的意义是什么？

第四章
新能源汽车动力电池的充电系统

本章导读

新能源汽车以动力电池作为动力源，想要获得更多的续航里程，就要及时对动力电池进行充电。新能源汽车上安装有车载充电系统是车辆主要的能源补给系统，为保障车辆持续行驶提供动力能源。

学习目标

1. 了解电动汽车动力电池充电技术及装置。
2. 掌握电动汽车动力电池常见的充电方式和方法。
3. 熟悉动力电池的充电注意事项。
4. 了解电动汽车充电系统的组成及工作原理。
5. 掌握电动汽车充电系统维护的主要作业内容。
6. 了解电动汽车充电机类型及发展趋势。

素质目标

1. 培养学生尊重学习、热爱学习，具备可持续发展能力。
2. 增强安全第一的操作意识，培养学生踔厉奋发、科技强国的意识和信念。

第一节 动力电池的充电

一、电动汽车充电技术

电动汽车产业能否得到快速发展，充电技术是关键因素之一。智能、快速的充电方式成为电动汽车充电技术发展的趋势。

蓄电池充电装置是电动汽车不可缺少的系统之一，它的功能是将电网的电能转化为电动汽车车载蓄电池的电能。

（一）电动汽车对充电装置的要求

1. 安全性

电动汽车充电时，要确保人员的人身安全和蓄电池组的安全。

2. 使用方便

充电装置应具有较高的智能性，不需要操作人员过多干预充电过程。

3. 成本经济

成本经济、价格低廉的充电设备有助于降低整个电动汽车的成本，提高运行效益，促进电动汽车的商业化推广。

4. 效率高

高效率是对现代充电装置最重要的要求之一，效率的高低对整个电动汽车的能量效率具有重大影响。

5. 对供电电源污染要小

采用电力电子技术的充电设备是一种高度非线性的设备，会对供电网及其他用电设备产生有害的谐波污染，而且由于充电设备功率因数低，在充电系统负载增加时，对其供电网的影响也不容忽视。

（二）电动汽车充电装置的类型

电动汽车充电装置的分类有不同的方法。总体上可分为车载充电装置和非车载充电装置。

（1）车载充电装置是指安装在电动汽车上的采用地面交流电网或车载电源对电池组进行充电的

装置。车载充电装置包括车载充电机、车载充电发电机组和运行能量回收充电装置。它将一根带插头的交流动力电缆线直接插到电动汽车的插座中给电动汽车充电。车载充电装置通常是使用结构简单、控制方便的接触式充电器，也可以是感应充电器。它完全按照车载蓄电池的种类进行设计，针对性较强。

（2）非车载充电装置，即地面充电装置，主要包括专用充电机、专用充电站、通用充电机、公共场所充电站等，如图 4－1 所示。它可以满足各种电池的充电方式。通常非车载充电器的功率、体积和重量均比较大，以便能够适应各种充电方式。

另外，根据对电动汽车蓄电池充电时的能量装换的方式不同，充电装置可以分为接触式和感应式。

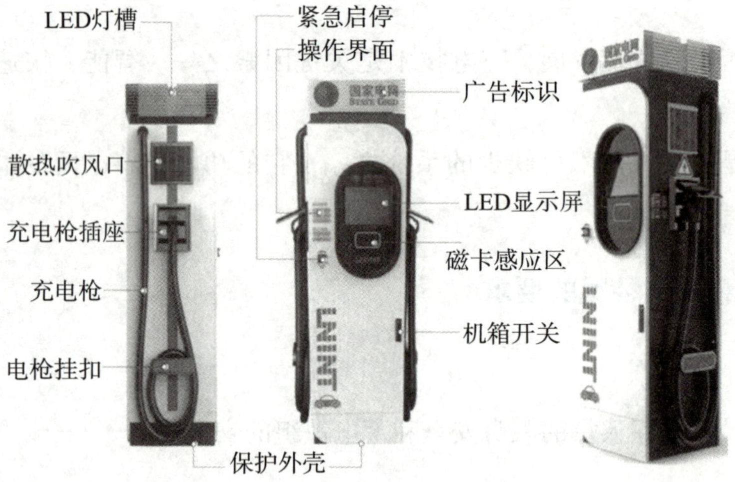

图 4－1　非车载充电装置示意图

（三）电动汽车充电方法

电动汽车蓄电池充电方法主要有恒（定）流充电、恒（定）压充电和脉冲快速充电，可根据具体情况选择一种充电方法或几种方法的组合方法，现代智能型蓄电池充电器可设置不同的充电方法。

1. 恒流充电

恒流充电是指充电过程中使充电电流保持不变的一种动力电池充电方法。恒流充电具有较大的适应性，容易将蓄电池完全充足，有益于延长蓄电池的寿命。缺点是在充电过程中，需要根据逐渐升高的蓄电池电动势调节充电电压，以保持电流不变，充电时间也较长。

恒流充电是一种标准的充电方法，有以下四种充电方法。

（1）涓流充电：即为补偿自放电，使蓄电池保持在近似完全充电状态的连续小电流充电，主要用来弥补电池在充满电后由于自放电而造成的容量损失。该方法对满充电的电池长期充电无害，但对完全放电的电池充电，电流太小。

（2）最小电流充电：是指在能使深度放电的电池有效恢复电池容量的前提下，把充电电流尽可能地调整到最小的方法。

（3）标准充电：即采用标准速率充电，充电时间为 14 h。

（4）高速率（快速）充电：即在 3 h 内就给蓄电池充满电的方法，这种充电方法需要自动控制电路保护电池不损坏。

2. 恒压充电

恒压充电是指充电过程中保持充电电压不变的充电方法，充电电流随蓄电池电动势的升高而减小。合理的充电电压，应在蓄电池即将充足时使其充电电流趋于 0 A。如果电压过高，会造成充电初期充电电流过大和过充电；如果电压过低，则会使蓄电池充电不足。充电初期若充电电流过大，则应适当调低充电电压，待蓄电池电动势升高后再将充电电压调整到规定值。

恒压充电的优点是充电时间短，充电过程无须调整电压，较适合于补充充电；缺点是不容易将蓄电池完全充足，充电初期大电流对极板会有不利影响。

3. 脉冲充电

脉冲充电前期包括涓流区和恒流区。当电池电压上升到上限电压（4.2 V）时，进入脉冲充电模式。单体三元锂离子电池的脉冲充电曲线如图 4－2 所示。

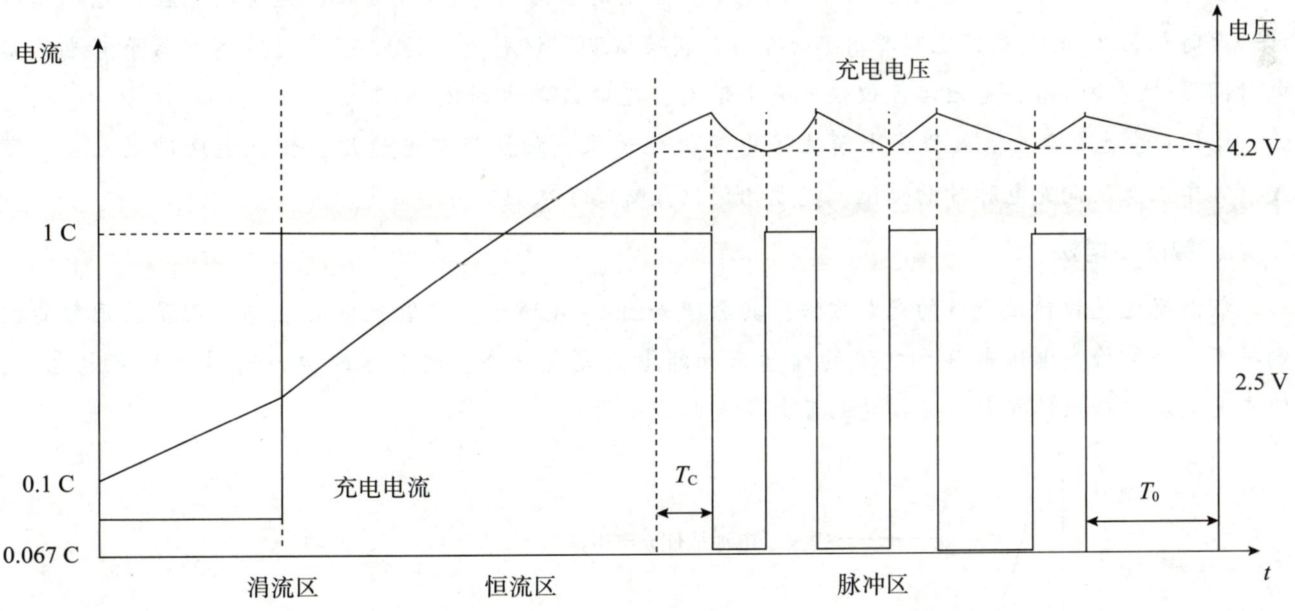

图 4－2　脉冲充电曲线

进入脉冲充电模式后，继续用 1 C 的电流为电池充电，使电池端电压继续上升。当电压上升到截止电压（＞4.2 V）后，充电电流下降为 0.067 C 或者 0 A，为已经到达电池负极表面的锂离子继续向负极扩散提供时间，这时电池端电压逐渐下降。当电池电压下降到设定的 4.2 V 后，充电设备恢复充电，开始下一个充电周期。在脉冲充电过程中，随着电池荷电量的增大，停充时间 t 逐渐变长，充电脉冲的占空比逐渐减小。当充电脉冲的占空比低至 5%～10% 时，认为电池已经充满，终止充电。

与常规充电方法相比，脉冲充电能以较大的电流充电，可以利用停充期消除电池的浓差极化和欧姆极化，使下一轮的充电更加顺利。除此之外，脉冲充电还具有充电速度快、温度变化小、对电池寿命影响小等优点，因而目前被广泛使用。脉冲充电的缺点是对电压检测精度、控制精度要求较高，增加了充电成本。

知识拓展

1. Reflex 充电

Reflex 快速充电方法又被称为反射充电方法或“打嗝”充电方法。该充电方法是在每个充电工作周期对电池施加正向充电、反向瞬间放电和停充三个过程。Reflex 充电曲线如图 4－3 所示。

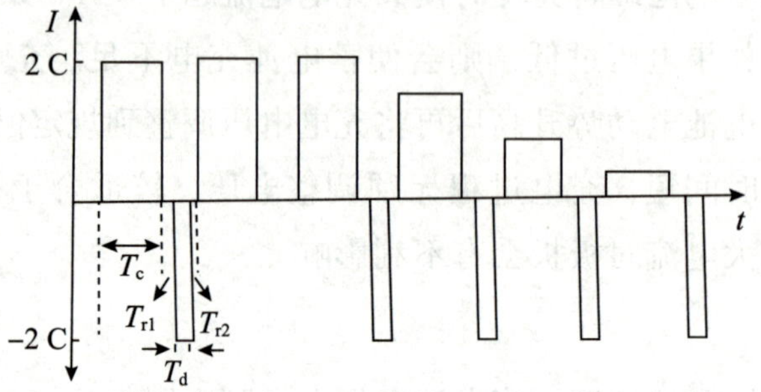

图 4－3　Reflex 充电曲线

在每个充电周期中，先采用 2 C 电流充电，充电时长为 Tc，然后进入停充阶段，在停充期间设计一个时长为 T_d 的反向充电脉冲（$Tc > T_d$）。实验证明，这种充电方法可以使单体锂离子电池的充电时间提升到 40 min，电池温度仅仅升高 1.1 ℃，充电效率达到 87.51%。

Reflex 快速充电在很大程度上解决了电池极化现象，加快了充电速度，但充电脉冲的幅值、宽度、频率以及反向充电脉冲的幅值、宽度的优化策略尚不成熟。

2. 智能充电法

智能充电是目前较先进的充电方法，其原理如图 4－4 所示。智能充电的主要原理是应用智能控制技术，通过检查电池电压和电流的增量来判断电池充电状态，动态跟踪电池可接受的充电电流，使充电电流自始至终在电池可接受的最大充电曲线附近。

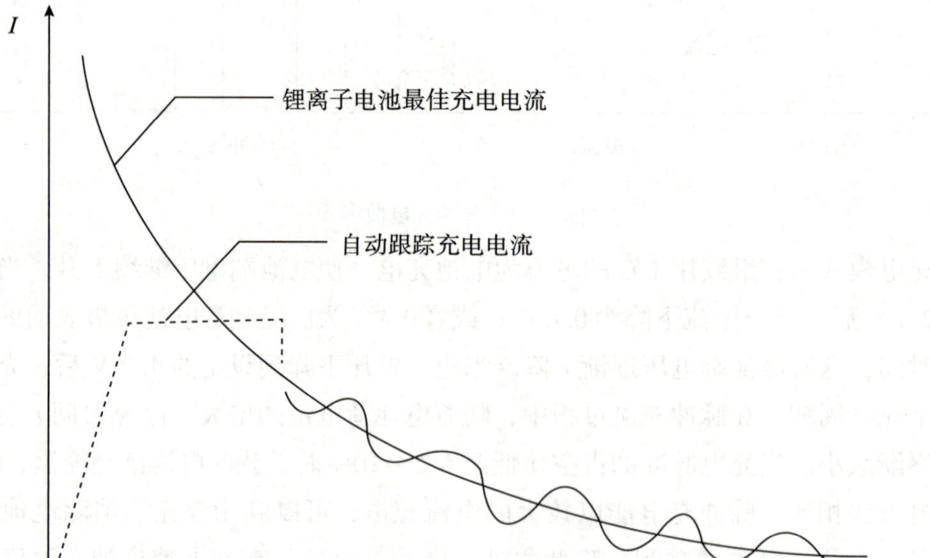

图 4－4　智能充电原理图

智能充电控制系统结合了神经网络与模糊控制等技术，既具有模糊控制器善于表达人类的经验知识、推理能力强等特点，又具有神经网络控制器直接从控制数据中学习知识、学习能力强等特点。实验证明，智能充电法在充电过程中电压变化平稳，充电时间短，因此作为模糊自适应控制方案中的一种，在未来将受到越来越多的重视。

（来源：新浪网，锂电池快充的奥秘）

（四）电动汽车充电方式

电动汽车充电方式主要有慢速充电方式、快速充电方式、快速换电池充电方式、无线充电方式和移动式充电方式。

1. 慢速充电方式

慢速充电方式如图 4－5 所示，一般以较小的交流电流进行充电，充电时间通常为 6～10 h，一般利用晚间进行充电。充电时可以采用晚间低谷电价，有利于降低充电成本。但是难以满足使用者紧急或者长距离行驶需求。慢充一般采用单相 220 V/16 A 交流电源。通过车载充电机对电动汽车进行充电，车载充电机可采用国标三口插座，基本不存在接口标准的问题。电动汽车慢充一般可直接在家用电的情况下和小型充电站进行充电。小型充电站如街边、超市、办公楼、停车场等处都安装有慢速充电桩。

图 4－5　慢速充电方式

2. 快速充电方式

快速充电方式（图 4－6）以 150～400 A 的高充电电流在短时间内为蓄电池充电，其目的是在短时间内给电动汽车充满电。快速充电方式可以解决续航里程不足时电能补给问题，但是对电池寿命有影响，因电流较大，对技术、安全性要求也较高。快速充电方式的特点是高电压、大电流，充电时间短（约 1 h）。一般在大型充电站多采用这种充电方式。

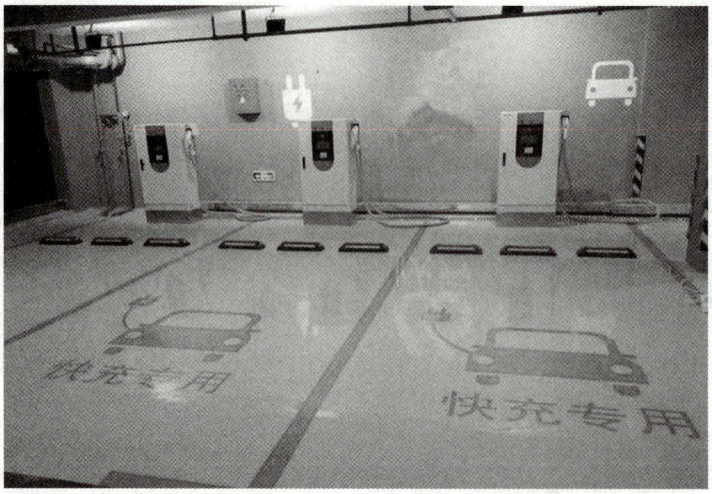

图 4－6　快速充电方式

3. 快速换电池充电方式

快速换电池充电方式（图 4－7）是通过直接更换车载电池的方式补充电能，即在动力电池电量耗尽时，用充满电的动力电池更换已经耗尽的动力电池。快换电池充电方式可以在充电站也可在专用换电站完成，一般由换电机器人完成。换电机器人将耗尽电量的动力电池换下后，放入充电架直接充电，然后将充满电的动力电池安装在电动汽车上，换电时间与燃油汽车加油时间相近，大约需要5～10 min。这种方式的优点是电动汽车电池不需现场充电，更换电池时间较短，但要求电池的外形、容量等参数完全统一，同时，还要求电动汽车的构造设计能满足更换电池的方便性和快捷性。

图 4－7　快速换电池充电方式

4. 无线充电方式

无线充电方式（图 4－8）其原理就像在车里使用的移动电话，将电能转换成一种符合现行技术标准要求的特殊的激光或微波束，在汽车顶上安装一个专用天线接收即可。有了无线充电技术，公路上行驶的电动汽车或双能源汽车可通过安装在电线杆或其他高层建筑上的发射器快速补充电能。电费将从汽车上安装的预付卡中扣除。

图 4-8　无线充电方式

5. 移动式充电方式

对电动汽车蓄电池而言，最理想的情况是汽车在路上巡航时充电，即所谓的移动式充电（MAC）。这样，电动汽车用户就没有必要去寻找充电站、停放车辆并花费时间去充电了。MAC 系统埋设在一段路面之下，即充电区，不需要额外的空间。目前主要有接触式和感应式的 MAC 系统两种。对接触式的 MAC 系统而言，需要在车体的底部装一个接触拱，通过与嵌在路面上的充电元件相接触，接触拱便可获得瞬时高电流，当电动汽车巡航通过 MAC 区时，其充电过程为脉冲充电。对于感应式的 MAC 系统，车载式接触拱由感应线圈所取代，嵌在路面上的充电元件由可产生强磁场的高电流绕组所取代。由于机械损耗和接触拱的安装位置等因素的影响，接触式的 MAC 应用前景不大。

二、电动汽车常用充电设备

电动汽车常用充电设备主要是充电桩，有公共充电桩、专用充电桩、家用充电桩、插座充电。公共充电桩主要是按照标准协议设计的充电装置，专用充电桩是按照某一品牌充电要求设计的专供该车型充电的装置，家用充电桩是专门为方便车主在家里充电的装置，插座充电就是普通的家用插座（但必须符合额定电流和功率的要求）。

按照充电方式分为常规充电（又称慢充）及快速充电（又称快充）两种方式。

（一）充电桩实物

新能源汽车的充电方式

1. 快速充电桩

快速充电桩即直流充电桩，是指采用直流充电模式为电动汽车动力电池总成进行充电的充电机。直流充电模式是以充电机输出的可控直流电源直接对动力电池总成进行充电的模式。直流充电桩输入为额定电压 380 V（1 ±10%），（50 ±1）Hz 的三相交流电。三相四线制，可提供足够大的功率（60 kW、120 kW、200 kW 甚至更高），输出的电压和电流调整范围大，可实现快充，一般安装在高速公路旁的充电站。

快速充电桩的工作原理如图 4-9 所示，左边是非车载充电机（即直流充电桩），右边是电动汽车，两者通过车辆插座相连，中间是通过充电线连接的充电接口。

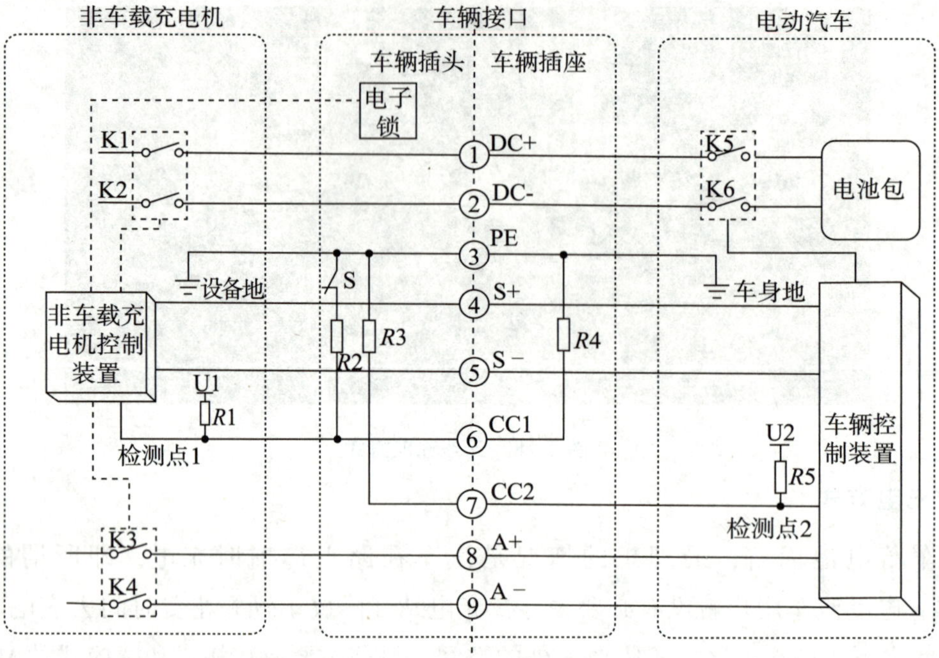

图 4-9　快速充电桩的工作原理图

快速充电分为五个阶段，即车辆接口连接确认阶段、直流充电桩自检阶段、充电准备就绪阶段、充电阶段、充电结束阶段。

车辆接口连接确认阶段如图 4-10 所示，当按下枪头按键时，插入车辆插座，再放开枪头按键。充电桩的检测点 1 将检测到 12 V-6 V-4 V 的电平变化。一旦检测到 4 V，充电桩将判断充电枪插入成功，车辆接口完全连接，并将充电枪中的电子锁进行锁定，防止枪头脱落。

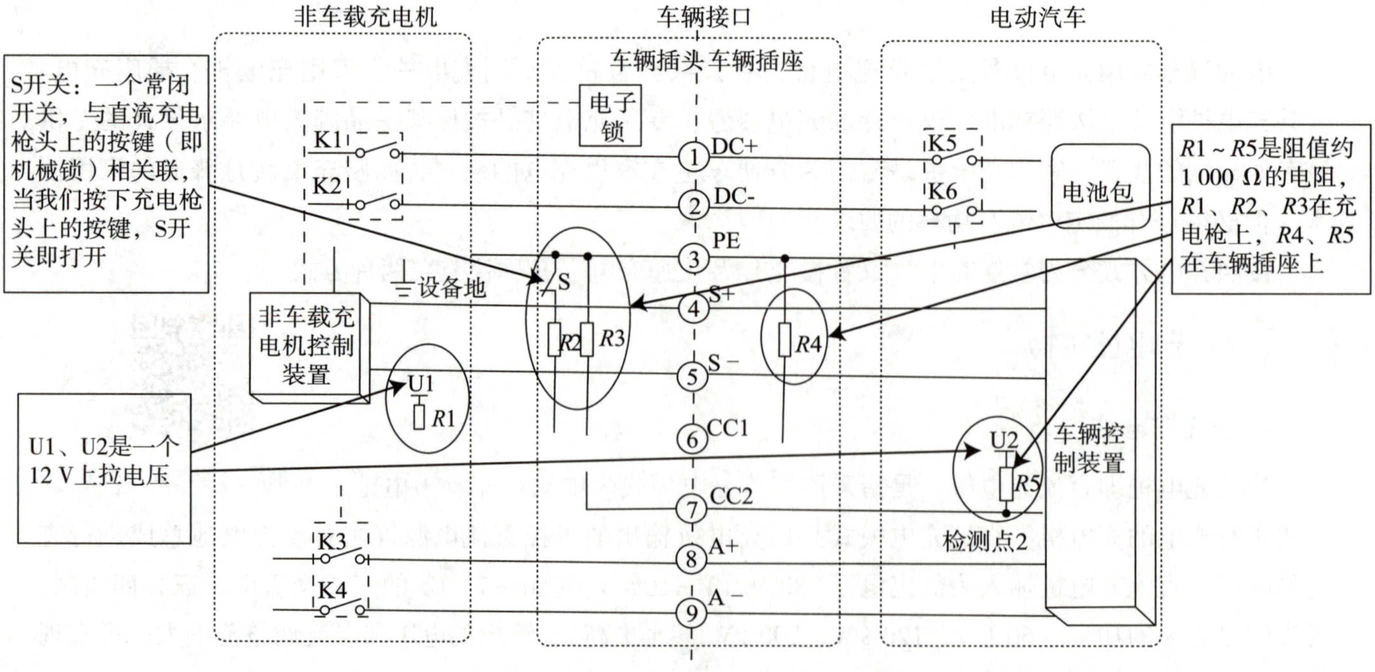

图 4-10　车辆接口连接确认阶段工作原理图

直流充电桩自检阶段如图 4－11 所示，在车辆接口完全连接后，充电桩将闭合 K3、K4，使低压辅助供电回路导通，为电动汽车控制装置供电（有的车辆不需要供电。车辆得到供电后，将根据监测点 2 的电压判断车辆接口是否连接，若电压值为 6 V，则车辆装置开始周期发送通信握手报文），接着闭合 K1、K2，进行绝缘检测。所谓绝缘检测，即检测 DC 线路的绝缘性能，保证后续充电过程的安全性。绝缘检测结束后，将投入泄放回路泄放能量，并断开 K1、K2，同时开始周期发送通信握手报文。

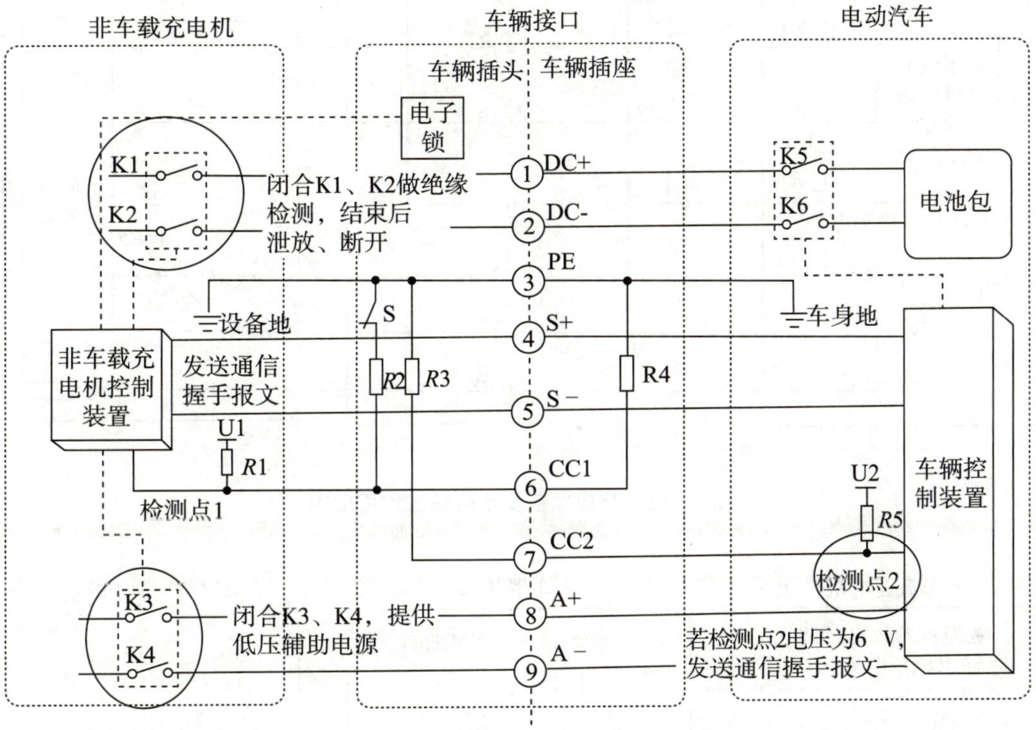

图 4－11　直流充电桩自检阶段工作原理图

充电准备就绪阶段如图 4－12 所示，该阶段是电动汽车与直流充电桩相互配置的阶段，车辆控制 K5、K6 闭合，使充电回路导通，充电桩检测到车辆端电池电压正常（电压与通信报文描述的电池电压误差≤±5%，且在充电桩输出最大、最小电压的范围内）后闭合 K1、K2，那么直流充电线路导通，电动汽车就准备开始充电了。

充电阶段如图 4－13 所示。在该阶段，车辆向充电桩实时发送电池充电需求的参数，充电桩会根据该参数实时调整充电电压和电流，并相互发送各自的状态信息（充电桩输出电压、电流，车辆电池电压、电流、SOC 等）。

充电结束阶段如图 4－14 所示。在该阶段，车辆会根据 BMS 是否达到充满状态或是否收到充电桩发来的“充电桩中止充电报文”来判断是否结束充电。满足以上充电结束条件，车辆会发送“车辆中止充电报文”，在确认充电电流小于 5 A 后断开 K5、K6。充电桩在达到操作人员设定的充电结束条件，或者收到汽车发来的“车辆中止充电报文”，会发送“充电桩中止充电报文”，并控制充电桩停止充电，在确认充电电流小于 5 A 后断开 K1、K2，并再次投入泄放电路，然后再断开 K3、K4。

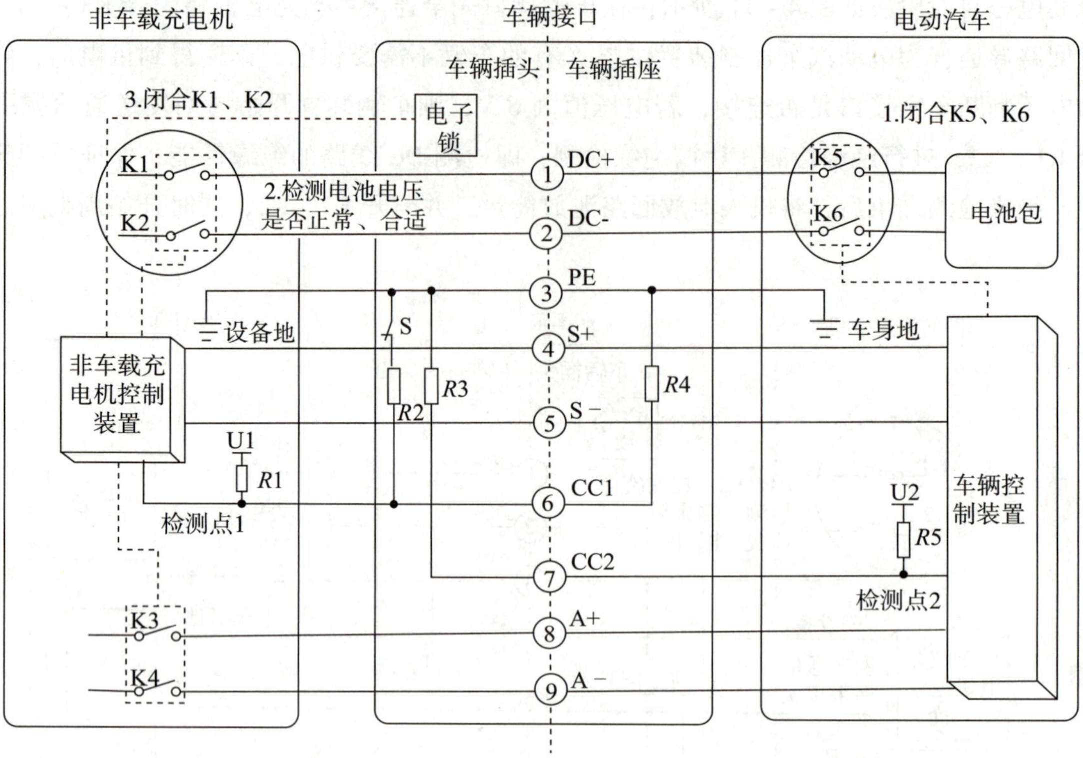

图 4－12　充电准备就绪阶段工作原理图

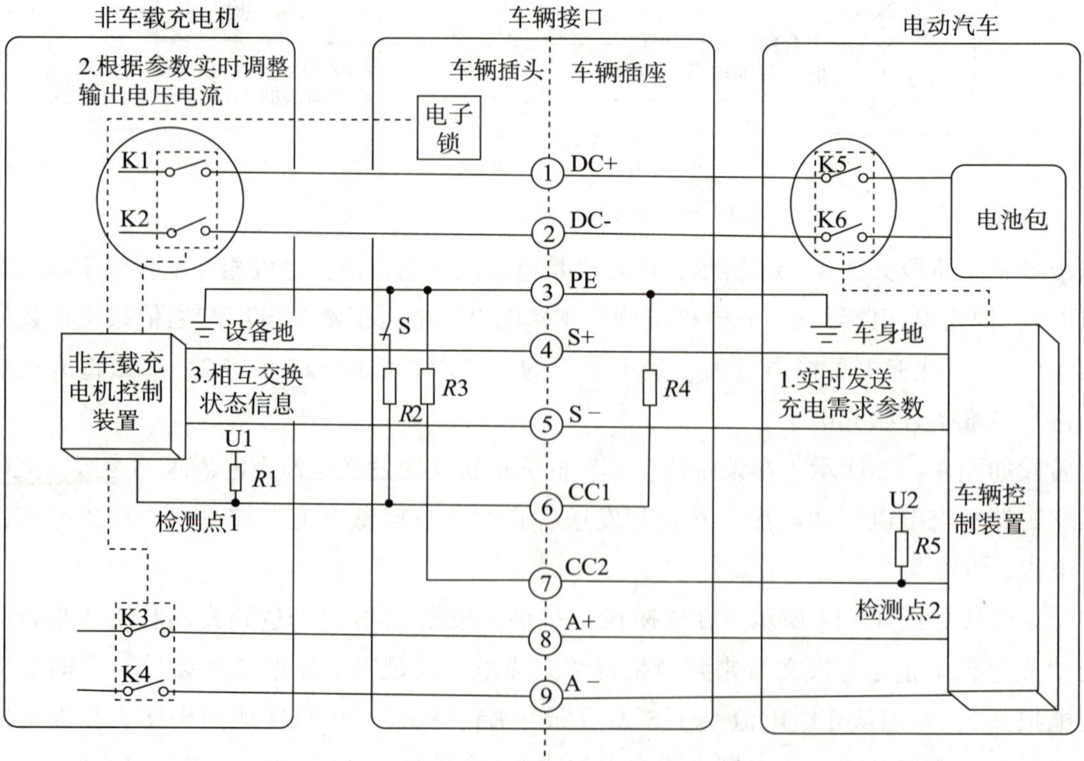

图 4－13　充电阶段工作原理图

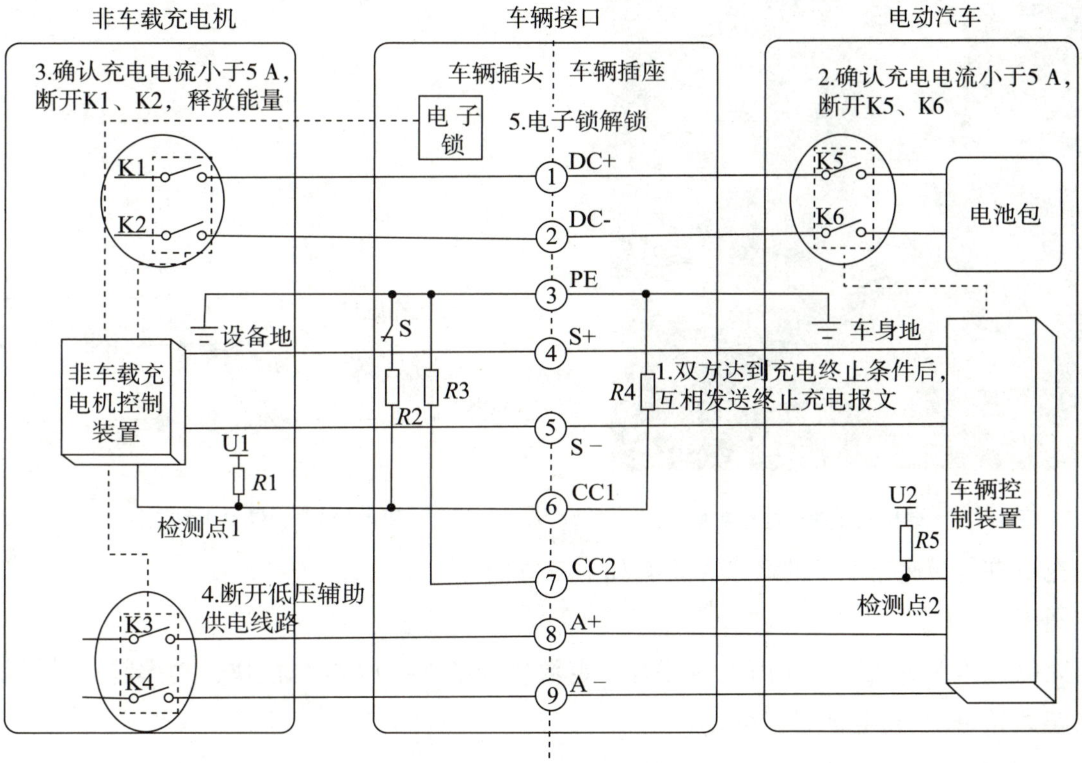

图 4－14　充电结束阶段工作原理图

2. 慢速充电桩

慢速充电桩即为交流充电桩，是指采用交流充电模式为电动汽车动力蓄电池总成进行充电的充电设备。交流充电模式是以三相或单相交流电源，通过车载充电机的整流变换，将交流电变换为高压直流电给动力电池进行供电。交流充电模式的特征是充电机为车载充电机。对于功率≤5 kW的交流充电机，输入为额定电压 220 V（1 ±10%）、(50 ±1) Hz 的单相交流电。对于功率 >5 kW 的交流充电机，输入为额定电压 380 V（1 ±10%）、(50 ±1) Hz 的三相交流电。

图 4－15　落地式慢速充电桩实物图

慢速充电桩即一般的常规充电模式（慢充），外形分为落地式（图 4－15）和壁挂式（图 4－16）。交流充电桩输出单相/三相交流电，通过车载充电机转换成直流电给车载电池充电，功率较小，充电速度较慢，一般安装在小区、停车场等地。充电桩的交流工作电压为 220 V（1 ±15%），额定输入功率为 3.5 ~7 kW，充满电需要 8 h 左右，造价低廉，安装普遍。

交流充电桩的工作原理如图 4－17 所示，在确认与电动汽车的连接状态和可提供的最大工作电流参数后，向车载充电机提供交流电，在确认充满电后，断开交流电。在充电期间，实现电能计量和安全监测等，充电结束后，实现电费结算和数据记录等。

图 4－16　壁挂式慢速充电桩实物图

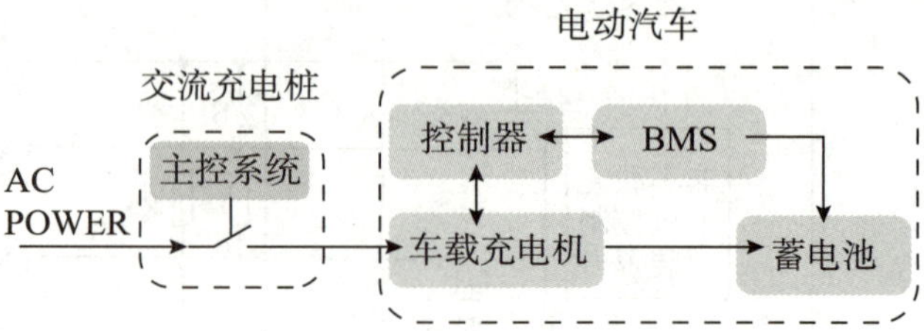

图 4－17　快速充电桩工作原理

快速充电桩与慢速充电桩的区别主要有如下三方面。

（1）外观

快速充电桩体型比较粗犷（由于内部有一定数量的 AC－DC 电源模块，功率越高，模块数量越多，桩体越大），慢速充电桩比较小。

（2）充电接口

充电枪头（充电线路）不一样，直流充电桩是 9 线插头，交流充电桩是 7 线插头。

（3）充电电流和充电功率

快充的快是由于充电电压、电流不同造成的，电流越大充电越快，当快要充满时，改用恒压，这样可以防止电池过充，也能够达到保护电池的作用。快速充电会使用较大的电流和功率，会对电池组寿命产生一定的影响。快充还需要配套设备，如转换交流/直流电，这样成本也会上升。慢充的充电电流和功率都相对较小，对电池寿命影响小，而且用电低峰时充电成本低。

（二）充电接口及位置

一般电动汽车都会设计两个充电接口，即快充接口和慢充接口。快充接口位置（直流充电）一般在前车标下，为快速充电站设计，单次充电一般需 1 h 左右。慢充接口位置（交流充电）一般在以前燃油车的油箱盖加油口处，如图 4－18 所示。

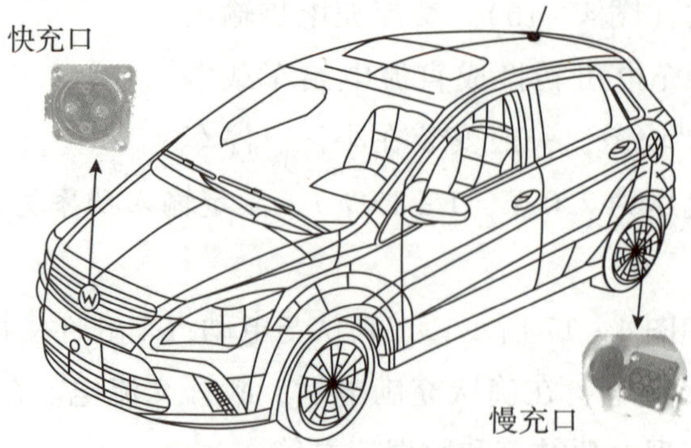

图 4－18　电动汽车充电接口位置

（三）充电线

随车配置的充电线主要有两种，一种是适合在家里充电使用的家用交流慢速充电线，如图 4－19 所示；另一种是适合在小型充电站与交流充电桩配合使用的慢速充电线，如图 4－20 所示。

图 4－19　家用交流慢速充电线

图 4－20　交流充电桩慢速充电线

快速充电线一般直接与快速充电桩置于一体。交流充电桩配合使用的慢速充电线接头与充电桩和车辆慢充口的连接如图 4－21 所示。

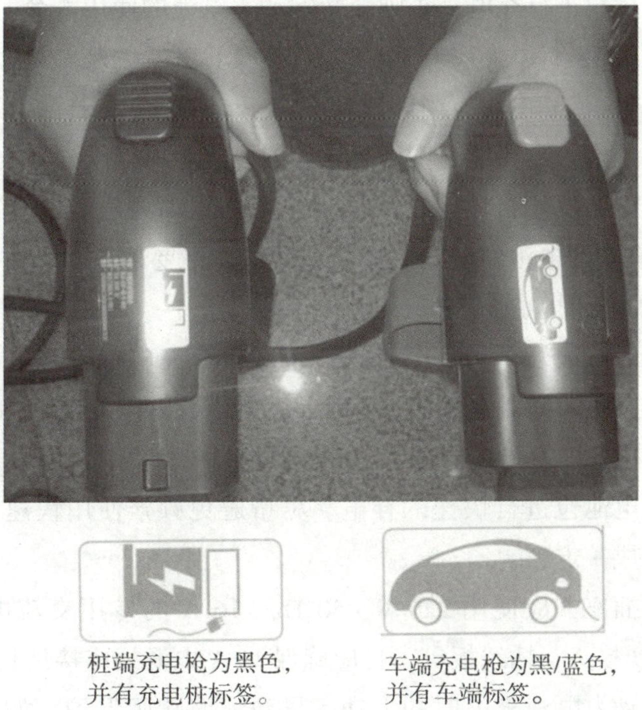

图 4－21　交流充电桩慢速充电线接头连接标记

三、动力电池的充电注意事项

（一）充电安全警告

充电安全警告，需要注意以下几点。

（1）充电前需确认车的状态是否良好，充电设备是否正常。不使用没有国家许可生产和检验合格标识的充电桩。

（2）不要修改或者拆卸充电设备及相关端口，这样可能导致充电故障，引起火灾。

（3）充电前请确保车辆、供电设备和充电连接装置的充电端口内没有水或外来物，金属端子没有生锈或者腐蚀造成的破坏或者影响。因为不正常的端子连接可能导致短路或电击，威胁生命安全。

（4）如果在充电时发现车里散发出一种不同寻常的气味或者冒烟，请立即停止充电。

（5）为了避免造成严重的人身伤害，车辆正在充电时，不要接触充电端口，当有闪电时，不要给车辆充电或触摸车辆，闪电击中可能导致充电设备损坏，引起人身伤害。

（6）充电结束后，不要用湿手或站在水里去断开充电连接装置，否则可能引起电击，造成人身伤害。

（7）车辆行驶前请确保充电连接装置从车辆充电口断开，如果连接充电装置，整车不能正常行驶。

（二）充电注意事项

当组合仪表中的电量表指针指向表盘中的红色区域时，表示动力电池电量低，需要尽快充电。一般不要在电量完全耗尽后再进行充电，否则会影响动力电池的使用寿命。

不要将车辆搁置在超过 55 ℃以上或低于 -25 ℃环境下超过一天。交流充电时，当电池温度高于 50 ℃或低于 -20 ℃时，或直流充电时，当电池温度高于 55 ℃或低于 -10 ℃时，车辆将不能正常充电，需做电池降温或保温处理。当环境温度低于 0 ℃时，充电时间要比正常时间长，充电能力较低。

动力电池在搁置过程中会发生自放电现象，用户在搁置动力电池时，要确保动力电池处于半电状态（50% ~60%）。搁置动力电池的时间不要太长，最多不要超过 3 个月。不要在动力电池电量低（SOC 约 10% ~20%）的情况下停放超过 7 天。

电动汽车长期不使用时，最好每隔一个月进行一次慢充充电保养。电动汽车长期停放后的首次使用前需进行均衡充电，充电时间需在 8 h 的基础上适当延长以完成充电均衡。

当车辆需要在短时间内快速补电，并在有快速充电桩的条件下，可以对车辆进行快速充电。快速充电可以在短时间内将电池包进行快速的补电。尽量避免频繁使用快速充电，频繁快速充电可能会对动力电池组的性能造成一定影响。

家用交流充电用电源插座，应使用 220 V、50 Hz、16 A 的专用交流电路和电源插座（空调插座），不允许使用外接转换接头、插线板等，且应确保 16 A 电源插座接地良好。专用交流电路是为了避免线路破坏或者由于给动力电池充电时的大功率导致线路跳闸保护，如果没有使用专用线路，可能影响线路上其他设备的正常工作。

停止充电时应先断开交流充电连接装置的车辆插头，再断开电源端供电插头。

为了避免对充电设备造成破坏，禁止如下操作：禁止在充电插座塑料口盖打开的状态下关闭充电口盖板；禁止用力拉或者扭转充电电缆；禁止使充电设备承受撞击。禁止把充电设备放在靠近加热器或其他热源处。

第二节 电动汽车充电系统的维护

一、电动汽车充电系统概述

电动汽车充电系统主要包含外部的充电桩、充电线和充电枪，还有纯电动汽车内部的车载充电机、高压控制盒、动力电池和 DC/DC 变换器等，其框架结构如图 4－22 所示。

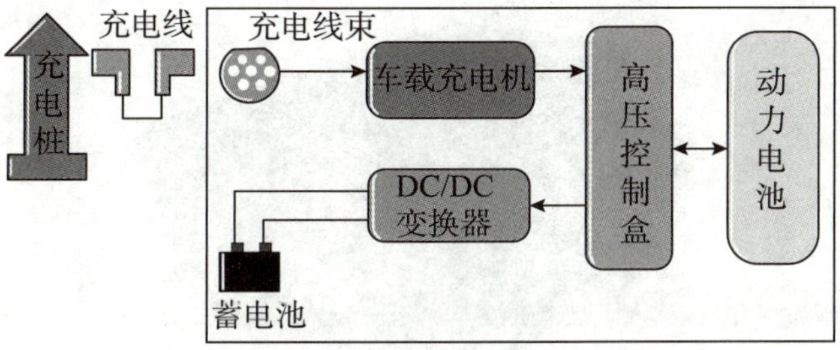

图 4－22　电动汽车充电系统组成

车载充电机又称交流充电机，安装于电动汽车上，通过插座和电缆与交流插座连接，以三相或单相交流电源向电动汽车提供充电电源。车载充电机的优点是不管车载蓄电池在任何时候、任何地方需要充电，只要有充电机额定电压的交流插座，就可以对电动汽车进行充电。车载充电机的缺点是受电动汽车的空间限制，功率较小，输出充电电流小，蓄电池充电的时间较长。车载充电机与充电电源连接有三种形式，分别如图 4－23、图 4－24 和图 4－25 所示。

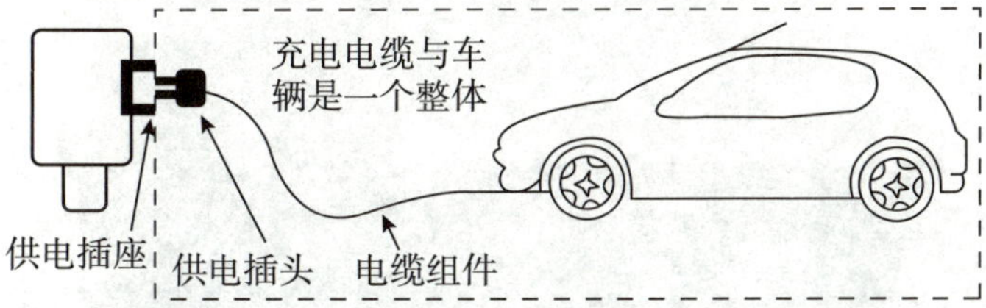

图 4－23　充电电缆与车辆构成一个整体，与充电插座分开示意图

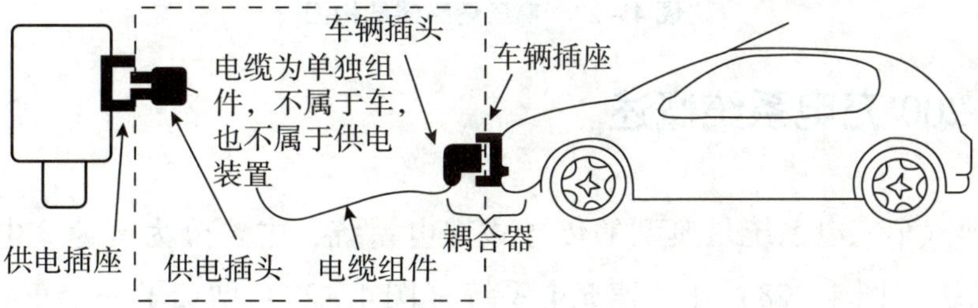

图 4－24　充电电缆与车辆和充电插座均分开示意图

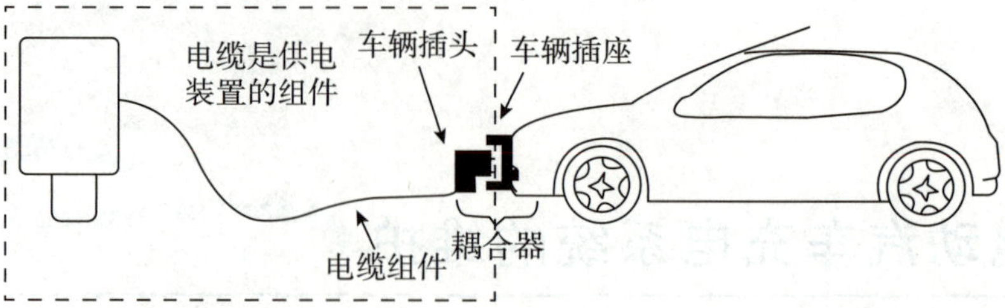

图 4－25　充电电缆与车辆分开，与充电插座构成整体示意图

DC/DC 变换器（图 4－26）是将一种直流电变换为另一种直流电的装置，主要对电压、电流实现变换，它在电动汽车中起着能量转换和传递的作用。DC/DC 变换器分为单向 DC/DC 和双向 DC/DC。单向 DC/DC 的能量只能单向流动，而双向 DC/DC 指保持变换器两端的直流电压极性不变的前提下，根据需要改变电流的方向，从而实现能量双向流动的直流－直流变换器。双向 DC/DC 可以实现能量回收，其应用空间更加广阔。

图 4－26　DC/DC 变换器结构图

高压控制盒（图 4－27）是整车高压电的一个电源分配的装置，类似于低压电路系统中的电器熔断器，高压熔断器 PDU 是由很多高压继电器、高压熔丝组成，它内部还有相关的芯片，以便同相关模块实现信号通信，确保整车高压用电安全。

图 4－27　高压熔断器结构图

二、北汽 EV200 充电系统概述

北汽 EV200 电动汽车充电系统是典型的传导式充电系统，主要分为慢速充电系统和快速充电系统。其中慢速充电系统（图 4－28）比快速充电系统（图 4－29）增加了一个车载充电机，主要是方便车辆在没有快速充电桩的情况下对动力电池充电。

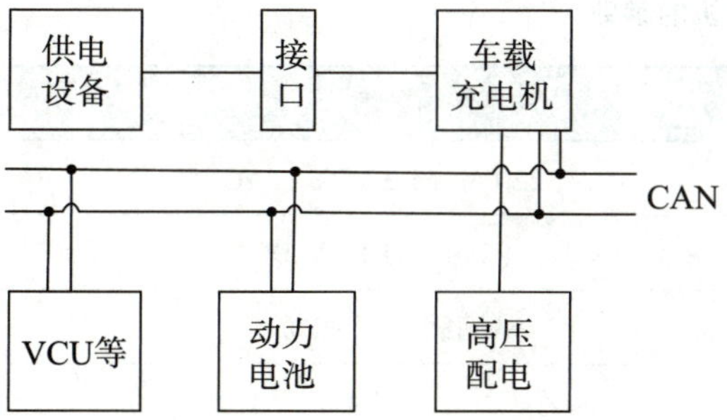

图 4－28　慢速充电系统示意图

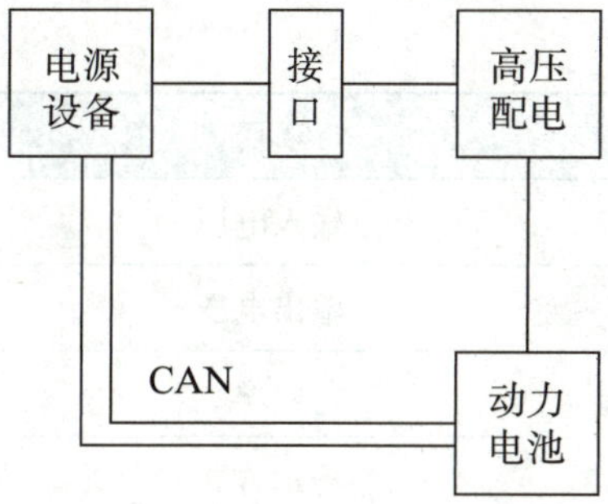

图 4－29　快速充电系统示意图

北汽 EV200 电动汽车的慢速充电系统中的主要部件有车载充电机、高压配电盒、DC/DC 变换器和高压线束等。

车载充电机将 220 V 交流电转换为动力电池的直流电，实现电池电量的补给。车载充电机共有三个接口，分别为交流输入端、直流输出端、低压通信端，交流输入端主要与慢充充电口连接，直流输出端主要与动力电池连接，低压通信端主要与低压电池连接，同时还与控制系统进行通信。车载充电机结构如图 4－30 所示。

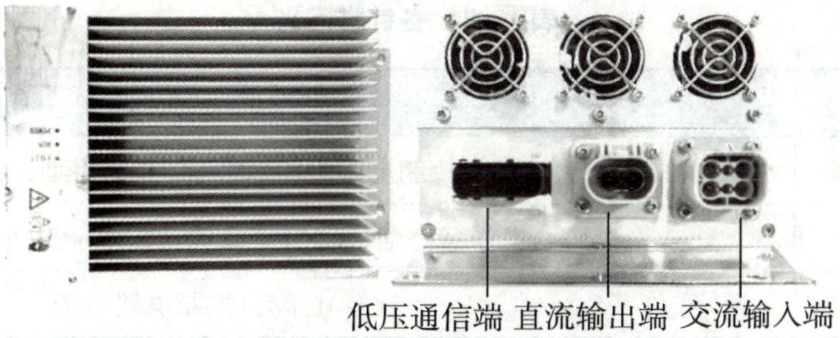

图 4－30　车载充电机结构图

车载充电机各针脚的连接情况如图 4－31 所示，1、2、3、C*、A*5 个针脚分别组成高压输入端，其中 1 号接交流电源火线（L）、2 号接交流电源零线（N）、3 号车身搭铁，C* 为充电连接确认线，A* 为充电控制确认线。A8、A11、A13、A5、A9、A1、A2 针脚构成低压通信端，其中 A8、A2 针脚为车载充电机搭铁线，A1、A9 分别为 CAN－L 线和 CAN－H 线，A5 为互锁输出端（到高压盒低压插件），A13 为互锁输入端（到空调压缩机低压插件），A11 为充电连接确认信号输出（至 VCU），A15、A16 分别为慢充唤醒信号线和电源正极（常电）。

车载充电机相对于传统工业电源，具有效率高、体积小、耐受恶劣工作环境等特点。车载充电机工作过程中需要协调充电桩、BMS 等部件。该车载充电机的参数见表 4－1。

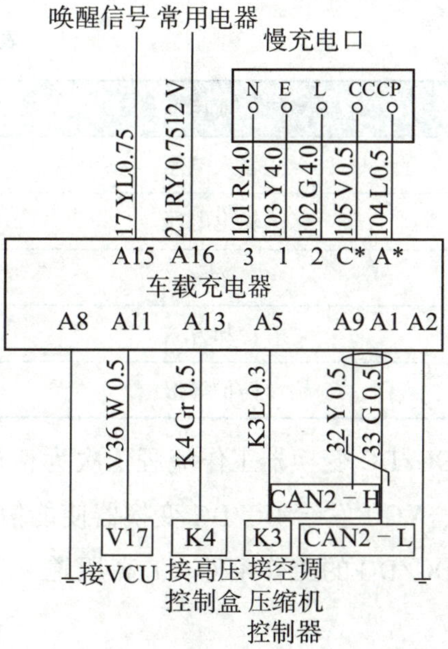

图 4－31　车载充电机接口各针脚定义

表 4－1　车载充电机的参数

项目	参数
输入电压	220 V（1 ± 15%） AC
输出电压	（240 ~ 410） V DC
效率	满载大于 90%
冷却方式	风冷
防护等级	IP66

车载充电机工作流程依次为交流供电，低压唤醒整车控制系统，BMS 检测充电需求，BMS 给车载充电机发送工作指令并闭合继电器，车载充电机开始充电，电池检测充电完成后给车载充电机发送停止指令，车载充电机停止工作，电池断开继电器。

DC/DC 变换器是将动力电池的高压直流电转换为整车低压 12 V 直流电，给整车低压用电系统供电及动力电池充电。DC/DC 变换器有四个接口，分别为高压输入端、低压控制端、低压输出正极、低压输出负极。DC/DC 变换器各针脚定义见表 4－2。

表 4－2　各针脚定义

高压输入端	低压控制端
A 脚：电源负极	A 脚：控制电路电源（直流 12 V 启动，0 ~ 1 V 关机）
B 脚：电源正极	B 脚：电源状态信号输出（故障：12 V 高电平，正常：低电平）
中间为高压互锁短接端子	C 脚：控制电路电源

DC/DC 变换器相当于传统汽车的发电机，将动力电池的高压电转为低压电给蓄电池及低压系统供电，具有效率高、体积小、耐受恶劣工作环境等特点。其工作参数见表 4－3。

表 4－3　DC/DC 变换器工作参数

项目	参数
输入电压	（240 ~ 410） V DC
输出电压	14 V DC
效率	峰值大于 88%
冷却方式	风冷
防护等级	IP67

DC/DC 变换器工作流程依次为整车 ON 挡上电或充电唤醒上电、动力电池完成高压系统预充电流程、VCU 发给 DC/DC 变换器使能信号、DC/DC 变换器开始工作。

DC/DC 的工作条件：1 高压输入范围为 DC （290 ~ 420） V；2 低压使能输入范围为 DC （9 ~ 14） V。

判断 DC/DC 变换器是否工作的方法如下。

第一步，保证整车线束正常连接的情况下，上电前使用万用表测量铅酸电池端电压，并记录。

第二步，整车上 ON 电，继续读取万用表数值，查看变化情况，如果数值在 13.8 ~ 14 V 之间，判断为 DC 工作。

高压控制盒完成动力电池电源的输出及分配，实现对支路用电器的保护及切断，其实物图和各接口的连接如图 4－32 所示。

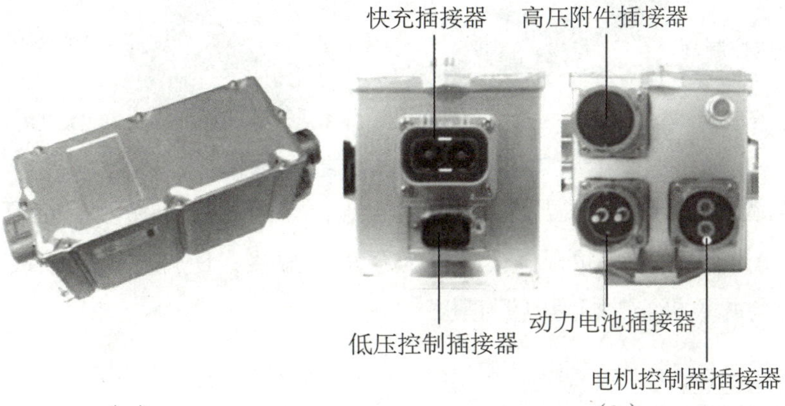

（a）　　（b）

图 4－32　高压控制盒结构及其接口示意图

高压控制盒内部结构如图 4－33 所示，主要包括四个熔断器、快充继电器和 PTC 控制板组成。四个熔断器分别为 PTC 熔断器、空调压缩机熔断器、DC/DC 熔断器和车载充电机熔断器。

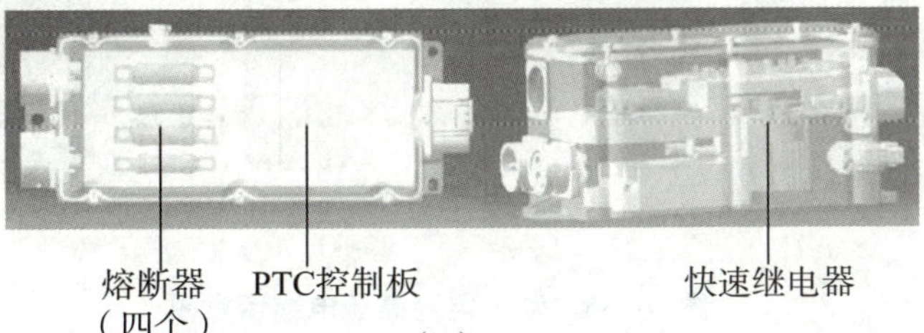

（a）

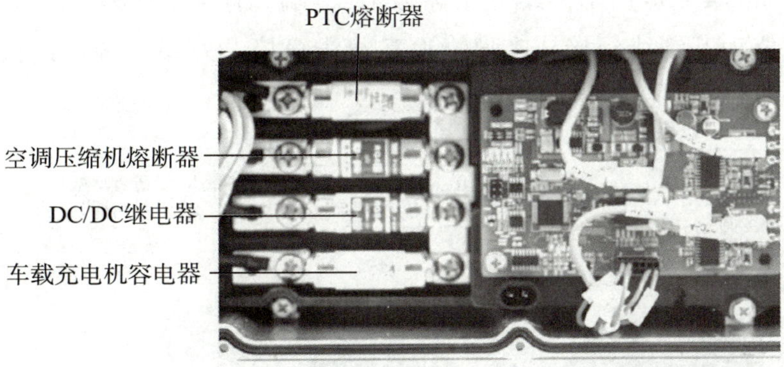

（b）

图 4－33　高压控制盒内部熔断器示意图

整车高压线束共分为五段，如图 4－34 所示，包括动力电池高压电缆、电机控制器电缆、快充线束、慢充线束、高压附件线束。动力电池压电缆是连接动力电池到高压盒之间的线缆，电机控制器电缆是连接高压盒到电机控制器之间的线缆，快充线束是连接快充口到高压盒之间的线束，慢充线束是连接慢充口到车载充电机之间的线束，高压附件线束（高压线束总成）包括连接高压盒到 DC/DC、车载充电机、空调压缩机、空调 PTC 之间的线束。

图 4-34 整车高压线束位置图

动力电池高压电缆两端分别接高压盒和动力电池，如图 4-35 所示。接高压盒端有 4 个针脚，B 脚位为电源正极，A 脚位为电源负极，C 脚位为互锁线短接，D 脚位为互锁线短接。接动力电池端有 2 个针脚，1 脚为电源负极，2 脚为电源正极。

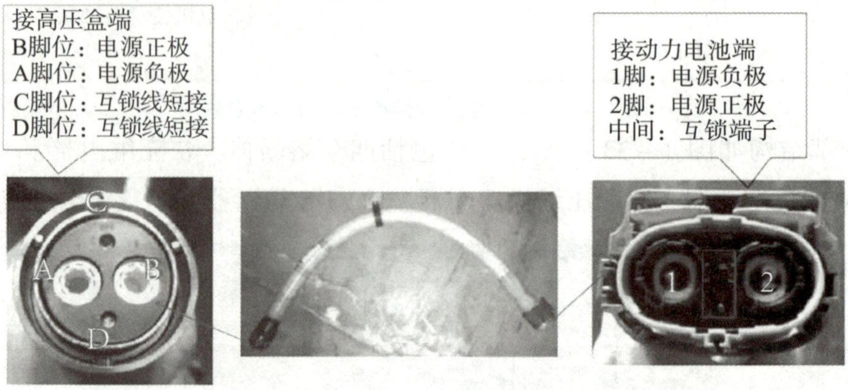

图 4-35 动力电池高压电缆示意图

电机控制器电缆如图 4-36 所示，其中一端接高压盒端，有 4 个针脚，B 脚位为电源正极，A 脚位为电源负极，C 脚位为互锁线短接，D 脚位为互锁线短接。另外一端分别接电机控制器正极和负极。

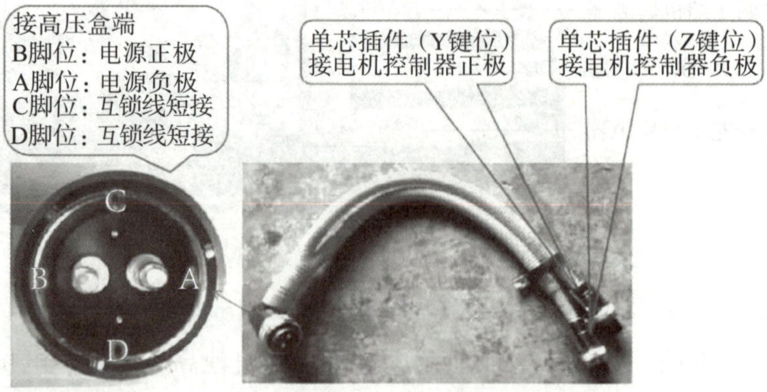

图 4-36 电机控制器电缆示意图

快充线束各端口连接如图 4-37 所示，分别为接快充口端、低压线束端、车身搭铁端、接高压盒端。低压线束端中，1 脚为 A－（低压辅助电源负极），2 脚为 A＋（低压辅助电源正极），3 脚为

CC2（充电连接器确认），4 脚为 S+（充电通信 CAN–H）、5 脚为 S–（充电通信 CAN–L）。高压盒端 1 脚为电源负极，2 脚为电源正极，中间为互锁端子。

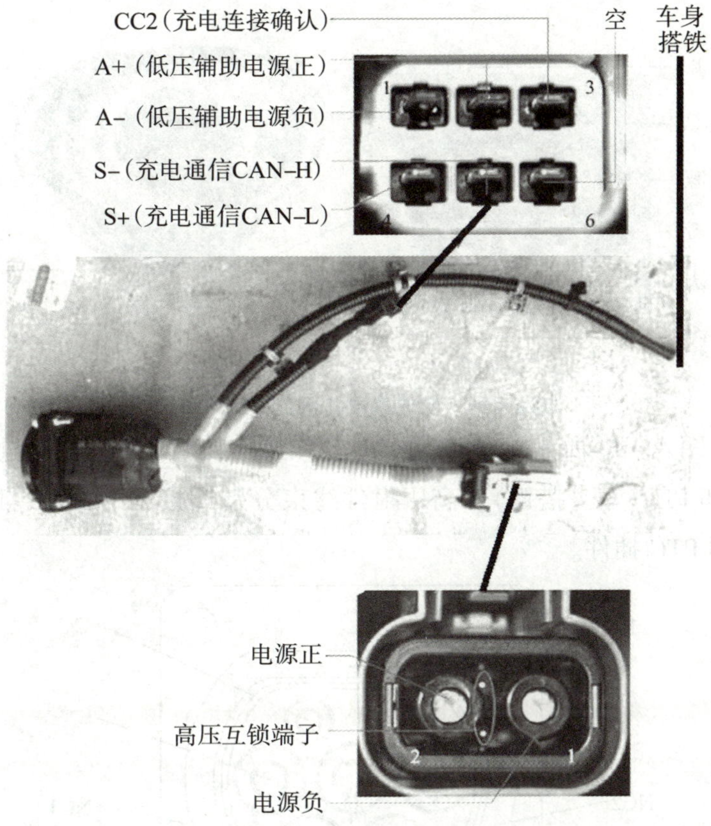

图 4–37　快充线束各端口连接示意图

快充口各针脚如图 4–38 所示，分别为接快充口端、低压线束端、车身搭铁端、接高压盒端。低压线束端中，1 脚为 A–（低压辅助电源负极），2 脚为 A+（低压辅助电源正极），3 脚为 CC2（充电插接器确认），4 脚为 S+（充电通信 CAN—H）、5 脚为 S–（充电通信 CAN—L）。高压盒端 1 脚为电源负极，2 脚为电源正极，中间为互锁端子。

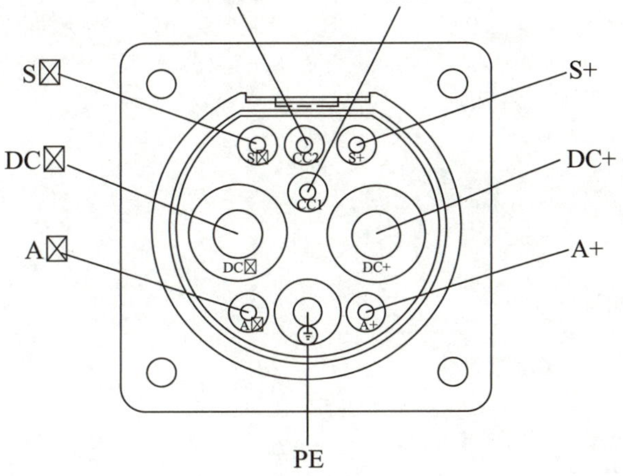

图 4–38　快充口各针脚示意图

慢充线束各端口如图 4－39 所示，接车载充电机端为 6 个针脚，1 脚为 L（交流电源），2 脚为 N（交流电源），3 脚为 PE（车身搭铁），4 脚为空脚，5 脚为 CC（充电连接确认），6 脚为 CP（控制确认）。

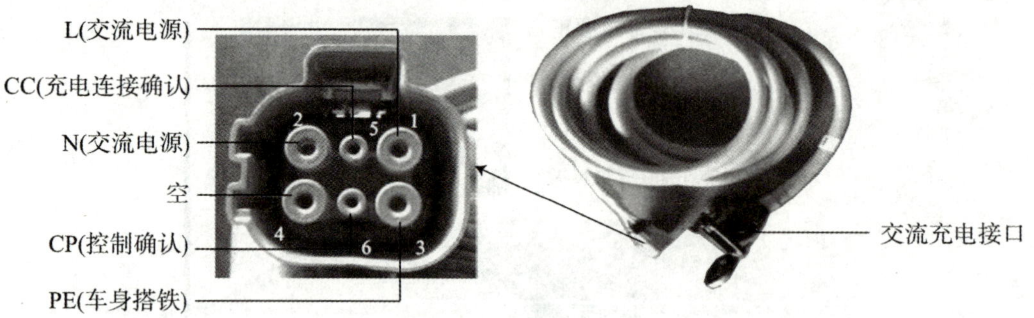

图 4－39　慢充线束各端口连接示意图

慢充口端各针脚如图 4－40 所示，分别为 CP（控制确认）、CC（充电连接确认）、N（交流电源）、L（交流电源）和 PE（车身搭铁）。高压附件线束分别连接到 DC/DC 插件、车载充电机插件、空调压缩机插件和空调 PTC 插件。

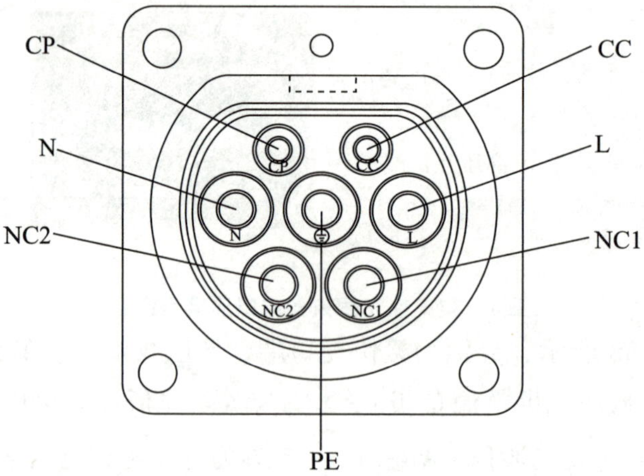

图 4－40　慢充口各针脚示意图

第三节　电动汽车车载充电机的更换

一、电动汽车充电机概述

充电机是电动汽车充电装置最主要的设备，它的性能好坏直接影响电动汽车的充电效果。

（一）电动汽车充电机类型

根据安装位置不同，可以分为车载充电机和地面充电机；根据输入电源不同，可以分为单相充电机和多相充电机；根据连接方式不同，可以分为传导式充电机和感应式充电机；根据功能不同，可以分为普通充电机和多功能充电机。

车载充电机是指安装在电动汽车上的采用地面交流电网和车载电源对电池组进行充电的装置，如图 4－41 所示，通过插头和电缆与交流插座连接，因此也称为交流充电机。车载充电机一般设计为小充电率，它的充电时间长（一般是 5～8 h），由于电动汽车车载质量和体积的限制，车载充电机要求尽可能体积小、质量轻（一般小于 5 kg）。车载充电机对于要充电的蓄电池是有针对性的，蓄电池的充电方式也是预先定义好的。由于充电机和电池管理系统（BMS，负责监控蓄电池的电压、温度和荷电状态）都装在车上，它们相互之间容易利用电动汽车的内部线路网络进行通信。

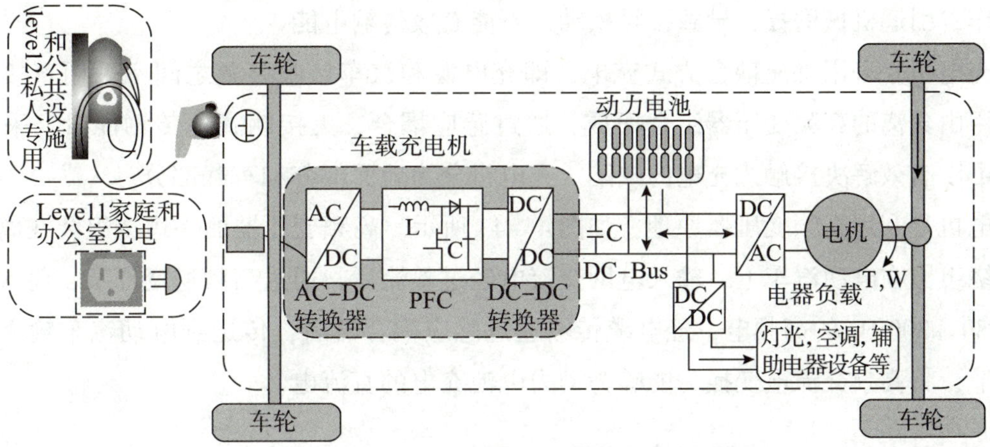

图 4－41　车载充电机安装及工作原理示意图

地面充电机，即非车载充电装置，是指固定在地面上的对交流电进行整流变换，其直流输出端对电池组进行充电的装置，因此也可以称为直流充电机。根据充电场所和充电需求的不同，地面充电机主要应用于家庭、充电站以及各种公共场所。为了可以满足各种电池的各种充电方式，通常地面充电机的功率、体积和质量都比较大，一般设计为大充电率。由于地面充电机和电池管理系统在物理位置上是分开的，它们之间必须通过电线或者无线电进行通信。根据电池管理系统提供的关于电池的类型、电压、温度和荷电状态的信息，地面充电机选择一种合适的充电方式为蓄电池充电，以避免蓄电池过充和过热。

图 4－42 为电动汽车所用的地面充电机的典型布置方式。该充电机由一个能将输入的交流电转换为直流电的整流器和一个能调节直流电功率的功率转换器组成，通过把电线的插头插入电动汽车上配套的插座中，直流电能输入蓄电池对其充电。充电器设置了一个锁止杠杆以利于插入和取出插头，同时杠杆还能提供一个确定已经锁紧的信号，如果没有此信号，充电器就不会给电池充电以确保安全。根据地面充电机和车上电池管理系统相互之间的通信，功率转换器能在线调节直流充电功率，而且地面充电机能显示充电电压、充电电流和充电的电能，甚至所需充电费用等。

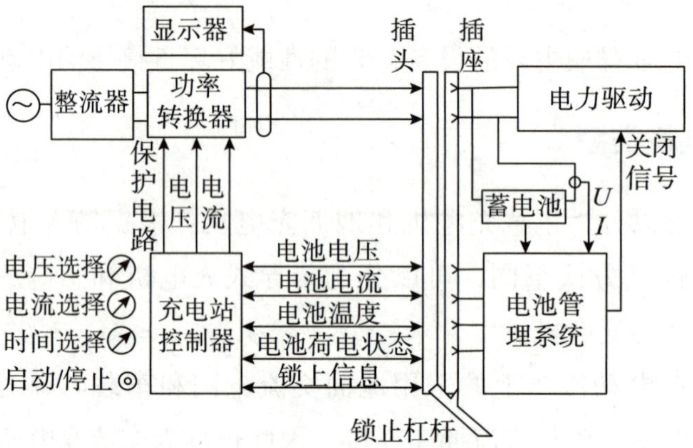

图 4－42　电动汽车所用的地面充电机的典型布置方式

传导式充电机又称接触式充电机，采用插头与插座的金属接触来导电，充分利用了技术成熟、工艺简单和成本低廉的优点。传导式充电机的输出直接连接到电动汽车上，两者之间存在实际的物理连接，电动汽车上不装备电力电子电路。这种方式的缺陷是，导体裸露在外面不安全，而且会因多次插拔操作，引起机械磨损，导致接触松动，不能有效传输电能。

感应式充电机是采用感应耦合方式充电，即充电源和汽车接收装置之间不采用直接电接触的方式，而是采用由分离的高频变压器组合而成，通过感应耦合，无接触式地传输能量。采用感应耦合方式充电，可以有效解决接触式充电的缺陷。充电机分为地面部分和车载部分。

感应充电机是利用高频变压器原理，如图 4－43 所示。高频变压器的一边绕组装在离车的充电器上，另一边绕组嵌在电动汽车上，输入电网交流电经过整流后，通过高频逆变环节，将 50～60 Hz 的市电转换为 80～300 Hz 的高频电，经电缆传输通过感应耦合器后，传送到电动汽车输入端，再经过整流滤波环节，将高频交流电变换为能够为动力电池充电的直流电。

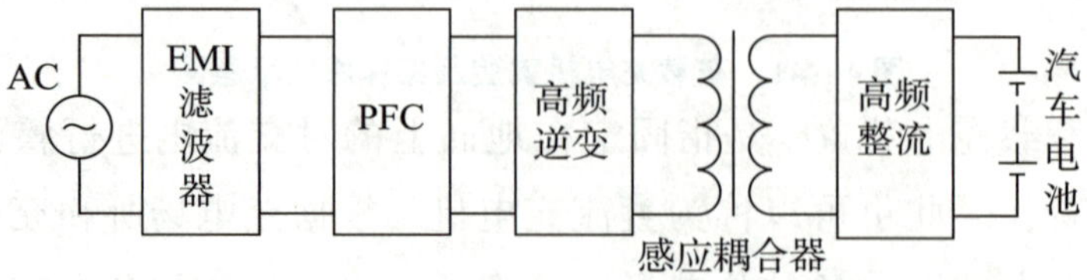

图 4－43　感应式充电机工作原理

普通充电机只提供对蓄电池的充电功能，多功能充电机除了提供对蓄电池的充电功能外，还能提供对蓄电池进行容量测试、对电网进行谐波抑制、无功率补偿和负载平衡等功能。当前实际运行的充电机基本上以交流电源作为输入电源，因此，充电机的功率转化单元实质上是一个 AC/DC 变换器。

（二）电动汽车充电机的组成及工作原理

车载充电机由电源部分（主电路）和充电机控制主板（控制电路）两大部分组成，如图 4－44 所示。电源部分主要作用是将 220 V 交流电转化为超过 300 V 的直流电，电源部分又分为 PFC 和 LLC 两部分，实际上可以把 PFC 看作是 AC/DC 变换器，而把 LLC 看作是 DC/DC 变换器。充电机控制主板主要是对电源部分进行控制、监测、计量、计算、修正、保护以及与外界网络通信等功能，是车载充电机的“中枢大脑”。

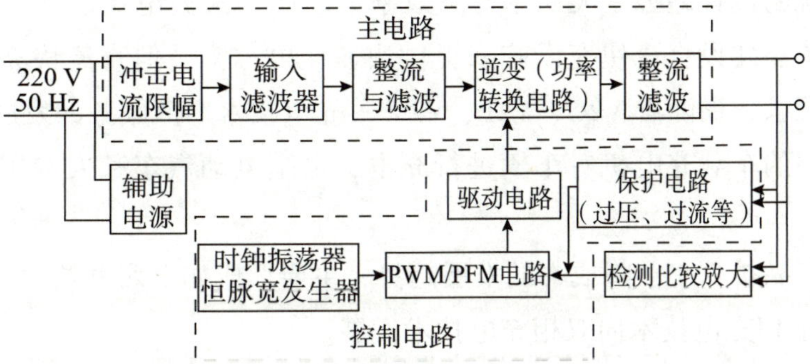

图 4－44　车载充电机工作原理

当车载充电机接上交流电后，并不是立刻将电能输出给电池，而是通过 BMS 电池管理系统首先对电池的状态进行采集分析和判断，进而调整充电机的充电参数。

（三）车载充电机的发展趋势

随着 EV 车辆续航里程提升（350～500 km），电池电量普遍大于 60 kW·h，传统的 3.3 kW 和 6.6 kW 车载充电机功率已不能满足当下纯电动汽车的慢充（6～8 h）需求，未来车载充电机功率扩容势在必行，不同厂家电动汽车续航里程及交流充电功率也不一样，见表 4－4。

然而，整车配备大功率充电机虽可减少充电时间，但由于受限于车辆配重、空间以及成本制约，同时大功率的交流充电也受电网基础设施的影响，如小区配电的容量，该解决方案面临挑战，电动汽车制造厂商一边需要不遗余力地优化充电时间以使车辆更具竞争力，另一边同时还需兼顾车辆系统部件成本，尤其是在国家和地方政策补贴逐渐减少后，以便在保证价格优势的同时可获取更高的利益。

表 4－4　部分厂家 EV 车型续航里程及交流充电功率

车型	交流充电／（Phases/kW）	车载储能／（kW·h）	续航里程/km
腾势 400	1/3. 3	62	352
北汽 EU400	1/6. 6	54. 4	360
荣威 ERX5	1/6. 6	48. 3	320
Nissan Leaf 2017	1/6. 6	40	400
BMW Mini－E	1/19	35	160
Tesla ModeL S	1/3/22	85	480
Renault Zoe	3/43	22	210
BYD e6	1/3/40	82	400

电动汽车充电系统的设计趋势是大功率、高效率，以便一次充电保证尽可能多的续驶里程。电动汽车制造厂商虽可依靠建设直流快充设施来提供快速充电方案，但直流快充基础设施同时也会增加额外成本及空间等要求，而随着 V2G、V2L、V2V 等充电技术增值服务的发展，提升车载充电机的充电功率，利用大功率的车载充电机对车辆进行充电，也是电动汽车私人专用和公共设施充电解决方案的重要方式。

对于车载充电机产品扩功率、降成本的发展趋势，主要形成如下两种技术形态。

（1）功能扩展：单相充电技术向双相充电技术发展。

对于装载电池电量不大的的车辆，如 PHEV、小型化 EV 等，单向低功率车载充电机产品仍将大范围应用。制造厂商通过新系统集成化设计用以优化降低成本，推出高效且便宜的车载充电器，比如将充电机与 DC/DC 功能集成，可减少电气连接、复用水冷基板及部分控制电路。

（2）功率扩展：单相充电技术向三相充电技术发展。

现阶段，许多电动汽车不支持高于 6. 6 kW 的交流充电功率水平，但交流插接器支持高达 19 kW（美国）、14 kW（欧洲）的单相功率水平和高达 52 kW（美国）、43 kW（欧洲、中国）的三相功率水平，标准化充电功率与 EV 交流充电功能之间还未完全匹配，因此，在现有充电标准内增加 AC 充电水平存在相当大的潜力，见表 4－5。

表 4－5　美国、欧洲及中国交流充电额定电压/电流

类型	地区	最高电压/电流	最大功率
1 Phase AC	中国	220 V/32 A	7 kW
	美国	120 V/16 A	1. 9 kW
		240 V/80 A	19 kW
	欧洲	220 V/63 A	14 kW
3 Phase AC	中国	380 V/63 A	41 kW
	美国	480 V/63 A	52 kW
	欧洲	400 V/63 A	44 kW

为了提升充电功率并降低车辆充电系统的成本、质量和所需空间，通过将电池充电器和电机驱动器有效集成成为车载充电技术重要路径之一。

对于 EV 支持的最大充电水平，无论是 DC 还是 AC，都受到电力电子设备和电池容许的散热限制，且 EV 热管理系统须设计成使电池在指定温度下可以在驱动和充电期间正常操作。因此，集成充电器设计用于在这些功率水平下充电的 EV 时，还需要额外的冷却系统。

二、北汽 EV200 车载充电机介绍

北汽 EV200 车载充电机主要任务是将 220 V 交流电转换为动力电池的直流电，实现电池电量的补给。该车载充电机具有效率高、体积小、耐受恶劣工作环境等特点。北汽 EV200 车载充电机主要性能参数见表 4－6。

表 4－6　北汽 EV200 车载充电机主要性能参数

项目		参数
输入参数	输入相数	单项
	输入电压 AC/V	220（1 ±20%）
	输入电流/A	≤16（在额定输入条件下）
	频率/Hz	45 ~ 65
	启动冲击电流/A	≤10
	软启动时间/s	3 ~ 5
输出参数	输出功率（额定）/W	3 360
	输出电压 DC（额定）/V	440
	输出电流/A	0 ~ 7.5
	稳压精度	≤ ±0.6%
	负载调整率	≤ ±0.6%
	输出电压纹波（峰值）	<1%

该充电机内部可分为三部分，由主电路、控制电路、线束及标准件等组成，主电路的前端将交流电转换为恒定电压的直流电，主要是全桥电路和 PFC 电路；后端为 DC/DC 变换器，将前端转出的直流高压电变换为合适的电压及电流供给动力电池；控制电路的作用是控制 MOS 管的开关、与 BMS 通信、检测充电状态、与充电桩握手等功能。线束及标准件用于主电路及控制电路的连接，并固定元器件及电路板。

EV200 车载充电机工作过程有以下几点。EV200 车载充电机工作原理，如图 4－45 所示。

（1）慢充“插枪”后，交流供电设备通过 CC/CP 回路电压检测桩端枪头是否插接良好，确认无问题后闭合高压接触器给车载充电机交流输入供电。

（2）车载充电机上电，自检无故障后，输出低压辅助电源，VCU 和 BMS 激活上电。

（3）VCU 检测到“充电激活信号”和 BMS 发出的“交流充电连接”后，吸合“慢充高压继电器”并控制驱动慢充电子锁执行“闭锁逻辑”。

（4）BMS 通过 CC 回路电压检测车端枪头是否插接良好并获得“电缆的额定容量”；通过检测 CP 回路的 PWM 信号确认交流供电设备的最大供电电流；BMS 将前两者与车载充电机发送的“额定输入电流值”进行取小设定为车载充电机的“最大允许输入电流值”，并将充电电压及充电电流信息发送给车载充电机。

（5）BMS 吸合充电继电器，并通过 CAN 报文发送“充电机控制命令”，车载充电机收到后启动充电。

（6）当 BMS 检测到电池达到“满充状态”或收到车载充电机发送的“充电机中止充电报文”时，断开充电继电器；VCU 检测到 BMS 断开充电继电器后，断开“慢充高压继电器”并控制慢充电子锁执行“解锁逻辑”。

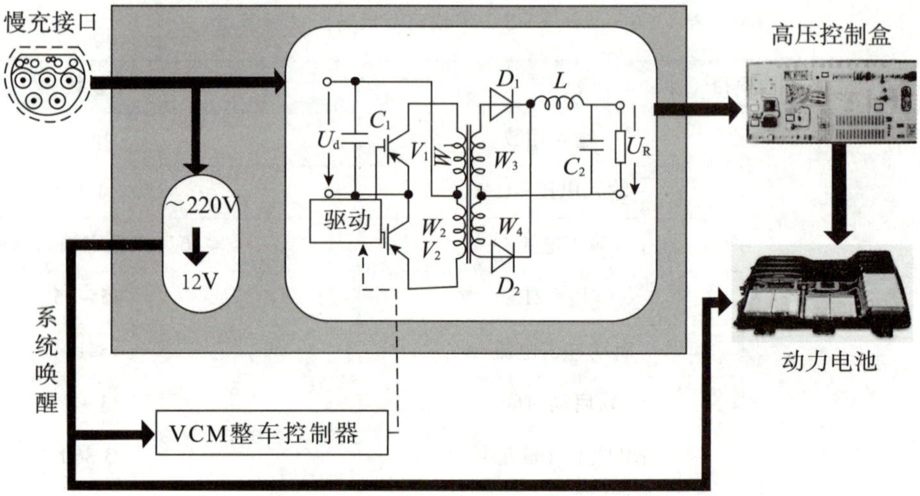

图 4－45　EV200 车载充电机工作原理

EV200 车载充电机面板上有三个指示灯，分别为交流（电源）指示灯（绿色）、工作（充电）指示灯（绿色）、警告灯（红色）。当接通交流电后，交流指示灯点亮；当充电机接通电池进入充电状态后，工作指示灯点亮；当充电机内部有故障或错误的操作时，警告灯点亮。

车载充电机常出现的三种故障及解决办法如下。

① 故障现象：不充电，电源交流灯不亮。解决方法：检查高压充电母线是否与充电机直流输出连接完好。确认电池的接触器已经闭合。

② 故障现象：不充电，警告灯闪烁。解决方法：确认输入电压在 170～263 V，AC 之间。输入电缆的截面积在 2.5 mm^2 上。

③ 故障现象：不充电，警告灯闪烁，风扇不转。解决方法：过热警告，清理风扇的灰尘。

实践操作

动力蓄电池慢充充电操作

一、接受工作任务

新能源汽车维修服务站接收了一辆待维修的车辆，车辆型号为吉利 EV300。在完成动力蓄电池的维修后，需要对整车动力蓄电池进行充电，请使用慢充充电桩对动力蓄电池进行慢充充电，并按实训工单完成学习任务。

二、信息收集

1. 电动汽车的充电方式有__________和__________。

2. 新能源汽车高压部件中有车载充电器，而车载充电器通过 220 V 工业用电对车辆进行充电。这种充电方式叫作__________。

3. 快充和慢充的区别为____。

4. 慢充充电口有__________个针脚，快充充电口有__________个针脚。

三、制订计划

1. 根据实训任务要求制订作业计划。

作业计划

序号	作业项日	操作要点

2. 根据作业计划完成小组成员任务分工。

操作人		记录员	
监护人		展示员	

作业注意事项

(1) 举升车辆时严格遵守举升机使用方法，禁止在车底嬉戏打闹。

(2) 车辆内含 300 V 以上高压电，严禁用手直接触摸高压回路的导体部分。

(3) 实训过程中严禁私自拆解任何动力蓄电池系统的内零部件。

(4) 若实训过程中出现故障，务必第一时间中止实训，并报备实训指导教师。

检测设备/工具/材料

序号	名称	数量	清点
			□已清点
			□已清点

			□已清点
			□已清点
			□已清点
			□已清点

四、计划实施

1. 打开点火开关，观察仪表上显示的 SOC。

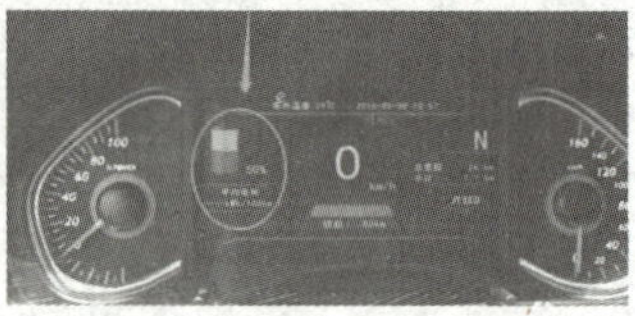

SOC 状态为________%。

2. 按下驾驶室车门上的充电口开关，打开充电口盖板。

慢充充电口的 7 个针脚分别为________、________、________、________、________、________、________。

3. 插入充电枪。注意：在插入充电枪之前需检查慢充口是否脏污。

4. 插入 IC 卡，输入密码。

充电枪的 CC 与 PE 之间的电阻为________。

充电桩的输出功率为________。

注意：输入密码后，按确认键。

5. 选择充电方式，选择充电装的充电口。

选择的充电方式为________。

选择的充电口为________。

6. 插头连接。

选择的充电口是否连接：□已连接　　　□未连接

7. 查看充电显示。		
充电电压为________， 充电电流为________， 充电电量为________， 充电金额为________， 充电时间为________。		
8. 查看仪表盘显示的充电状态。		
充电电流为________。 充满电需要的时间为________。		
9. 完成充电，账单结算。注意：在充电过程中不得随意拔下充电枪，以免发生危险。		
10. 充电结束，拔下充电枪。注意：正在充电时，若中途想停止充电，应先按________解锁，再拔下充电枪。		
五、质量检查		
请实训指导教师检查本组作业结果，并针对实训过程出现的问题提出改进措施及建议。		
序号	评价标准	评价结果
1	规范使用设备仪器，恢复场地	
2	作业计划完善且保证安全实施	
3	准确测量、记录数据，分析合理	
4	正确展示团队实训成果	
综合评价	☆☆☆☆☆	
综合评语 （作业问题及 改进建议）		
六、评价反馈		
请根据在课堂中的实际表现进行自我评价和小组评价。		
自我评价：________________。 小组评价：________________。		

实训成绩单

项目	评分标准	分值	得分
接受工作任务	明确工作任务及结果要求	5	

信息收集	掌握工作相关知识及操作要点	15	
制订计划	按照计划顺利且高效地完成工作任务	10	
计划实施	做好设备检查和安全防护	10	
	正确进行整车断电	10	
	正确进行故障诊断排除	25	
	正确进行故障恢复和验证	15	
质量检查	按照要求完成相应任务	5	
评价反馈	经验总结到位，评价合理	5	
得分（满分 100）			

课程思政

新能源汽车动力电池“退役潮”来袭　工信部加强四方面保障

数据显示，2021 年我国新能源汽车销售完成 352.1 万辆，同比增长 1.6 倍，连续 7 年位居全球第一。随着我国新能源汽车保有量快速增长，动力电池“退役”量也在逐年增加。做好动力电池回收利用工作，对于保护生态环境、提高资源利用效率、保障新能源汽车产业健康可持续发展具有重要意义。

2022 年 1 月 12 日，在工业和信息化部举行的 2021 年汽车工业发展情况新闻发布会上，工业和信息化部装备工业一司司长王卫明表示，近年来，工业和信息化部会同有关部门发布实施一系列政策及配套措施，加强动力电池全生命周期溯源管理。同时在京津冀等 17 个地区开展动力电池回收利用试点，深化跨区域合作与产业链协同，推广应用退役电池柔性拆解等先进工艺技术设备，制定发布了一批国家、行业和团体标准。

据统计，截至 2021 年 12 月底，173 家有关企业已在全国 31 个省市区设立回收服务网点 10 127个，培育的 45 家梯次和再生利用骨干企业积极发挥示范引领作用，动力电池回收利用体系初步建立。

王卫明指出，下一步，工业和信息化部将认真贯彻落实《新能源汽车产业发展规划（2021—2035 年）》，会同有关部门着力推动以下四方面工作。

一是加快研究制定《新能源汽车动力蓄电池回收利用管理办法》，进一步明确国家和地方等有关部门的监管具体职责，细化动力电池回收利用各环节的监管要求，加大监管约束力度。

二是研究建立动力电池回收利用管控联动机制，强化线上线下协同溯源监督管理，压实有关主体责任，提高监管效能。

三是加快出台一批动力电池回收利用国家、行业标准，抓好标准宣贯落实。加大高效再生利用等一批关键技术攻关和推广应用力度，提升行业技术水平。

四是开展动力电池回收利用试点验收，遴选推广一批典型模式和企业案例经验。持续实施废旧动力电池综合利用行业规范管理，树立一批梯次和再生利用标杆企业。

（来源：人民网，经济·科技）

思考练习

一、填空题

1. 蓄电池充电装置是电动汽车不可缺少的系统之一，它的功能是将__________转化为电动汽车__________。

2. 电动汽车常用充电设备主要是充电桩，有__________、__________、__________和__________。

3. 停止充电时应先断开__________插头，再断开__________插头。

4. 电动汽车充电系统主要包含外部的充电桩、充电线和充电枪，还有纯电动汽车内部的__________、__________、__________和__________等。

5. 高压控制盒内部结构主要包括__________、__________和__________。

二、简答题

1. 电动汽车对充电装置的要求有哪些？

2. 快速充电分为哪五个阶段？

3. 简述车载充电机的优缺点。

4. 简述电动汽车充电机的组成及工作原理。

第五章
新能源汽车动力电池热管理系统

本章导读

热量的积累是造成电源系统出现故障及安全事故的最重要原因。动力电池在使用中发热量很大，而电池温度影响电池系统的运行、循环寿命、充电可接受性、功率、能量、安全性和可靠性。所以，为了使电池达到最佳的性能和寿命，需要将电池包的温度控制在一定范围内，减小电池包内不均匀的温度分布以避免模块间的不平衡，降低电池性能衰减速度，且可消除相关的潜在危险。对动力电池的热管理主要是通过电池的热管理系统（battery thermal management system，BTMS）来实现的。

学习目标

1. 了解动力蓄电池热管理系统的功能、结构及工作原理。
2. 掌握动力电池风冷散热系统的特点。
3. 了解动力电池热管理系统散热结构。

素质目标

1. 培养学生能够进行有效的沟通和交流，具备团队合作意识。
2. 培养学生热爱祖国、为全面推进中华民族伟大复兴团结奋斗的责任感和使命感。

第一节　动力电池热管理系统认识

一、温度对电池性能的影响

温度是电动汽车动力电源系统中控制的最主要的参数之一，也是影响电池性能的最主要的参数。在电池的所有检测制度中，都要求必须标明温度，原因就是温度对电池性能影响比较大，包括电池的内阻、充电性能、放电性能、安全性、寿命等。

（一）温度对放电性能的影响

温度对放电性能的影响直接反应到放电容量和放电电压上。温度降低，电池内阻加大，电化学反应速度放慢，极化内阻迅速增加，电池放电容量和放电平台下降，影响电池功率和能量的输出。

以 80 A·h 的镍氢电池放电为例，常温下将电动汽车电池充满电，在不同温度下以 1 C 电流放电。容量与温度的关系如图 5－1 所示，在－20 ℃时，放电容量比较低；在 20 ℃时，放电容量最大；随着温度继续升高，放电容量降低，但中高温的放电容量明显比低温时放电容量大，说明中高温放电性能强于低温放电性能。这是因为，温度高有利于合金中氢原子的扩散，提高了合金动力学性能，同时电解液 KOH 的导电率随温度升高而增加，在高温下电解质导电率大，电流迁移能力强，迁移内阻减小，电流充放电性能增强。

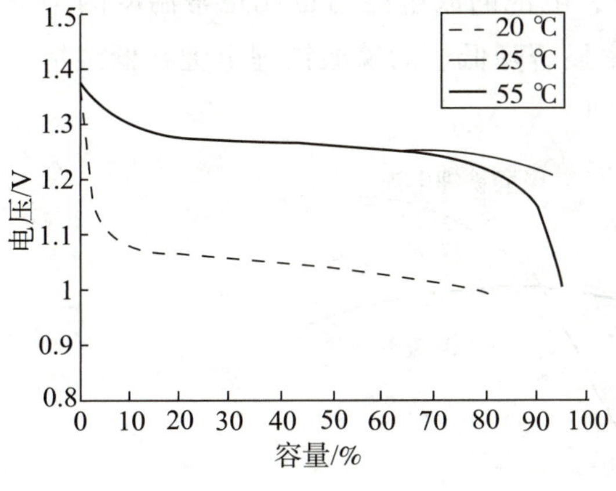

（a）Ni/MH电池

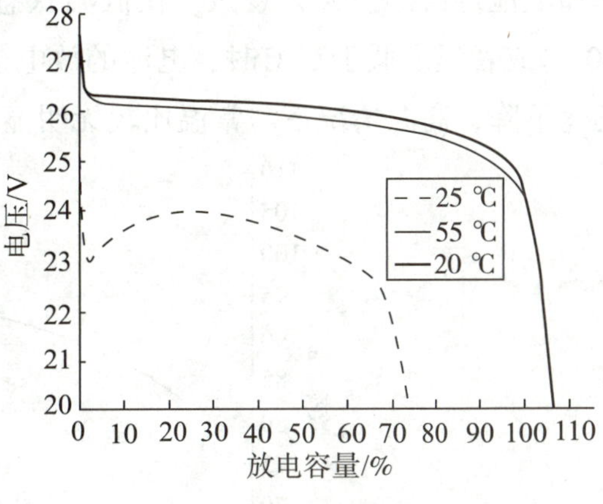

（b）磷酸铁锂电池模块

图 5－1　不同温度下 Ni/MH 电池和磷酸铁锂电池的电容量与电压曲线

温度对过电势的影响较为显著，温度越高，过电势越小，电极反应越容易进行。这是因为，电极放电反应过电势由两个因素决定：①合金与电解液接触面上的电荷转移阻力；②氢原子从合金本体到表面的扩散阻力。温度升高使氢原子扩散和电荷转移速度加快，促进电极反应的进行，反应过电势减小，因而电池的放电容量升高。同样，在高温情况下，电池的放电功率也会有所上升。

而在低温（-20 ℃）条件下，电池的放电性能差于室温时的放电性能，主要是因为金属氢化物低温下过于稳定、电化学反应阻抗加大引起的。同时，低温情况下，电池的内阻也增大，影响电池放电功率的输出。

对于锂离子电池，同样是在低温条件下放电容量急剧下降，但在高温情况下放电容量并不比常温低，有时还会略高于常温容量，主要是因为高温情况下锂离子迁移速度加快，锂电极不像镍电极和贮氢电极那样在高温情况下产生分解或形成氢气使容量下降。电池模块低温放电时，随着放电的进行，由于电阻等原因产生热量，使得电池温度升高，表现为电压有抬升现象，随着放电的进行，电压再逐渐下降。图 5-1（b）为磷酸铁锂电池的放电曲线，图 5-2 为 Ni/MH 电池在不同温度下的内阻和放电能量曲线。

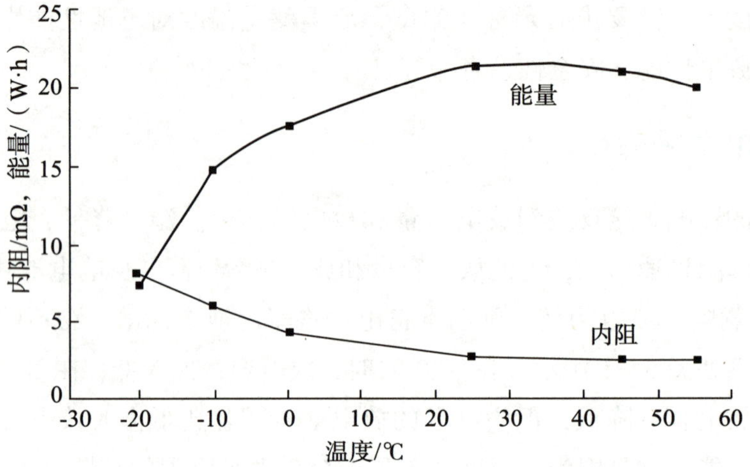

图 5-2　Ni/MH 电池在不同温度下的内阻和放电能量曲线

图 5-3 是镍氢电池和磷酸铁锂电池在不同温度下的放电效率实验。当温度超过 50 ℃时镍氢电池充电效率和电池寿命都会大大衰减，在低温状态下，电池的放电能力也比正常温度的小得多。在温度高于 40 ℃或者温度低于 0 ℃时，电池的放电效率显著降低。而磷酸铁锂电池在低温情况下，放电效率会迅速下降，高温情况下与常温比较无明显差别。

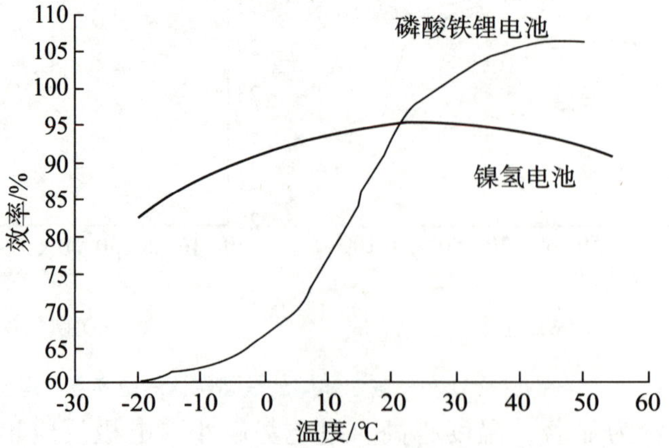

图 5-3　镍氢电池和磷酸铁锂电池在不同温度下的放电效率

从图 5 - 3 中可以看到，在所测温度范围内，低温条件下电池内阻较高，随着温度的升高，内阻越来越低。在低温 - 20 ℃的条件下，电池直流内阻甚至为常温 25 ℃时的 3 倍，为高温 55 ℃条件下的4 倍，而放电能量的变化情况基本上与内阻的变化趋势相反。

（二）温度对充电性能的影响

低温对电池的影响

温度对电池充电性能的影响更加明显。目前的动力电池在低温下充电的明显特点就是电压迅速上升。在低温下充电会带来许多问题：如锂离子电池在低温充电时，正极锂脱出快，负极锂向内部的嵌入速度慢，就会造成锂金属在电极表面的积累，生成枝晶，使电池短路；Ni/MH 电池在低温充电时，由于贮氢负极对氢的吸收速度变慢，氢来不及被贮氢合金吸收，就会形成氢气，增大电池内压，影响安全性能。纯电动汽车在低温情况下充电时可以根据温度进行控制，前期采用小电流充电，随着充电的进行，电池组温度逐渐升高，充电接受能力上升，对正常使用的影响也较小。

图 5 - 4 为在不同温度下 Ni/MH 电池和磷酸铁锂电池的充电曲线。可以看出，随着温度的降低，电动汽车充电电压迅速升高。镍氢电池充电中间电压有下降的趋势，主要是由于随着充电的进行，电池内部温度升高引起；磷酸铁锂电池在低温下充电很快就达到了限制电压，转入恒压充电模式。图 5 - 5 为 Ni/MH 电池和磷酸铁锂电池充电效率随温度的变化曲线。从图中可以看出，在高温和低温下，Ni/MH 电池的充电效率均大幅下降，主要原因是 Ni/MH 电池充电过程有析氧的副反应，温度越高，正常反应和副反应电位差降低，副反应速度加快（相应正常反应比例降低），充电效率下降；而磷酸铁锂电池在充电过程中基本无副反应产生（除了一些材料的腐蚀反应外），温度升高，各种化学反应速度加快，在一定的高温下，其充电效率还会上升。

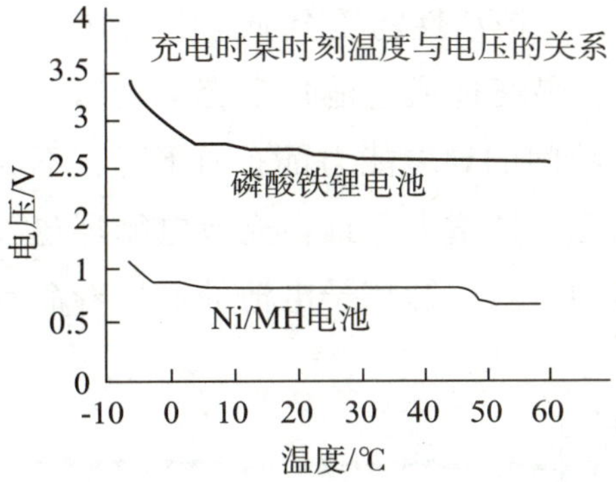

图 5 - 4　在不同温度下 Ni/MH 电池和磷酸铁锂电池的充电曲线

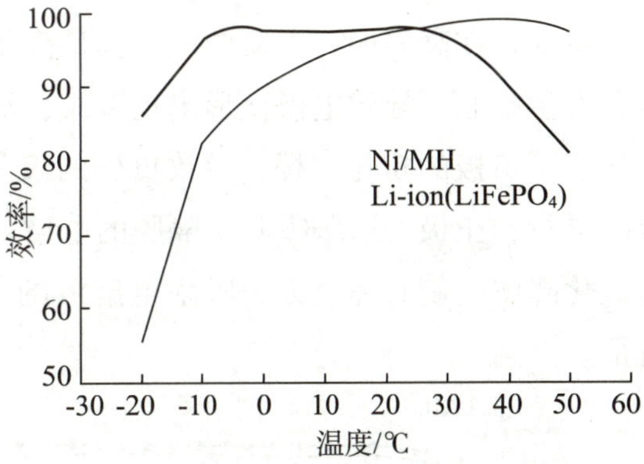

图 5 - 5　充电效率随温度的关系

（三）温度对荷电保持能力的影响

温度升高，各种化学反应速度加快，电池的自放电会加大。图 5 - 6 为 Ni/MH 电池荷电保持能力随温度的变化趋势。

由图 5 - 6 可以看出，高温条件下储存，容量损失最大；低温条件下储存，容量损失最小。这主要是因为电动汽车电池在高温储存时，负极活性物质的稀土元素在强碱液中不稳定，发生腐蚀生成了 M(OH)n（如合金粉表面生成了氧化膜），在高温情况下 NiOOH 的分解也加快。

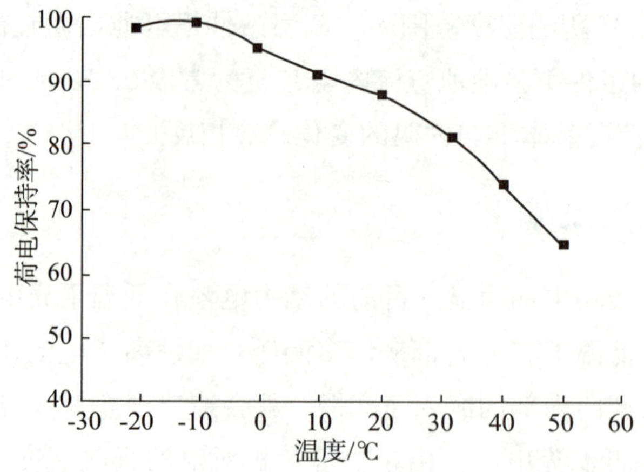

图 5－6　电池荷电保持能力随温度变化的趋势

这些反应加速了电池高温储存条件下的自放电和容量损失，锂离子电池也存在相同的情况。为了避免在储存时电极发生钝化或腐蚀，使电池性能降低，一般电池在储存时需要有一定的电量，并且对储存环境温度有一定限制。

（四）温度对电池循环寿命的影响

环境温度是影响寿命的一个重要因子。温度升高，所有的反应速度均会加快，电池内材料的腐蚀等也会加快，从而加速电池的衰减，当温度升高到一定程度时，电池会迅速失效。

图 5－7 为 Ni/MH 电池在不同温度下的常规循环性能和工况循环性能。可以看出，无论是常规寿命实验还是工况寿命实验都是高温 55 ℃条件下的容量衰减最快，200 次循环后其放电容量就低于初始容量的 60%。低温 0 ℃条件下的常规循环寿命实验中，放电容量的变化曲线与常温条件下的相接近。主要是在高温循环寿命中，尤其是高倍率循环实验，正极活性物质会加速生成 H_2，从而使电极体积发生膨胀，导致电极变形出现裂纹，活性物质脱落，最终造成电池化学容量衰退；高温高倍率也加速了负极的粉化过程，导致负极的氧复合能力和颗粒间的导电能力都有所下降，不利于化学反应的进行；正极的膨胀吸收了隔膜的电解液，也会使电池阻抗增大。且在充放电循环过程中，隔膜易氧化降解，使其完全失去吸附电解液的能力，导致电池失效。锂离子电池的循环寿命具有同样的特征。

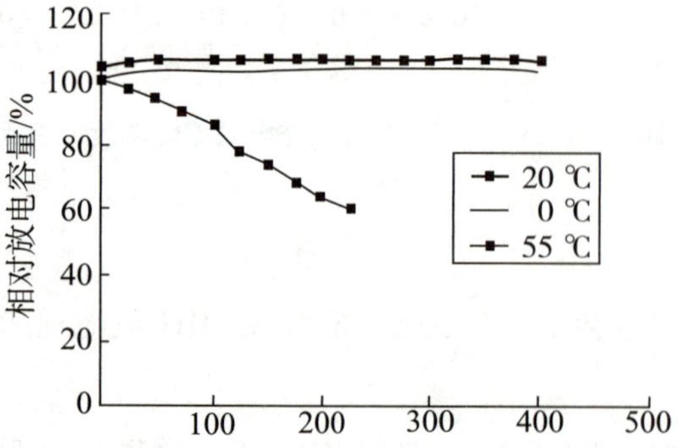

（a）循环次数常规循环特性

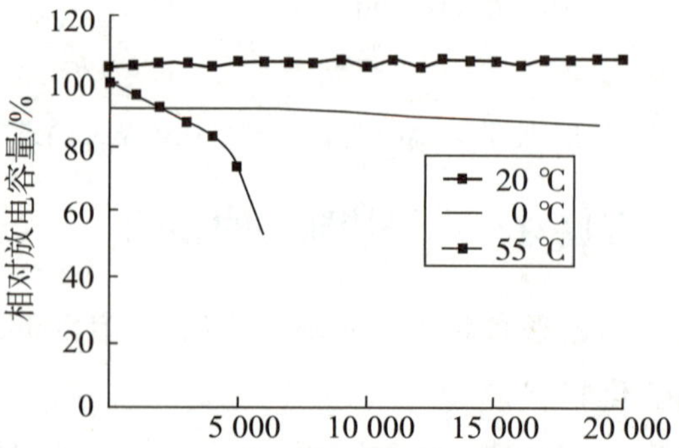

（b）循环次数工况循环特性

图 5－7　Ni/MH 电池在不同温度下的循环性能

图 5－8 和图 5－9 分别为锰酸锂电池和磷酸铁锂电池在不同温度下的循环使用寿命曲线。在动力电池的使用过程中，应该尽量避免电池长期在高温条件下使用，尤其需要避免电池在高温条件下的高倍率充放电循环，这也是车用动力电池必须进行温度控制的一个重要原因。

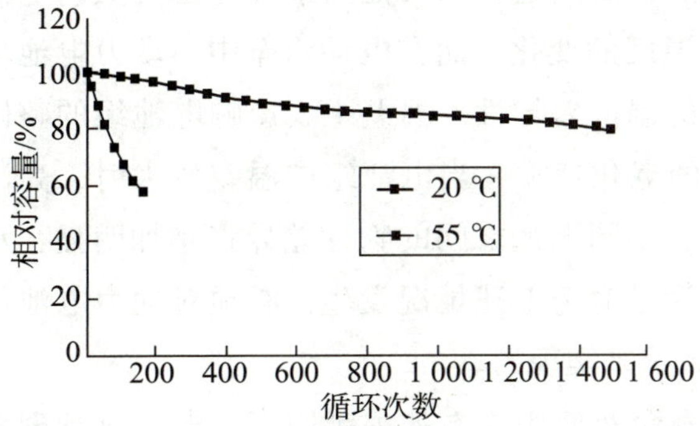

图 5－8　锰酸锂电池不同温度下循环使用寿命曲线

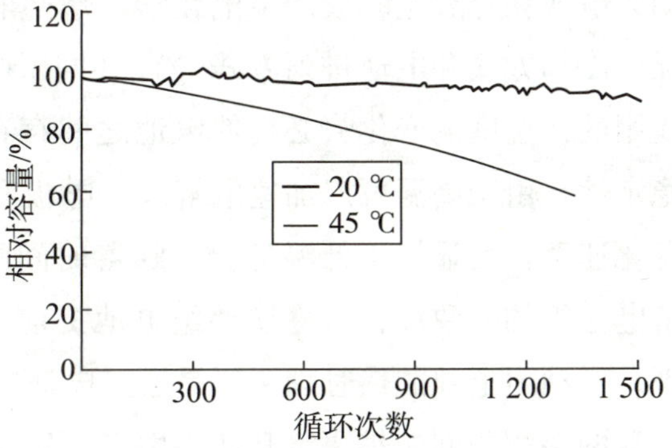

图 5－9　磷酸铁锂电池不同温度下循环使用寿命曲线

（五）温度对 SOC 的影响

表 5－1 给出了在同样的充放电条件下，电池 SOC 差异与电池温差之间的关系。如果电池组内温度分布不均匀，将会导致充电效率不一样，而且由于电池容量的差异，一部分电池很容易产生过充电；相应地，在放电过程中，这一部分电池容易过放。在经过多次充放电循环后，电池之间的性能差异越来越大，易造成恶性循环。电池性能下降，表现在可充入的电量减少，发热更严重，导致其安全性和寿命下降。

表 5－1　电池温度与电池 SOC 差异

电池温度差值	SOC 差异%
5	10
10	15
15	25

（六）温度对电池电压的影响

电压判断的准确度直接影响整车对电源系统的控制策略，电池组内温度不一致，各电池即使在同一 SOC 下电压表现也不一致，会对电池组的参数出现误判断。

（七）温度对安全性的影响

所有安全性问题最终都可以归结为温度问题。温度升高会使物质腐蚀速度加快，达到一定温度会使电极物质、隔膜、电解液等发生分解，从而引发安全隐患。把温度控制在一定范围内，是消除安全隐患的主要措施。

二、热管理系统的重要性

动力电池在充放电时会产生电化学反应热和焦耳热，而热量会和其他因素（电池种类、电池运行工况、冷却方式和电池排列方式等）共同影响电池温度的变化。而在电动汽车中，动力电池均是成组使用的，温度的变化势必会使电池之间存在一定的温度差异性。温差主要影响电池组的整体寿命和稳定性。由于高温可以加速电解液、电极和隔板的老化速率，当电池组中温差较大时，高温部分的老化速率会明显快于低温部分，随着时间的积累，不同电池之间的物性差异将越加明显，从而破坏了电池组的一致性，最终使整组电池提前失效。为了避免上述情况发生，必须对动力电池进行热管理。对动力电池的热管理主要是通过电池热管理系统来实现的。

电池的热相关问题是决定其使用性能、安全性、寿命及使用成本的关键因素。电池热管理系统是应对电池的热相关问题，保证动力电池使用性能、安全性和寿命的关键技术之一。

以锂离子电池热相关问题为例，从以下三个方面进行介绍。

（1）锂离子电池的温度水平直接影响其使用中的能量与功率性能。温度较低时，电池的可用容量将迅速发生衰减，在过低温度下（低于 0 ℃）对电池进行充电，则可能引发瞬间的电压过充现象，造成内部析锂进而引发短路。

（2）锂离子电池的热相关问题直接影响电池的安全性。生产制造环节的缺陷或使用过程中的不当操作等都可能造成电池局部过热，进而引起连锁放热反应，最终造成冒烟、起火甚至爆炸等严重的热失控事件，威胁到车辆驾乘人员的生命安全。

（3）锂离子电池的工作或存放温度影响其使用寿命。电池的适宜温度为 10～30 ℃，过高或过低的温度都将引起电池寿命的较快衰减。动力电池的大型化使得其表面积与体积之比相对减小，电池内部热量不易散出，更可能出现内部温度不均、局部温升过高等问题，从而进一步加速电池衰减，缩短电池寿命，增加用户的总拥有成本。

电池组热管理系统是从使用者角度出发，确保电池组工作在适宜温度范围的整套系统，包括电池箱、传热方式、传热介质、检测设备等部件。

三、动力电池热管理系统分类及结构与功能

（一）动力电池热管理系统的分类

按照冷却方式划分，动力电池热管理系统可分为被动冷却系统和主动冷却系统。

根据传热介质的不同，可将动力电池热管理系统分为空气冷却系统、液体冷却系统以及相变冷却系统。

根据热管理的不同应用场合和功能，动力电池热管理系统可分为冷却系统、加热系统和保温系统。

（二）动力电池热管理系统结构与功能

动力电池热管理系统的主要功能如下。

（1）在电池温度较高时进行有效散热，防止产生热失控事故。

（2）在电池温度较低时进行预热，提升电池温度，确保低温下的充电、放电性能和安全性。

（3）减小电池组内的温度差异，抑制局部热区的形成，防止高温位置处电池过快衰减，降低电池组整体寿命。

从宏观上讲，动力电池热管理是对电池系统内部热环境进行制约、调节和利用。其目的是使动力电池工作在一个最佳的热环境，充分发挥电池的性能。同时，提供一个能量平衡的环境，实现整车能量的综合利用。具体而言，热管理就是在电池系统中温度过高时，对系统进行降温；在温度过低时，对系统进行升温；在特殊情况下，如停车等待过程中，对系统进行保温。根据热管理的不同应用场合和功能，可将其分为冷却系统、加热系统和保温系统。

1. 冷却系统的基本构成与功能

冷却系统是动力电池热管理系统中最重要的组成部分。受制于目前技术瓶颈的限制，动力电池工作的温度环境要满足特定的要求，如磷酸铁锂电池的一般环境温度为 $-20\sim60$ ℃。电池在充放电过程中会不断地产生热量，电池系统内部温度很容易超过这一范围，因此一般的电池系统都需要引入冷却系统。

根据冷却介质的不同，冷却系统通常可分为空气冷却、液体风冷和相变液冷三种冷却方式。这三种冷却方式的散热能力是依次增强的。同时，冷却系统的结构复杂度也依次增加。由于相变冷却成本比较高，考虑到降低成本的因素，目前工程技术上常采用空气冷却和液体冷却两种方式。

除了根据冷却介质区分冷却系统以外，冷却系统也常常分为主动冷却和被动冷却两种形式。通常被动冷却系统直接将电池内部的热空气排出车体，而主动冷却系统通常具有一个内循环系统，并且根据电池系统内部的温度进行主动调节，以达到最大散热能力。一般而言，被动冷却形式具有结构简单、零部件数量少、成本低等优点，被广泛用于电池冷却系统设计中。

无论是空冷系统，还是液冷系统，完整的冷却系统应包含冷却动力部件，风冷系统主要是风机或风扇；液冷系统是水泵。

2. 保温系统的基本构成与功能

保温系统与加热系统的功能有点类似，但是严格地讲又有区别。保温系统更多的情况下是为了使短期内电池系统内部温度热环境保持在正常区间内。例如，在冬天低温下，电动汽车临时停车 2 h 后再工作，那么在 2 h 时间内，必须要有保温系统的作用，以防止电池系统内部温度过快下降造成的影响。保温系统设计通常采用保温材料或者保温漆等起到隔绝的作用，防止电池系统内部温度过快地散发。

四、动力电池热管理技术

（一）市场上热管理技术的特点及现状

目前市场上的动力电池热管理主要采用空气冷却和液体冷却技术。前者采用空气作为传热介质，直接导入空气使其穿过模块以达到热管理的目的。

空气冷却方式有以下优点。

（1）结构简单，重量相对较小。

（2）有害气体产生时能有效通风。

（3）工艺简单，成本较低。

空气冷却方式的缺点是散热效果差，且易引起模块中电池间温度不均衡，进而损害电池的使用寿命。

国内厂商大多采用空气冷却技术；美国 Enerl Think City 电池组为 28 kW · H，电池组由 432 片单体电池组成，采用空气冷却；日本 Toyota Prius 采用空气冷却。

液体冷却技术采用液体作为传热介质，为了使动力电池与液体进行良好绝缘，液体冷却会在电池模块间布置管线或者夹套，甚至直接将模块浸渍在电解质液体中。液体冷却技术具有较好的散热效果，但是较容易造成液体的泄露，管路的布置较为复杂，成本较高，系统的维护比较困难。美国的 GMVolt 采用的液冷方法，冷却液为 50% 的水和 50% 的乙二醇混合物。金属散热片间隔于单体间，冷却液在散热片内封闭循环，单体散热片厚度仅为 1 mm 左右，当温度过低时，加热线圈可加热冷却液并为电池升温。Tesla roadster 动力电池的热管理系统采用的是液冷，冷却液为 50% 的水，50% 的乙二醇。

（二）相变材料（PCM）冷却技术

PCM 冷却技术采用相变材料作为传热介质来达到散热的目的，是一种被动式的动力电池热管理技术。

PCM 应用于电池热管理系统中，即将整个电池组浸渍在 PCM 中，电池组放电产生的热量由 PCM 吸收从而使电池温度降低；同时热量以相变热的形式存储在 PCM 中，配合二次散热措施，可有效地控制电池温度的急剧上升，缩短电池处于高温的时间，防止电池热失控，提高电池组的使用寿命。其工作原理如图 5－10 所示。

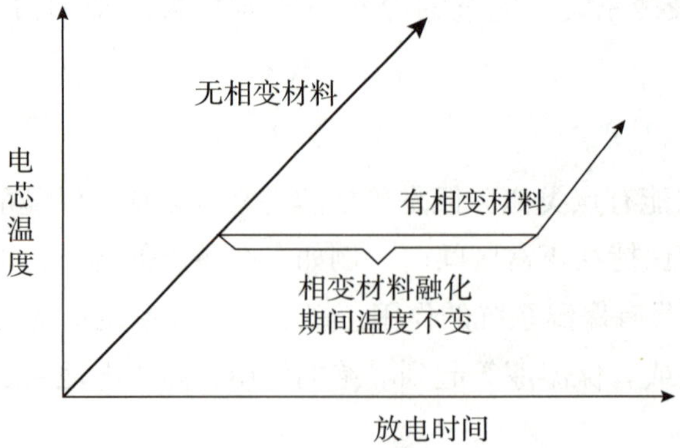

图 5－10　PCM 冷却技术工作原理

第二节　风冷和液冷散热系统

一、风冷散热系统

风冷是目前电动车电源系统中应用最广泛的散热方式，强制气流可以通过风扇产生，也可以利用汽车行驶过程中的迎面风或者压缩空气等产生。与其他方法相比，风冷结构相对简单、安全，维护也方便。日本丰田公司的混合动力电动汽车 Prius 和本田公司的 Insight 都采用风冷的形式，尼桑、通用等汽车公司研制的热管理系统也采用强制风冷形式。国内的各种类型的电动车电源系统基本上也是采用风冷系统。风冷方式重量相对较小，没有发生漏液的可能，有害气体产生时能有效通风，成本较低。其缺点在于与电池表面之间的热交换系数低，冷却、加热速度慢，电池箱内部温度均匀性不容易控制，电池箱的密封设计较难，防尘、防水效果较差。

（一）影响风冷散热的主要因素

（1）单体电池性能。

（2）进/出风口位置。

（3）风机。

（4）流通面积。

（5）流场设计。

（6）电池包覆材料。

（7）电池组支撑材料。

（二）热管理系统散热结构设计

1. 流场设计

电动汽车电池箱内不同模块之间的温度差异会加剧电池内阻和容量的不一致性，如果长时间积累，会造成部分电池过充电或过放电，进而影响电池的寿命与性能，并造成安全隐患。电池箱内电池模块的温度差异与电池组布置有很大关系，一般情况下，中间位置的电池容易积累热量，边缘的电池散热条件较好。所以，在进行电池组结构布置和散热设计时，要尽量保证电池组散热的均匀性。以风冷散热为例，通风方式一般有串行（图 5－11）、并行（图 5－12）和混行（图 5－13）三种。

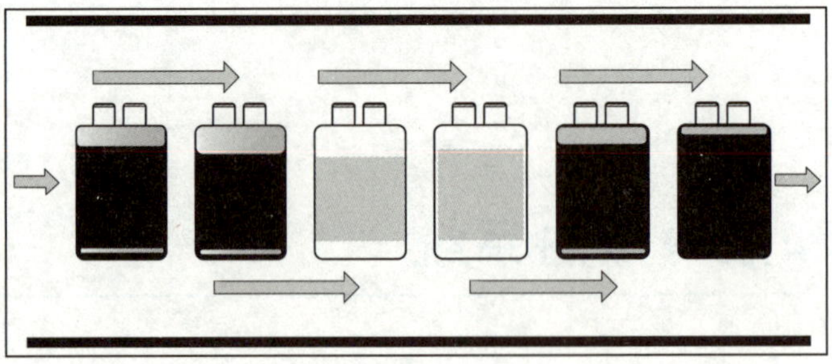

图 5-11　串行通风

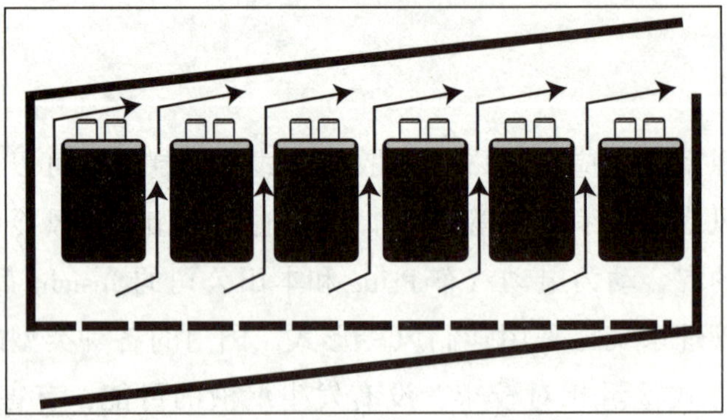

图 5-12　并行通风

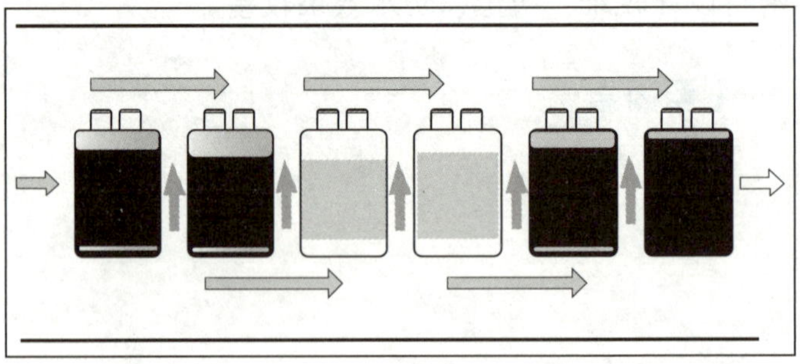

图 5-13　混行通风

在串行通风方式下，冷空气从左侧进入、从右侧排出。空气在流动过程中不断被加热，所以右侧的冷却效果要比左侧差，电池箱内电池组温度从左到右逐渐升高，电池组内的温差比较大，流经路径越长，温差越大。第一代丰田 Prius 和本田 Insight 都采用串行通风方式。在进风温度为 25 ℃的情况下，温差达到 18 ℃。对于比较小的电池包，可以采用此种方式。

并行通风方式使得空气流量在电池模块间分布更均匀。并行通风方式需要对进排风通道、电池布置位置进行很好的设计。丰田新 Prius 采用的就是并行通风方式，其楔形的进排气通道使得不同模块间隙上下的压力基本保持一致，确保了吹过不同电池模块的空气流量的一致性。在进风温度为 25 ℃的情况下温差达到 9 ℃。目前大部分风冷系统都采用此种结构。

电源系统在应用过程中，除了电池自身产热外，电池之间的连接电阻产生的热量也是重要的热量来源，并且这部分过热会带来其他严重的后果，如连接松动等。对于方形电池，接线柱一般处于上方，采用混行方式可以达到对局部产热重点冷却的作用，从而使系统内各电池的温度分布更加均匀。

在加热系统中，除了采用将热空气引入电池包中的方式外，还可以采用其他方式，如图 5－14 至图 5－17 所示。

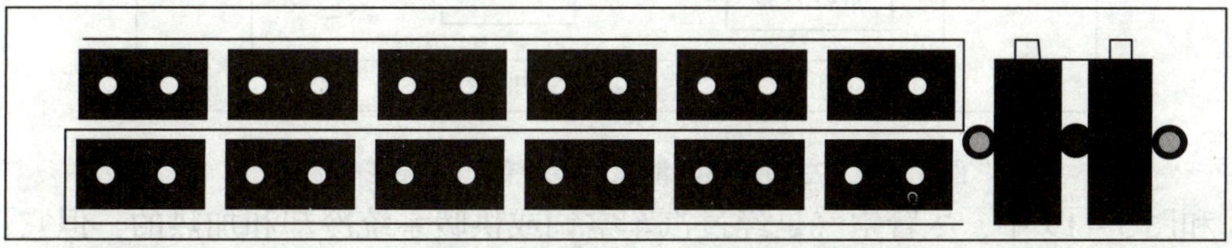

图 5－14　电池列前后绕线硅胶加热线

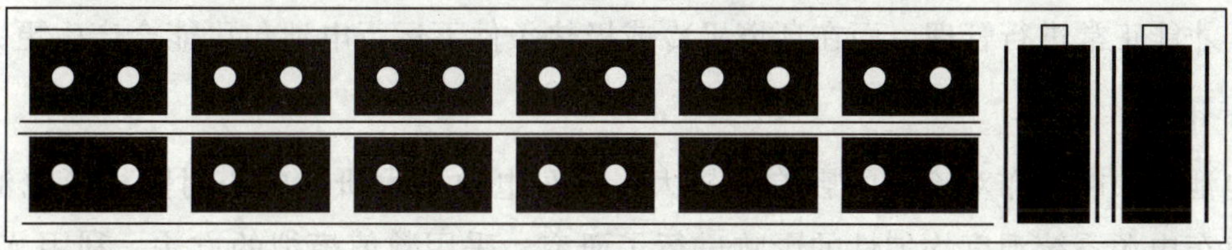

图 5－15　电池列间添加电热膜

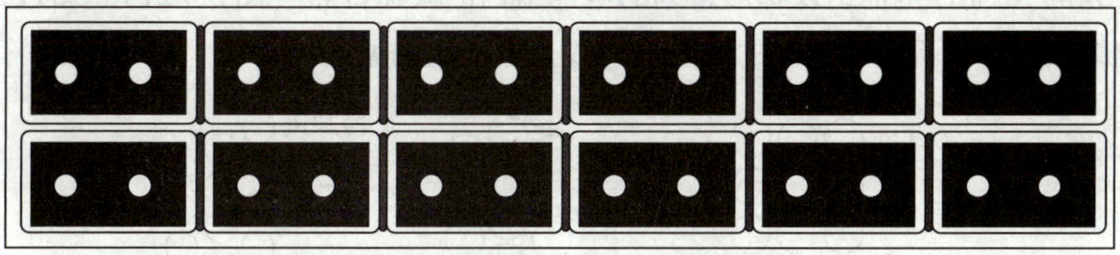

图 5－16　电池本体上包裹电热膜

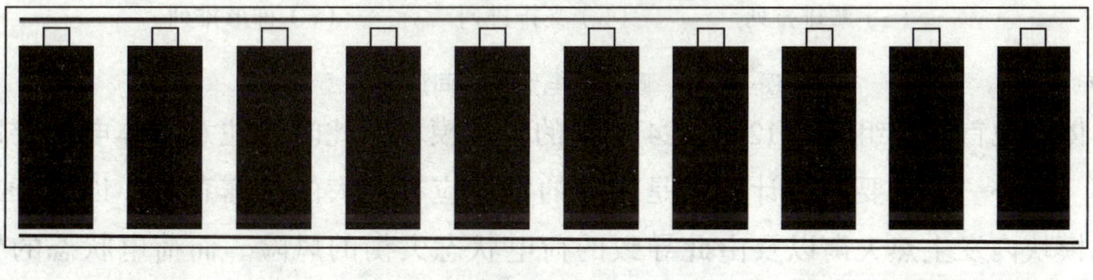

图 5－17　电池上、下添加加热板

热管理系统按照是否有内部加热装置或制冷装置分为被动式和主动式两种。图 5－18 至图 5－20 为空气加热与散热主、被动结构示意图。

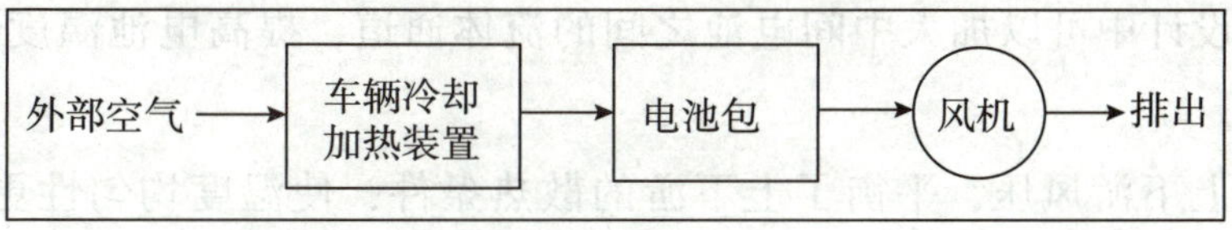

图 5－18　被动加热与散热——外部空气流通

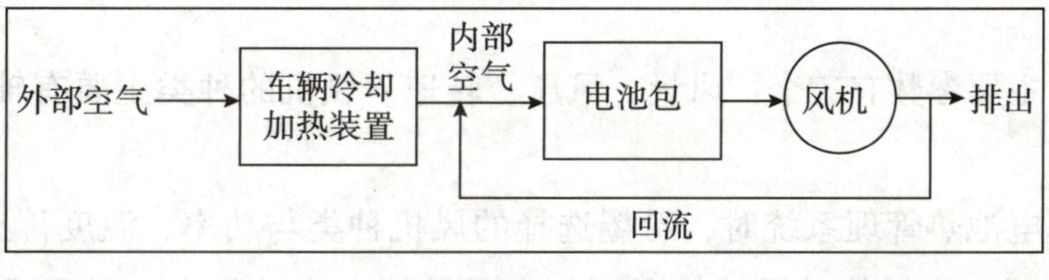

图 5－19　被动加热与散热——内部空气流通

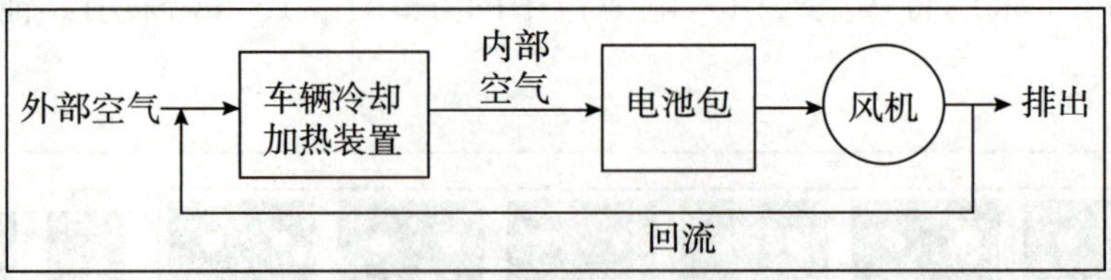

图 5－20　主动加热与散热——外部和内部空气流通

图 5－18 和图 5－19 中，尽管空气是经过汽车空调或供暖系统冷却和加热的，但它仍然是一种被动系统。运用这种系统，由于引入环境空气的温度的不一致性，环境空气必须在一定温度范围内（10～35 ℃）才能正常进行管理，而在环境极冷或极热条件下运行电池包可能会产生更大的不均匀。

2. 电池排布

电池及电池模块的排布对流场的影响比较大。汽车电池技术研究中心对圆柱形电池的不同排布方式对电动汽车电源系统温度均匀性的影响进行了研究，采用数值模拟的方法，利用 ANSYS CFX 软件研究交错排列的 Ni/MH 电池组及梯形排列的电池组内的共轭传热（图 5－21）。通过梯形排列以及合理的进、出风口设计来提高电池组的散热能力以及电池组的温度均匀性。

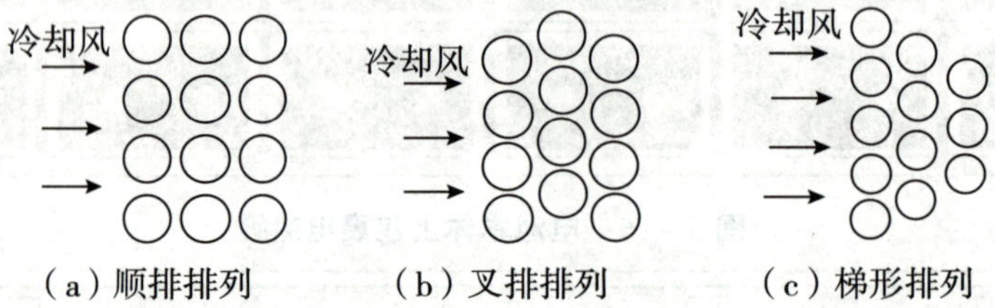

图 5－21　圆柱形电池的不同排列方式

通常，单体电池首先被组装成 12 V、24 V 等的标准模块，此时应注意单体电池要以背靠背的形式组合在一起。另外一个重要的设计特点是末端的电池应有较大的暴露背面，以便于冷却。不过这也增大了电池模块内发生热失衡以及由此导致的荷电状态失衡的风险。而荷电状态的失衡将导致电池过早失效。因此，在合理的模块设计中必须对模块的端板和散热片加以考虑。

电池模块的组装结构多种多样，不管何种结构，设计中都一定要考虑模块间距、空气的通道以及电池组散热片的特点，以平衡模块间的冷却效果。在方形电池组合中，相对来说模块中间的电池散热性能会较差，在设计中可以加大中间电池之间的流体通道，提高电池温度的均匀性，但这样会增加设计难度和成本。

梯形排列增大了上下游风压，平衡了上下游的散热条件，使温度均匀性更好。叉排电池组中，上下游流场分布基本一致，造成上下游散热条件不平衡，温度均匀性较差。

3. 风机

影响风机性能的主要参数有三个：风量、风压、转速。风机的种类主要有轴流风机、离心风机、混流式风机等。

在设计电动汽车电池热管理系统时，希望选择的风机种类与功率、温度传感器数量与测温点位置都恰到好处。在保证一定散热效果的情况下，应尽量减小流动阻力，降低风机噪音和功率消耗，提高整个系统的效率。

4. 温度传感器的数量与分布

电池箱内电池组的温度分布一般是不均匀的，因此需要知道不同条件下电池组热场分布以确定危险的温度点。测温传感器数量多，有测温全面的优点，但会增加系统成本。考虑温度传感器有可能失效，整个系统中温度传感器数量又不能太少，应至少有两个。一般情况下，应保证温度传感器不被冷却风吹到，以提高温度测量的准确性和稳定性。例如，可以在适当位置设计合适的孔穴。日本丰田公司的 Prius 车用电池组有 228 个单体，测温点的检测由五个温度传感器完成。一般进风口的温度和出风口的温度是需要测量的，电池组内可能的最高温度点也是需要测量的。

5. 进出风口设计

电池箱排气口的选择十分重要，排气口位置的选择合适与否会影响电池箱内冷却风扇的工作性能。如何利用汽车前进时在电池箱某些部位造成的负压区，加速电池箱内气体的排除也是值得考虑的一个问题。

二、液冷散热系统

在一般工况下，采用空气介质冷却即可满足散热要求；但在复杂工况下，液体冷却才可达到动力蓄电池的散热要求，即采用液体与外界空气进行热交换把电池组产生的热量送出，在模块间布置管线或围绕模块布置夹套，甚至把模块沉浸在电介质的液体中。若液体与模块间采用传热管、夹套等，传热介质可以采用水、乙二醇、油甚至制冷剂等。若电池模块沉浸在电介质传热液体中，必须采用绝缘措施防止短路。传热介质和电池模块壁之间进行传热的速率主要取决于液体的热导率、黏度、密度和流动速率。在相同的流速下，空气的传热速率远低于直接接触式流体，这是因为液体边界层薄，导热率高。

目前，制造商不愿意选择液体冷却是因为密封不好会导致液体泄漏，所以密封设计是极其重要的。

（一）液冷与风冷的比较

液冷与风冷各有其特点，见表 5－2 所示。

表 5－2　液冷与风冷的对比

项目	风冷	液冷
优点	（1）结构简单，重量相对较轻； （2）没有发生漏液的可能； （3）有害气体产生时能有效通风； （4）成本较低	（1）传热更有效； （2）电池组温度均匀性好； （3）可与车辆冷却系统整合在一起； （4）与电池壁面间的热交换系数高，冷却、加热速度快； （5）体积小

续表

项目	风冷	液冷
缺点	（1）空气在电池组内的分布复杂； （2）与电池壁面间的交换系数低，冷却、加热速度慢； （3）吸入的空气必须滤掉尘和土； （4）受环境温度影响大	（1）存在漏液的可能； （2）重量相对较大； （3）维修和保养复杂； （4）需要水套、热交换器等部件，结构复杂

（二）传热介质选择

传热介质的选择对液冷热管理系统的性能有很大影响，传热介质要在设计热管理系统前确定。直接接触式的液冷所用的是电绝缘且热导率高的液体（如硅基油、矿物油）直接接触单体电池或模块，它能够很好地解决模块温度均匀化的问题。但是由于绝缘液体通常黏度比较大，流速不会很高，从而限制了其换热效果，系统的热交换效率很大程度上取决于液体的热导率、黏度、密度、速度以及流体流过电池的方式。间接接触式液冷中，液体在管道内流动，通过翅片等与电池直接接触，将热量通过翅片传递，通过液体流动换热带走，从而冷却电池。由于没有绝缘要求，且没有流速限制，所以可以选用热导率高但是绝缘性不好的液体，换热效果非常好。但温度均匀性比直接接触式液冷要差一些。为了防止泄露造成短路，这种方法对管道的密封要求比较高。一般选用的传热介质主要有水、乙二醇、硅酮、石蜡等。各类传热介质的主要性质见表 5－3。

表 5－3　各类传热介质的主要性质

性能/冷却剂	空气	矿物油	水/乙二醇
密度 ρ/（kg/cm^3）	1.225	924.1	1 069
比热容 C_p/［J/（kg·K）］	1 006.43	1 900	3 323
热导率 κ/［W/（m·K）］	0.0242	0.13	0.389 2
运动黏滞度 ν/（m^3/s）	1.461e－5	5.6e－5	2.582e－6

冷却剂的选取还必须考虑在极低温度下的防冻，否则在极低温度下运行，冷却剂变为固体，体积改变会损坏整套冷却系统及电动汽车电池组。

（三）液冷系统的设计

液冷系统的设计必须与整车设计联系在一起。液体冷却介质起到的作用只是一种热量交换，即将电池产生的热量传递到液体中，液体温度升高，并不能将产生的热量排放出去，必须经过其他的热交换措施如热交换器、车辆的空调系统等。同时，液体的流动必须在一定的压力下才能进行，所以要考虑用泵来加压，以加快液体的流动。图 5－22 为常用的三种集中液冷系统设计模式。

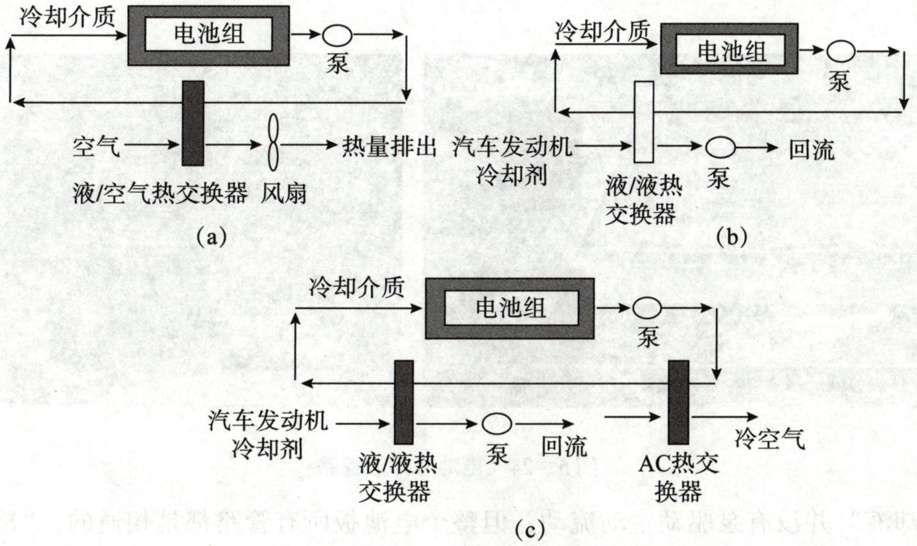

图 5－22　常用集中液冷设计模式

与风冷系统不同，液冷系统不能将电池内部产生的气体排放出去，必须采用集中式排气方式。

SaftVL20P 液冷结构的 42 V 模块，装在 42 V 混合电动车上，对于典型的 42 V 混合电动应用，电池组温升不超过 5 ℃，采取更严格的最大电流限制的制度进行测试，温升也不超过 10 ℃，并且电池组内电池之间温差小于 2 ℃。

图 5－23 为采用液冷系统的纯电动客车用 24 V、300 A · h 磷酸铁锂电池包在 1 C 充电情况下的内部温度变化曲线。在充电过程中进行液冷，电池组内部温差小于 3 ℃。放电过程不冷却，连续两次充放电循环，电池组温度最高不超过 40 ℃，可以满足电动汽车车辆连续运行的要求。

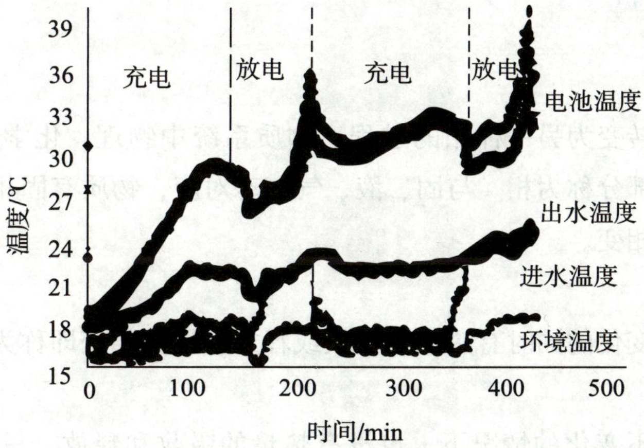

图 5－23　磷酸铁锂液冷系统温度变化

下面以特斯拉电动汽车电池热管理系统为例，介绍液冷式电池热管理系统。

Tesla Motors 公司的 Roadster 纯电动汽车采用了液冷式电池热管理系统。车载电池组由 6 831 节 18650 型锂离子电池组成，其中每 69 节并联为一组，再将 9 组串联为一层，最后串联堆叠 11 层构成。电池热管理系统的冷却液为 50% 的水与 50% 的乙二醇混合物。

电池板内除了电池组外，最多的都是“冷却液”管路（图 5-24），每组电池都需要通入一定量的“冷却液”。

图 5-24 电池冷却液管路

虽然“冷却液”并没有泵驱动主动流动，但整个电池板所有管路都是相通的，“冷却液”可以热胀冷缩进行一定范围内的流动。

通过上述热管理系统，将 Roadster 电池组内各单体电池的温度差异控制在 ±2 ℃以内。

三、相变材料的应用

风冷和液冷系统的不足之处：一方面，系统复杂且占用的空间较大；另一方面，电池应用产生的热量未能回收。在寒冷地区启动车辆时需要给电池组加热，这样不利于能量的合理应用，采用相变材料（PCM）的热管理系统可以克服这些缺点。

（一）相变和相变材料

1. 相变

相变指物质从一种相转变为另一种相的过程。物质系统中物理、化学性质完全相同，与其他部分具有明显分界面的均匀部分称为相。与固、液、气三态对应，物质有固相、液相、气相。相变又分为两种：一级相变和二级相变。

（1）一级相变

发生相变时，在体积变化的同时有热量的吸收或释放，这类相变即称为一级相变。

（2）二级相变

发生相变时，在体积不变化的情况下，也没有热量的吸收和释放，只发生了热容量、热膨胀系数和等温压缩系数等的物理量的变化，这一类变化称为二级相变。正常液态氦（氦Ⅰ）与超流氦（氦Ⅱ）之间的转变，正常导体与超导体之间的转变，顺磁体与铁磁体之间的转变，合金的有序态与无序态之间的转变等都是典型的二级相变的例子。

2. 相变材料

相变材料（phase change material，PCM）是指随温度变化而改变物理性质并能提供潜热的物质。

转变物理性质的过程称为相变过程，这时相变材料将吸收或释放大量的潜热。

相变材料在其相变温度附近发生相变，释放或吸收大量热量。相变材料的这一特征可用于储存能量或控制环境温度，在许多领域具有应用价值。相变材料具有在一定温度范围内改变其物理状态的能力。以固－液相变为例，在加热到熔化温度时，会产生从固态到液态的相变，熔化的过程中，相变材料吸收并储存大量的潜热。

当相变材料冷却时，储存的热量在一定的温度范围内会散发到环境中去，进行从液态到固态的逆相变。在这两种相变过程中，所储存或释放的能量称为相变潜热。

物理状态发生变化时，材料自身的温度在相变完成前几乎维持不变，形成一个宽的温度平台，虽然温度不变，但吸收或者释放的潜热却相当大。相变储能工作原理如图 5－25 所示。

以20 ℃调温相变材料为例

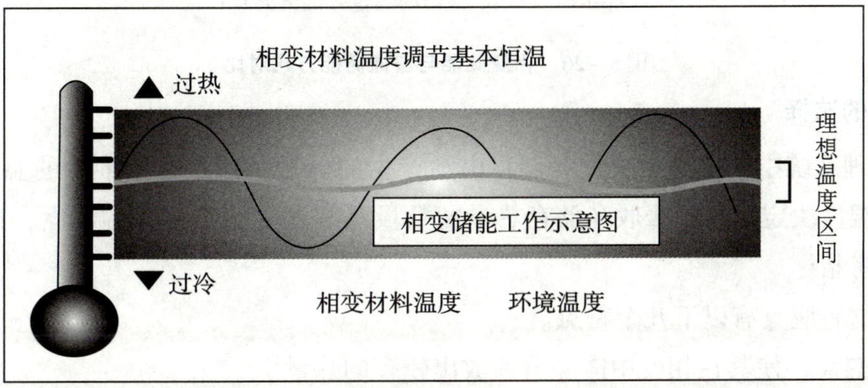

当外界温度高于20 ℃时，相变材料吸收环境中的热量进行储存，并使得环境温度降低。

当外界温度低于20 ℃时，相变材料将会把之前所储存的热量释放给外界环境、一次循环，维持在一个相对恒温状态。

图 5－25　相变储能工作原理示意图

图 5－26 为相变储能与普通储能方式的对比。相变材料可分为固－固、固－液、液－气和固－气四大类。液－气和固－气相变潜热很大，但是相变时有气体产生，容积的变化非常大。在电动汽车车用动力电源系统中，通常采用固－液相变材料。相变材料可以是无机物或有机物质；可以单独使用也可以混合使用。无机类 PCM 主要有结晶水合盐类、熔融盐类、金属或合金类等，其相变蓄热过程比较稳定，但在放热过程中存在较严重的过冷现象和相分离，一般要加入成核剂和增稠剂；有机类 PCM 主要包括石蜡、醋酸和其他有机物，石蜡的相变潜热比较高，融化时蒸气压低，容易获得、价格便宜，但热导率低和体积变化大；脂肪酸具有较好的熔化和凝固特性，化学性质稳定，无毒性，而且相变过程中体积变化小、相变潜热大，比较适合电动车动力电源系统的应用。

近年来，复合相变储热材料应运而生，它既能有效克服单一的无机物或有机物相变储热材料存在的缺点，又可以改善相变材料的应用效果以及拓展其应用范围，因此，研制复合相变储热材料已成为储热材料领域的热点研究课题。但是混合相变材料也存在可能会带来相变潜热下降，或者在长期的相变过程中容易变性等缺点。

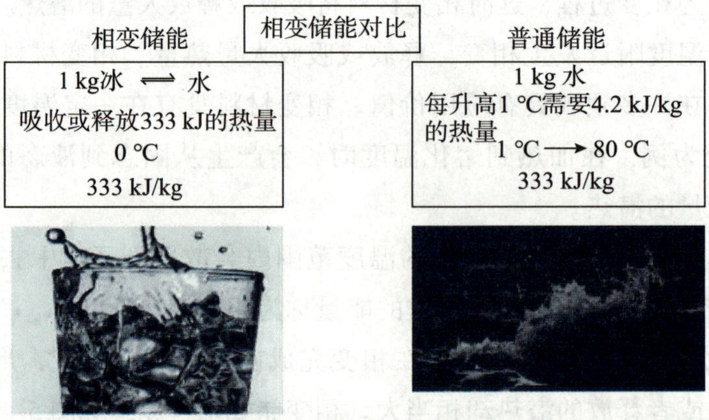

相变储能: 0 ℃时，冰变成水可以吸收储存333 kJ/kg的热量。
普通储能: 普通kJ/kg的热量，水则需要升高80 ℃左右。
（1 kg水需要吸收4.2 kJ的热量才能升高1 ℃）

图 5－26　相变储能与普通储能方式对比

3. 相变材料的选择

PCM 在热管理系统中的作用是吸收和储存电池产生的热量，减小电池堆中的温度变化。PCM 的相变潜热和相变温度决定了可以吸收和储存热量的数量及其发生储热过程的温度，这是选择 PCM 材料的两个重要参考指标。

合适的相变材料应具有以下几个特点。

（1）熔化潜热高，使其在相变中能储藏或放出较多的热量。

（2）相变过程可逆性好，膨胀收缩性小，过冷或过热现象少。

（3）有合适的相变温度，能满足需要控制的特定温度。

（4）热导率大，密度大，比热容大。

（5）相变材料无毒，无腐蚀性，成本低，制造方便。

在实际研制过程中，要找到满足这些理想条件的相变材料非常困难。因此，人们往往先考虑有合适的相变温度和有较大相变潜热的相变材料，而后再考虑各种影响研究和应用的综合性因素。

相比而言，石蜡尽管具有比较高的单位质量相变潜热，在电池运行温度范围内也具有高的熔化温度，且成本较低，有很大的商业运行可行性。但由于其导热性很差，导致其储热速度降低，而且容易引起在熔化和固化循环过程中的离析，进而降低其作为相变发生器的整体功能。因此，许多研究者开展了旨在克服其低热导率缺陷的研究，如采用添加金属填料、金属阵列结构等。

随着先进碳材料的应用开发，有研究者提出在 PCM 中添加碳纤维，或将碳纳米管分散在 PCM 中来提高复合材料的综合性能，这些方法可以很大程度上提高其热导率。图 5－27 为特斯拉锂电池所用的 PCM。

电动汽车电池正常应用的最佳温度范围为 20～40 ℃，一般环境温度在 35 ℃以下。所以，选择的 PCM 相变温度一般应为 38～40 ℃。选择的温度过低，PCM 会直接从环境中吸热发生相变，达不到降温效果；选择的温度过高，则会影响到电池的性能和寿命。

图 5－27　特斯拉锂电池所用的 PCM

例如，在野外电池应用中，电池保护外套采用一个绝缘的屏障以保护电池免受过高环境温度变化的影响。这是利用相变材料将电池的四周和底部紧密包围来实现的。相变材料的优越性在于，当材料发生相变时，其温度停留在一恒定温度上。日间电池盒的温度升高，当温度到达相变温度时，相变材料开始熔化。相变材料（和电池）将停留在此温度（即使电池四周的环境温度远在此温度之上）直到相变材料完全熔化。在温度较低的傍晚和夜间，电池盒的温度将降低，当温度下降到相变温度以下时，相变材料开始凝固。在这个过程中，相变材料（和电池）将停留在相变温度直到相变材料完全固化。这个变化周期将每天不断地重复，有可能长达 10 年以上的时间。

（二）相变材料在电动汽车上的应用

采用相变材料的一个最大优点是可以保证系统内各电池温度的一致性。但相变材料只是一个吸热或储热材料，其自身并不具有散热能力。而电动汽车应用过程中，必须将电池产生的热量散发出去。所以，采用相变材料必须另外附加其他散热系统。从应用角度讲，其较适合于 EV 车辆的应用。EV 车辆应用过程中，充电产生的热量是主要原因，车辆充电一般为固定式充电，充电环境容易控制。此时可以采用风、水等其他措施将相变材料吸收的热量散发出去，车辆行驶（放电）过程中，PCM 又可以吸收产生的热量。另外可以利用环境的昼夜温差，晚上将 PCM 冷却。但电动车的应用环境比较复杂，因此，相变材料在电动汽车上应用不是很方便，它适宜于固定环境或小型电池组的应用。

实践操作

动力蓄电池冷却系统故障检修

一、接受工作任务
一辆吉利帝豪 EV450 在行驶过程中发现仪表的限功率指示灯亮起，踩下加速踏板时车速无法提升，于是进店维修。经过检查发现，车辆动力蓄电池冷却水泵存在故障。请按照操作规范完成故障检修任务。

二、信息收集			
1. 动力蓄电池热管理的功能包括________、________、________、________、________。			
2. 电池组热管理系统的运行方式包括________、________、________。			
3. 吉利帝豪 EV 系列的热管理系统主要包括________、________、________、________四部分。			
三、制订计划			
1. 根据实训任务要求制订作业计划。			
作业计划			
序号	作业项目	操作要点	
2. 根据作业计划完成小组成员任务分工。			
操作人		记录员	
监护人		展示员	
作业注意事项			
（1）实训开始前应摘掉首饰，换上实训服，长发挽起并固定于脑后。 （2）车辆带有 300 V 以上高压电，严禁用手直接触摸高压回路导体部分。 （3）若实训过程中出现故障，务必第一时间中止实训，并报实训指导教师。 （4）作业完毕应清除杂物，打扫设备周围以保持场地整洁。			
检测设备/工具/材料			
序号	名称	数量	清点
			□已清点
			□已清点
			□已清点
			□已清点
			□已清点
			□已清点
四、计划实施			
1. 测量准备。			
测量时需要准备的场地安全措施有________________。 工具安全措施有________________。			

2. 确认故障现象。

“READY”指示灯是否亮：□亮　　□不亮

其他故障指示灯：________。

3. 正确断电。断开蓄电池负极，断开维修开关。

注意：断开蓄电池负极后需要做绝缘防护。

4. 使用万用表测量水泵 BV09/3 针脚的供电电压。

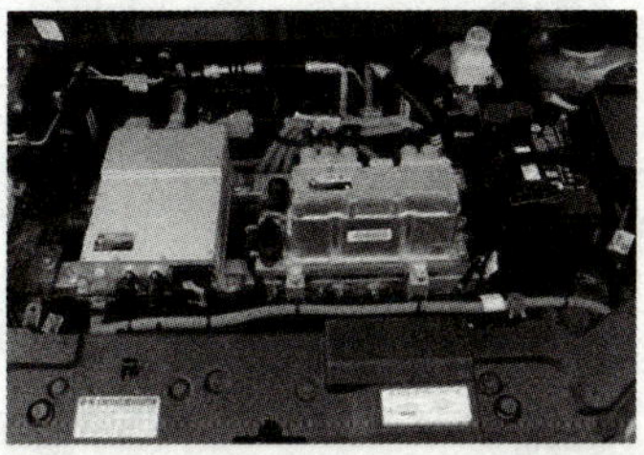

实测水泵供电电压为________V。

5. 使用万用表分别测量水泵供电保险丝 EF14 的上游和下游电压。

EF14 下游电压为________V，

EF14 上游电压为________V。

6. 打开保险丝盒盖，取下水泵供电保险丝 EF14，测量保险丝电阻。

测得保险丝的电阻为________。

7. 确定故障点。通过测量的数据分析得出故障点。

故障点为________。

8. 更换新的保险丝，上电验证故障是否消除。

保险丝的规格为________。

五、质量检查

请实训指导教师检查本组作业结果，并针对实训过程出现的问题提出改进措施及建议。

序号	评价标准	评价结果
1	规范使用设备仪器，恢复场地	
2	作业计划完善且保证安全实施	
3	准确测量、记录数据，分析合理	
4	正确展示团队实训成果	
综合评价	☆☆☆☆☆	

综合评语（作业问题及改进建议）			
六、评价反馈			
请根据在课堂中的实际表现进行自我评价和小组评价。			
自我评价：________________。 小组评价：________________。			
实训成绩单			
项目	评分标准	分值	得分
接受工作任务	明确工作任务及结果要求	5	
信息收集	掌握工作相关知识及操作要点	15	
制订计划	按照计划顺利且高效地完成工作任务	10	
计划实施	做好设备检查和安全防护	10	
	正确进行整车断电	10	
	正确进行故障诊断排除	25	
	正确进行故障恢复和验证	15	
质量检查	按照要求完成相应任务	5	
评价反馈	经验总结到位，评价合理	5	
得分（满分100）			

课程思政

动力电池集成及管理技术挑战赛决赛举行

2022年7月9日，动力电池集成及管理技术挑战赛决赛在宜宾举行。本次挑战赛面向国内高等院校和科研院所征集动力电池创新设计方案，并邀请了动力电池行业领军人物、中国科学院院士欧阳明高担任评审委员会主任，旨在培养和挖掘动力电池技术创新的高潜力人才、征集遴选动力电池集成创新创意。

参加当天决赛的是从全国38所高校及科研院所的41支队伍中脱颖而出的10支高校队伍，包括北京电动车辆协同创新中心、北京航空航天大学、清华大学等。决赛分为现场答辩和系统测试两个环节。其中，现场答辩由 10 名评审委员会专家针对参赛设计方案，从完整性、创新性、可行性，产业化应用等角度进行评价；系统测试环节则由 19 名裁判委员会专家从电池系统参数测量、雨淋测试、跌落测试等 7 项测试项目进行评价。

未来，新能源汽车将是中国汽车产业重要突破口，产业链上的人才素质更是关键，挑战赛旨在促进高校学生将理论与实践相结合，培养更多新能源汽车领域高端人才。

（来源：人民网，综合栏目）

思考练习

一、填空题

1. 温度是电动汽车动力电源系统中控制的最主要的参数之一，也是影响__________的最主要的参数。

2. 按照冷却方式划分，动力电池热管理系统可分__________和__________。

3. 根据冷却介质的不同，冷却系统通常可分为__________、__________和__________三种冷却方式。

二、简答题

1. 简述动力电池热管理系统的主要功能。
2. 合适的相变材料应具有哪些特点？
3. 动力电池管理系统风冷和液冷系统的不足之处有哪些？
4. 影响动力电池风冷散热的主要因素有哪些？
5. 简述影响风机性能的主要参数和风机种类。

第六章

新能源汽车动力电池常见故障诊断

本章导读

动力电池及其管理系统、充电系统是纯电动汽车的核心系统。若发生故障，就失去了对电池的监控，不能估计电池的荷电状态，容易造成电池过充、过放、过载、过热以及不一致性问题的增加，影响电池的性能、使用寿命甚至行车安全。

学习目标

1. 熟悉动力蓄电池的故障分级。
2. 掌握蓄电池管理系统常见故障类型及解决办法。
3. 掌握充电系统常见故障的诊断与排除。

素质目标

1. 引导学生认真学习贯彻落实党的二十大精神，高质量推进科教兴国战略，为全面建设社会主义现代化国家积极贡献青春力量。

2. 培养学生养成良好的职业素养，具备团队合作意识，能进行有效的沟通和交流。

第一节　动力蓄电池及其管理系统常见故障诊断

一、动力蓄电池的故障分级

(一) 动力蓄电池故障指示灯

新能源汽车出现电气故障时，仪表盘上相应的故障指示灯点亮，指示灯如图 6－1 所示，各故障指示灯含义见表 6－1 所示。动力蓄电池相关故障指示灯主要有动力蓄电池故障指示灯、动力蓄电池断开指示灯、充电连接指示灯等。

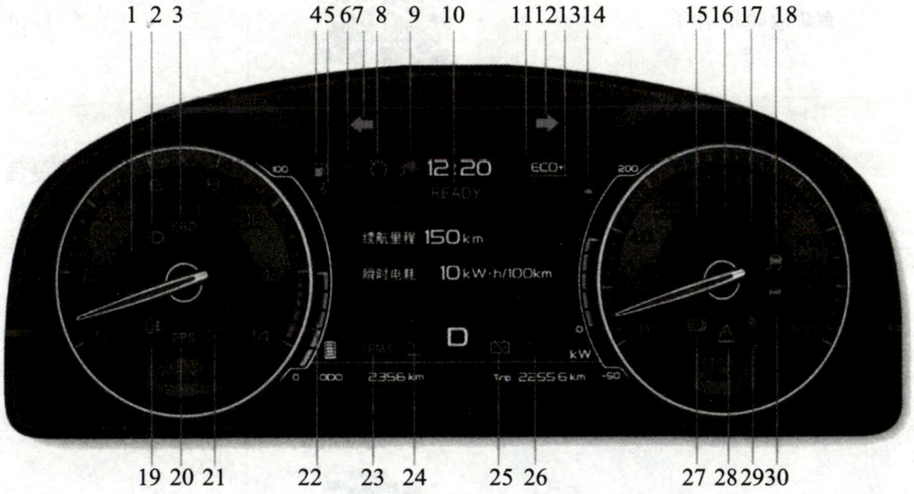

图 6－1　吉利帝豪 EV450 仪表盘中的指示灯

表 6－1　吉利帝豪 EV450 仪表盘中的指示灯的含义

序号	名称	符号	颜色
1	远光指示灯		蓝色
2	日间行车指示灯		绿色

续表

序号	名称	符号	颜色
3	电子制动力分配故障指示灯		橙色
4	动力蓄电池充电指示灯		橙色
5	驾驶员安全带未系报警指示灯		红色
6	系统故障指示灯		红色
7	左转向指示灯		绿色
8	巡航指示灯		绿色
9	充电连接指示灯		红色
10	运行准备就绪指示灯		绿色
11	模式指示灯		白色
12	右转向指示灯		绿色

续表

序号	名称	符号	颜色
13	电机及控制器过热指示灯		红色
14	功率限制指示灯		橙色
15	减速器故障指示灯		红色
16	制动系统故障指示灯		红色
17	驻车制动指示灯		红色
18	电子稳定控制系统（ESP）故障指示灯		橙色
19	后雾指示灯	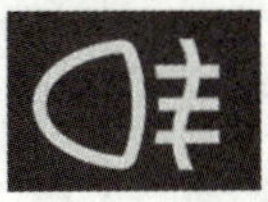	橙色
20	电动助力转向系统故障指示灯		橙色
21	动力蓄电池充放电状态指示灯		红色

续表

序号	名称	符号	颜色
22	动力蓄电池电量指示条		蓝色
23	胎压监测系统故障指示灯		橙色
24	胎压异常指示灯		橙色
25	动力蓄电池断开指示灯		橙色
26	动力蓄电池故障指示灯		红色
27	ABS 故障指示灯		橙色
28	驻车系统故障指示灯		橙色
29	安全气囊故障指示灯		红色
30	电子稳定控制系统（ESP）关闭指示灯	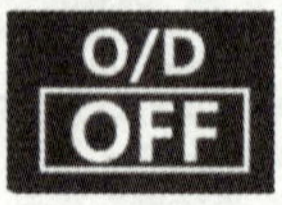	橙色

（二）动力蓄电池的故障分级

根据故障对整车的影响将动力蓄电池的故障划分为以下三个等级。

1. 一级故障（非常严重）

一级故障表明动力蓄电池功能在此状态下已经丧失，请求其他控制器立即（1 s 内）停止充电或放电。如果其他控制器在指定时间内未作出响应，电池管理系统将在 2 s 后主动停止充电或放电，即断开高压接触器。

一级故障故障出现一段时间后会造成整车出现安全事故，如起火、爆炸、触电等。动力蓄电池在正常工作下不会上报该故障，电池管理系统一旦上报该故障就表明动力蓄电池处于严重滥用状态。

2. 二级故障（严重）

二级故障表明动力蓄电池功能在此状态下已经丧失，请求其他控制器停止充电或者放电；其他控制器应在一定的延时时间内响应动力蓄电池停止充电或放电请求。

二级故障故障会造成整车进入跛行状态、暂时停止能量回馈、停止充电。动力蓄电池在正常工作下不会上报该故障，电池管理系统一旦上报该故障就表明动力蓄电池某些硬件出现故障或动力蓄电池处于非正常工作的状态下。

3. 三级故障（轻微）

三级故障表明动力蓄电池性能下降，电池管理系统会降低最大允许充放电电流。

三级故障故障对整车无影响或不同程度地造成整车进入限功率行驶状态。动力蓄电池在正常工作状态下可能不会上报该故障，电池管理系统一旦上报该故障就表明动力蓄电池处于极限环境温度下或单体电池一致性出现一定劣化等。

二、动力蓄电池的常见故障

（一）动力蓄电池常见故障

动力蓄电池常见故障见表 6－2 所示。

表 6－2 动力蓄电池常见故障

序号	故障现象	解决方法
1	SOC 异常，如无显示、数值明显不符合逻辑	（1）停车或者关闭车钥匙后重新启动； （2）检查仪表盘中其他故障报警是否点亮，并作好现象记录； （3）联系专业维修人员进行复查，维修人员确认无误后才能正常使用
2	续航里程低于经验值	联系维护人员，检查充放电过程中容量是否衰减、BMS 控制是否正常

续表

序号	故障现象	解决方法
3	电池过热报警/保护	（1）10 s 内减速，停车观察； （2）检查报警是否消除，检查是否有其他故障，并做好记录； （3）若报警或保护消除，可以继续驾驶，否则联系专业维修人员； （4）运行中若连续 3 次以上出现停车，减速故障消除后联系专业维修人员
4	SOC 过低报警/保护	（1）SOC 低于 30%、报警出现时，减速行驶，寻找最近的充电站进行充电； （2）停车休息 3 ~ 5 min 后行驶，检查故障能否自动消除； （3）若故障不能自动消除，且仍未驶达充电站，联系专业维护人员解决
5	电压/电流明显异常	（1）熄火，迅速下车并保存适当距离； （2）联系专业技术人员处理
6	钥匙打到 ON/START 挡后不工作	（1）检查并维护低压电源； （2）若打到 ON 挡后能工作，检查仪表盘中的故障指示灯是否点亮，并作好记录； （3）若打到 START 挡后仍不能工作，联系专业人员
7	运行时高压短时间丢失	检查系统屏蔽层是否有效，检查接触器是否能正常工作，检查主回路是否接触良好
8	电池外箱磨损、破坏	联系专业维修人员

（二）动力蓄电池典型故障

动力蓄电池故障检修

1. 动力蓄电池断电故障

故障现象：启动车辆，仪表盘中动力蓄电池故障指示灯亮，动力蓄电池高压断开故障指示灯亮。

动力蓄电池故障检测步骤如下。

（1）首先使用专用诊断仪读取故障码，根据故障代码进行下一步检查。

（2）如果车辆有维修开关（MSD），则检查 MSD 是否松动。根据统计，在带有维修开关的车辆中，因 MSD 没插到位引起的故障占到 70%，高压线束端接触不良问题占到 20%。

（3）插拔检测动力蓄电池的高压线束，查看是否存在接触不良问题。

（4）检查前机舱电器盒内动力蓄电池低压供电熔断器是否熔断。若熔断器良好，则用万用表检查动力蓄电池的 BMS 电源电路，检测电源线是否有短路、断路现象。

（5）如果上述电源线束正常，但 BMS 电源电路无 12V 电压，则更换前机舱电器盒总成；如果线束有短路或断路现象，更换动力蓄电池低压控制线束。

（6）检查动力蓄电池的 BMS 唤醒信号电路和 CAN 线通路，检查各信号线的通断及接地线是否与车身导通，如线束断路或接触不良则需更换动力蓄电池低压控制线束。

（7）如上述线路均无故障，则更换整车控制器 VCU，试车查看故障是否排除。

（8）若更换线束及VCU后故障依然存在，则需要将动力蓄电池拆下开箱检查，开箱检查需联系动力蓄电池厂家的售后工程师。

2. 仪表报动力蓄电池绝缘故障

故障现象：若电池自身或是电池外电路高压回路上存在绝缘故障，将导致高压断开，仪表上显示动力蓄电池“绝缘故障”的信息，如图6－2所示。

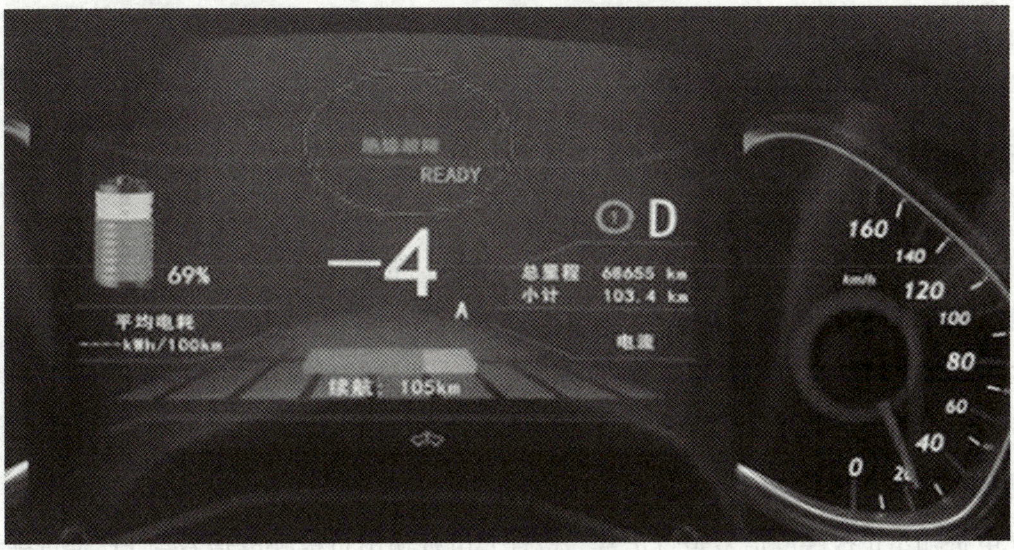

图6－2 绝缘故障

故障检测：因为整车所有高压部分绝缘都由动力蓄电池管理系统检测，整车没有高压绝缘检测功能，所以出现绝缘故障。因此，首先需要断开动力蓄电池与其他部件的连接，然后用绝缘表检测动力蓄电池绝缘电阻。如果动力蓄电池绝缘阻值达不到规定值，则开箱进行动力蓄电池维修；如果动力蓄电池绝缘没有问题，则依次测量其他高压用电部件的绝缘值。

3. 电池温度异常故障

故障现象：车辆仪表盘中黄色的电池故障报警信号灯点亮。如果车辆在行驶过程中可能会出现限速情况，用上位机或监控平台查看是否有温升过快、温度过高、温度过低及温度不均衡等故障。

故障检修：针对该故障，首先要分析数据是否为电池的真实温度。如果电池整体温度偏高或偏低，则可能是真实温度情况；如果不是电池的真实温度，则可能是温度传感器损坏。

4. 电池电压不均衡故障

故障现象：在车辆低电量行驶过程中，若电池报警，可能会出现电压跳变情况，甚至出现限速或仪表盘中显示电量变为10%左右，且充电时可能出现无法充电的现象。用上位机或远程监控平台查看是否有电压不均衡故障。

故障检测：电池系统经过一段时间的运行后，因环境变化及电池单体本身的差异性，放电末端压差会有增大的趋势。压差大于500 mV时，会点亮电池故障报警指示灯。出现该故障，首先应判断电池单体本身实际电压与监控数据显示电压是否一致。如果一致，此现象应该是电池单体本身的压差大导致的，需要拆箱做电池的均衡维护；如果不一致，则需要拆箱检查电压采集情况是否正常。

第二节 充电系统常见故障诊断

一、充电系统常见故障的诊断与排除

（一）快充系统常见故障的诊断与排除

1. 充电桩显示车辆未连接

检查快充口 CC1 与 PE 之间是否有 1 kΩ 电阻，检查快充口导电层是否脱落，检查充电枪 CC2 与 PE 是否导通。

2. 动力电池继电器未闭合

检查充电桩输出正极唤醒信号是否正常，检查充电桩输出负极唤醒信号与 PE 是否导通，检查充电桩 CAN 通信是否正常。

3. 动力电池继电器正常闭合，但无输出电流

检查充电桩与动力电池 BMS 软件版本是否匹配，检查高压连接器及线缆是否正确连接，用诊断仪查看充电监控状态，以北汽 EV 系列车辆为例，见表 6－3。

表 6－3　充电监控状态表

名称	当前值
动力电池充电请求	请求充电
动力电池加热状态	未加热
动力电池当前充电状态	充电状态
动力电池允许最大充电电流	10.0 A
动力电池加热电流请求值	6.0 A
动力电池允许最高充电端电压	370.00 V
剩余充电时间	0 min
CHG 初始化状态	已完成
动力电池加热状态	停止加热
充电机当前充电状态	正在充电

续表

名称	当前值
充电机输出端电流	7.5 A
充电机输出端电压	335.30 V
充电机输出端过压保护故障	正常
充电机输出端欠压保护故障	正常
充电机输出电流过流保护故障	正常
充电机过温保护状态	正常

4. DC/DC 转换器不工作

检查连接器是否正常连接，检查高压熔丝是否熔断，检查使能信号输入是否正常（12 V）。

（二）慢充系统常见故障的诊断与排除

下面以北汽 EV 系列车辆为例，介绍慢充系统常见故障的诊断与排除方法。

1. 车辆无法充电

故障现象：车辆在使用充电桩充电时，充电桩指示灯亮，充电器工作指示灯亮，车辆无法充电。

可能原因：动力电池控制器故障、动力电池故障、通信故障。

故障诊断与排除：根据上述故障现象，充电桩指示灯和充电器工作指示灯正常，首先检查通信线路和动力电池内部，用故障检测仪检测故障码及数据流，读出故障码：P1048（SOC 过低保护故障）、P1040（单体电池欠压故障）、P1046（动力电池电压不均衡保护故障）。读出数据流：动力电池中单体电池最低电压为 2.56 V。单体电池电压差大于 500 mV 时动力电池管理系统启动充、放电保护而无法充电，更换单体电池，动力电池故障解除，车辆恢复充电。

故障分析：通过以上故障诊断与排除过程，总结动力电池充电的条件。

（1）充电桩与充电器或快充桩与动力电池的通信匹配。

（2）充电器能正常工作，无故障。

（3）整车控制器与充电器、动力电池控制器通信正常。

（4）唤醒信号正常。

（5）整车控制器和动力电池控制器的信号正常。

（6）单体电池之间电压差小于 500 mV。

（7）高压电路无绝缘故障。

（8）动力电池内部温度在充电的温度范围内。

2. 充电时充电桩跳闸

故障现象：车辆在使用充电桩充电时，充电桩跳闸，充电器无法充电。

可能原因：充电器内部短路。

故障诊断与排除：检查确认充电桩交流 220 V 电压、充电桩 CP 线与充电器连接正常，再检查确认充电线束、高压线束、充电器、动力电池的绝缘均正常，更换充电器，故障排除。

故障分析：此车的故障现象是充电桩跳闸，说明唤醒信号和互锁电路正常，基本可以断定是充电器内部短路故障。

3. 充电器指示灯不亮

故障现象：车辆在使用充电桩充电时，充电器指示灯不亮，车辆无法充电。

可能原因：充电器内部故障、充电唤醒信号中断或互锁电路故障。

故障诊断与排除：检查低压熔丝盒内的动力电池充电熔丝和充电器低压电源，将万用表旋到直流电压挡测量充电器低压电源正常，再检查确认充电系统接插件无退针、锈蚀现象，更换充电器，故障排除。

故障分析：检查确认充电器低压供电正常，而充电器指示灯不亮，基本确定为充电器内部故障。

知识拓展

上汽通用五菱 GSEV 高性能动力蓄电池系统亮相

2021 年 9 月 25 日 –28 日，新能源汽车产业发展成果展在北京举行。上汽通用五菱 GSEV 高性能动力蓄电池系统、宏光 MINIEV 成功入选成果展。

在本次成果展上，对外亮相的 GSEV 高性能动力蓄电池系统是上汽通用五菱、清华大学与科易动力联合开发的科技创新成果，突破了车用锂离子动力电池的安全性、耐久性、动力性三大瓶颈技术，在保证安全可靠的前提下实现了电池的轻量化，做到了小电池大能量。

GSEV 高性能动力蓄电池系统定义了 GSEV 标准化电芯，做到将电芯标准化。电芯标准化能有效降低电池成本 10%，提高电池的核心供应能力。基于标准化电芯，开发出 GSEV 标准化电池包，适应多平台开发及应用，并适配改制后应用于换电及梯次利用，提高电池全生命周期利用率，形成产业闭环。

上汽通用五菱 GSEV 高性能动力蓄电池系统具备平台化优势，可适配于 GSEV 全球小型纯电动汽车架构平台下的迭代车型，同时可适配多种车型和 120 km ~ 300 km 多种续航版本，为用户提供更多选择，满足个性化的出行需求。

（来源：人民网）

二、北汽 EV200 慢充系统故障检测及维修实例

（一）指示灯都不亮的检修方法

当车载充电机的电源灯、工作状态灯和故障灯均不亮时，可按照下述方法进行检修。

（1）测量充电桩端充电枪的 N 脚和车辆端的 N 脚导通，阻值应小于 0.5 Ω，否则应更换充电线总成。

(2) 测量充电桩端充电枪的 L 脚和车辆端的 L 脚导通，阻值应小于 0.5 Ω，否则应更换充电线总成。

(3) 测量充电桩端充电枪的 PE 脚和车辆端的 PE 脚导通，阻值应小于 0.5 Ω，否则应更换充电线总成。

(4) 测量充电桩端充电枪的 CP 脚和车辆端的 CP 脚导通，阻值应小于 0.5 Ω，否则应更换充电线总成。

(5) 测量充电桩端充电枪的 CP 脚和 PE 脚导通，阻值应小于 0.5 Ω，否则应更换充电线总成。

(6) 测量充电线车辆端充电枪的 CC 脚和 PE 脚的阻值，16 A 充电线阻值应为 (680 ± 3%) Ω，32 A 充电线阻值应为 (220 ± 3%) Ω，否则应更换充电线总成。需要注意的是，在测量充电线阻值时，充电枪的解除锁止按键须保持在弹起状态。

(7) 如果充电线状态正常，但启动充电程序后，充电机指示灯仍旧都不亮，应首先检查确认接插件端子无烧蚀、虚接故障，然后继续对充电线束进行检测，充电口 L 脚与充电线束充电机接插件 1 脚应导通，阻值应小于 0.5 Ω，如果不符合标准则更换充电线束。

(8) 充电口 N 脚与充电线束充电机接插件 2 脚应导通，阻值应小于 0.5 Ω，如果不符合标准则更换充电线束。

(9) 充电口 PE 脚与充电线束充电机接插件 3 脚应导通，阻值应小于 0.5 Ω，如果不符合标准则更换充电线束。

(10) 充电口 CC 脚与充电线束充电机插接件 5 脚应导通，阻值应小于 0.5 Ω，如果不符合标准则更换充电线束。

(二) 无充电电流的检修方法

当出现车载充电机的电源指示灯和工作指示灯均正常点亮，但无充电电流的故障现象时，应检查动力电池的状态。首先确保高压线束接插件连接牢固，在充电状态下，连接诊断仪，并进入动力电池充电状态监控系统，根据动力电池充电状态界面显示的数据进行以下检查和分析。

(1) 检查车辆端充电枪解除锁止按钮是否卡滞，是否完全复位。

(2) 检查高压控制盒内车载充电机的熔断器是否损坏（第四个熔丝），如损坏则更换。

(3) 检查高压线束高压控制盒接插件的 E 脚和车载充电机接插件的 B 脚的导通情况。在正常情况下，其阻值应小于 0.5 Ω，如不符合标准则更换慢充线束总成。

(4) 检查高压线束高压控制盒接插件的 F 脚和车载充电机接插件的 A 脚的导通情况，正常情况下，其阻值应小于 0.5 Ω，如不符合标准则更换慢充线束总成。

(5) 恢复车辆高压线束，在确保安全的情况下，测量充电时高压线束车载充电机接插件 A、B 脚之间的电压，如果电压与动力电池低压一致，则说明车载充电机损坏，应更换。

(三) 无动力电池数据的检修方法

对车载充电机的数据进行分析时，如果系统没有显示动力电池的数据，则应检测充电唤醒信号及仪表充电指示灯是否点亮。

（1）如果充电指示灯未点亮，则检查前机舱低压电器盒 FB02 熔丝是否损坏。如损坏，则须对低压电机线束进行检测；如未损坏，则检查熔丝低压供电。

（2）如果低压供电无电压，则测量熔丝盒的供电端子与 FB02 熔丝。如不导通，则更换低压电器盒；如导通，则检查低压主熔丝。

（3）如果低压供电有电压，则检测 FB02 熔丝与熔丝盒背面 A6 接插件的 A8 端子导通情况。如果不导通，则更换低压电器盒；如导通，则检查低压电机线束。

（4）检测低压电器盒黑色接插件 J6 的 A8 脚与车载充电机的低压接插件 16 脚的导通情况。如果不导通，则检查线束，进行线束修复或更换；如果导通，则继续检测唤醒信号。

（5）检测低压线束车载充电机的低压接插件 15 脚与 VCU 接插件 113 脚的导通情况。如果不导通，则检查线束，必要时进行修复或更换；如果导通，则继续检测唤醒信号。

（6）连接好低压线束，在充电状态下测量 VCU 接插件 113 脚的电压情况。如果无电压，则更换充电机；如果 VCU 接插件 113 脚有电压，且线束恢复后，仍然没有充电指示，则检查充电连接确认信号。

（7）连接好低压线束，在充电状态下测量 VCU 接插件 36 脚的电压情况。正常情况下，该电压应低于 0.5 V，否则应检查充电线束和车载充电机。

（8）检查动力电池唤醒信号，检测整车控制器接插件 81 脚与动力电池低压接插件 C 脚的导通情况。如果不导通，则检查线束，必要时进行修复或更换。

（9）检查动力电池总负继电器控制信号。检测整车控制器接插件 97 脚与动力电池低压接插件 F 脚的导通情况。如果不导通，则检查线束，必要时进行修复或更换。

（10）安装好线束，在充电状态下，检测动力电池低压接插件 C 脚的唤醒信号电压。正常情况下，该电压值应为 12 V。否则，应检查整车控制器供电，读取整车控制器故障码。如果动力电池低压接插件 C 脚无唤醒信号电压，则更换整车控制器并测试。

实践操作

吉利帝豪 EV450 整车 BMS 电源故障诊断

一、接受工作任务
一辆吉利帝豪 EV450 在踩下制动踏板、打开一键启动开关后，仪表盘正常点亮，但“READY”指示灯无法点亮，辅助蓄电池指示灯、动力蓄电池故障指示灯（红色）点亮，动力蓄电池 SOC 信号值丢失，动力蓄电池低电量指示灯（黄色）点亮，请按操作规范完成故障诊断和实训工单任务。

二、信息收集

1. 动力蓄电池相关故障指示灯主要有__________、__________、__________等。

2. 根据故障对整车的影响将动力蓄电池的故障划分为三个等级，即__________、__________、__________，其中__________级故障是最严重的故障。

3. 是__________指示灯，是__________指示灯，是__________指示灯，是__________指示灯，是__________指示灯，是__________指示灯，是__________指示灯。

三、制订计划

1. 根据实训任务要求制订作业计划。

作业计划

序号	作业项目	操作要点

2. 根据作业计划完成小组成员任务分工。

操作人		记录员	
监护人		展示员	

作业注意事项

（1）举升车辆时严格遵守举升机使用方法，禁止在车底嬉戏打闹。

（2）台架内含 300 V 以上高压电，严禁用手直接触摸高压回路导体部分。

（3）实训过程中严禁私自拆解任何动力蓄电池系统的内零部件。

（4）若实训过程中出现故障，务必第一时间中止实训，并报备实训指导教师。

检测设备/工具/材料

序号	名称	数量	清点
			□已清点
			□已清点
			□已清点
			□已清点
			□已清点
			□已清点

四、计划实施

1. 实训前，检查并准备设备。

绝缘手套状态：□正常　　□漏气

安全帽状态：　□正常　　□破损

车辆 P 挡状态：□P 挡　　□非 P 挡

绝缘地垫状态：□良好　　□损坏

低压蓄电池电压状态：□正常　　□欠压

2. 打开点火开关，观察仪表盘现象。

"READY" 指示灯状态：□点亮　　□未点亮

仪表中有哪些故障指示灯点亮？

3. 连接诊断仪，读取故障代码和数据流。

读取到的故障代码：

1. ________。
2. ________。
3. ________。

读取到的数据流：

1. ________。
2. ________。
3. ________。

4. 故障原因分析。

根据故障现象和故障码、数据流分析可能的故障原因：

1. ________。
2. ________。
3. ________。

5. 故障诊断与测量。

根据电路图进行故障诊断：

1. 测量________端子，测量结果为________。

2. 测量________端子，测量结果为________。

3. 测量________端子，测量结果为________。

根据测量结果得出故障点为：________。

6. 恢复故障验证。恢复故障点，重新打开点火开关，验证故障现象是否消失。

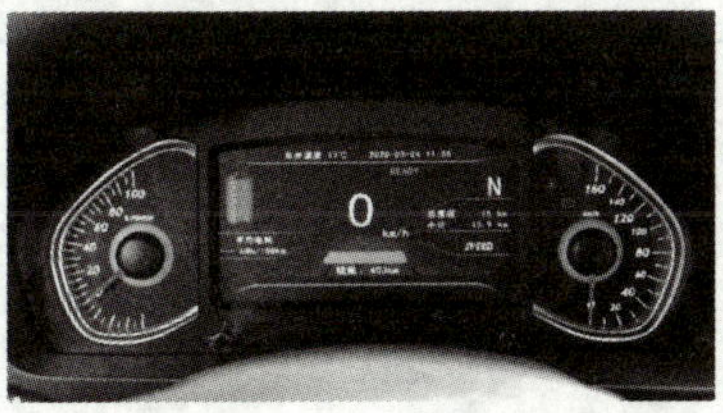

故障现象是否消失：□是　　□否

“READY”指示灯状态：□点亮　　□未点亮

五、质量检查

请实训指导教师检查本组作业结果，并针对实训过程出现的问题提出改进措施及建议。

序号	评价标准	评价结果
1	规范使用设备仪器，恢复场地	
2	作业计划完善且保证安全实施	
3	准确测量、记录数据，分析合理	
4	正确展示团队实训成果	
综合评价	☆☆☆☆☆	
综合评语（作业问题及改进建议）		

六、评价反馈

请根据在课堂中的实际表现进行自我评价和小组评价。

自我评价：____。

小组评价：____。

实训成绩单

项目	评分标准	分值	得分
接受工作任务	明确工作任务及结果要求	5	
信息收集	掌握工作相关知识及操作要点	15	

制订计划	按照计划顺利且高效地完成工作任务	10	
计划实施	准确判断故障现象	20	
	会使用故障诊断仪读取故障码和数据流	10	
	能够根据故障现象和故障码判断故障范围	15	
	能够按照正确的排故思路完成故障诊断	15	
质量检查	按照要求完成相应任务	5	
评价反馈	经验总结到位，评价合理	5	
得分（满分 100）			

课程思政

我国动力电池产业发展整体处于全球前列呈现高速增长态势

我国动力电池产业发展的整体情况如何？对于全球动力电池产业发展的前景如何看待？政府在动力电池产业方面有哪些规划？如何进一步促进动力电池产业发展？

动力电池是新能源汽车核心部件，随着新能源汽车快速发展，我国动力电池产业发展也取得了进步，整体处于全球前列。在 2022 世界动力电池大会新闻发布会现场，工业和信息化部装备工业一司副司长郭守刚解答了上述记者的提问。目前，我国动力电池产销规模持续增长、技术指标稳步提升、回收利用初具规模。

一是，产销规模持续增长。2021 年，我国动力电池装车量累计 154.5 GW · h，同比增长 142.8%，占全球总装车量的 52.1%。今年 1～5 月，我国动力电池产业继续呈现高速增长态势，装车量累计 83.1 GW · h，同比增长 100.8%。

二是，技术指标稳步提升。动力电池单体能量密度和系统能量密度分别从 2012 年的 130 Wh/kg、100 Wh/kg，提升至 300 Wh/kg、200 Wh/kg 以上，价格下降了 80% 以上。无模组设计、刀片电池、弹夹电池等系统结构创新技术实现规模化应用，高镍无钴电池、固态/半固态电池等前沿技术取得突破。

三是，回收利用初具规模。170 余家汽车生产企业和梯次利用企业已在全国 31 个省市、326 个地级行政区建设 1 万余个回收服务网点。动力电池梯次利用产品已在通信基站备用电源、电池储能等领域开展大量实践应用，初步实现商业化运营。

在碳中和大背景下，全球汽车电动化加速转型，新能源汽车产业进入规模化快速发展新阶段，动力电池产业也保持蓬勃发展势头。与此同时，主要国家和地区发布锂电池蓝图规划、制定扶持补贴政策，加速推动产业发展，主要电池企业加快技术研发和产能扩增，全球化竞争形势日益严峻。2020 年国务院办公厅印发的《新能源汽车产业发展规划（2021—2035 年）》，已锚定新能源汽车和动力电池未来发展方向，明确动力电池关键技术突破、安全水平提升、全价值链发展等重点目标和任务。

下一步，工业和信息化部将立足新发展阶段，完整、准确、全面贯彻新发展理念，深入实施《新能源汽车产业发展规划（2021—2035 年）》，对标实现碳达峰、碳中和目标任务，加快动力电池产业高质量发展。一是加强顶层设计。联合相关部门，研究明确“十四五”动力电池产业高质量的发展目标、重点任务和保障措施，研提系列支持政策措施，为产业发展提供重要指导。二是强化创新驱动。发挥国家动力电池制造业创新中心作用，引导行业企业加强深度合作，强化核心基础专利布局，共同加快新材料新技术攻关突破。三是提升安全水平。修订完善新能源汽车和动力电池安全相关标准，建立健全安全预警、隐患排查和事故调查等机制，不断提高产品一致性和安全性水平。四是健全回收利用体系。完善动力电池回收利用标准体系，加快制定回收利用管理办法，支持智能拆解、材料再生等技术推广应用，加快培育一批梯次和再生利用骨干企业。

（来源：人民网，四川频道）

思考练习

一、填空题

1. 动力电池故障可划分为三个等级：__________、__________、__________。

2. 动力电池过热报警/保护需要在__________ s 内减速，停车观察。

3. SOC 过低报警/保护需要停车休息__________ min 后行驶，检查故障是否能自动消除。

4. 动力电池管理系统常见故障类型包括：__________、__________、__________。

二、简答题

1. 简述动力蓄电池的故障是如何分级的。

2. 动力电池管理系统常见故障类型有哪些？

3. 简述车辆无法充电故障现象、可能原因及故障诊断与排除。

参考文献

[1] 张甲瑞，税永波．新能源汽车动力蓄电池及管理技术［M］．北京：机械工业出版社，2024.

[2] 程章，陆玲亚，黄伟青．新能源汽车动力电池及管理系统检修［M］．北京：机械工业出版社，2023.

[3] 常凌燕．新能源汽车动力电池管理技术［M］．北京：化学工业出版社，2023.

[4] 山长军，曹元勋．新能源汽车动力蓄电池及管理技术［M］．北京：人民交通出版社，2023.

[5] 蔡希贵．动力电池管理及维护［M］．成都：西南交通大学出版社，2022.

[6] 朗宏芳．驱动电机及控制技术［M］．北京：电子工业出版社，2021.

[7] 弋国鹏，魏建平．电动汽车控制系统及检修［M］．北京：机械工业出版社，2020.

[8] 张家佩，许平．新能源汽车动力电池管理及维护技术［M］．北京：电子工业出版社，2020.

[9] 郭化超，房伟萍．新能源汽车动力蓄电池与管理技术［M］．济南：山东大学出版社，2019.

[10] 李正国．电动汽车整车故障诊断与分析［M］．北京：清华大学出版社，2019.

[11] 吴小俊，张金友，陈金友．新能源汽车动力电池原理与检修［M］．西安：西北工业大学出版社，2019.

[12] 关云霞，梁晨．新能源汽车技术［M］．北京：机械工业出版社，2018.